Buchreihe „Pädagogik und Politik"

Hrsg. von Armin Bernhard, Eva Borst, Matthias Rießland

Die Buchreihe „Pädagogik und Politik" hat sowohl für Studierende der Erziehungswissenschaft und Pädagogik (Theorie) als auch für pädagogisch Tätige aus verschiedenen professionellen Arbeitsfeldern rund um Erziehung und Bildung (Praxis) einführenden Charakter. Mit der Herausgabe unserer Buchreihe verfolgen wir zwei Ziele:

Zum einen sollen *pädagogische und erziehungswissenschaftliche Grundthematiken* im Kontext gegenwärtiger Problemlagen aus sozialkritischer Sicht dargestellt und mit aktuellen gesellschaftspolitischen Debatten verknüpft werden. Die sozialwissenschaftlich ausgerichtete Erziehungswissenschaft behandelt diese Grundthematiken entweder gar nicht oder allzu häufig affirmativ im Sinne der momentan vorherrschenden wirtschaftlichen und politischen Interessen. Als Beispiele für diese pädagogischen und erziehungswissenschaftlichen Grundprobleme können gelten: das Verhältnis von Pädagogik und Politik, die Beziehung von Erziehung, Bildung und Gesellschaft, Herrschaft und pädagogischer Bezug, der Begriff der Bildung, Anerkennung als pädagogische Kategorie, Frieden und Humanität u.v.m.

Zum anderen sollen Ansätze von *Personen und Organisationen* vorgestellt werden, die im weitesten Sinne der kritischen Pädagogik zuzurechnen sind. Hierbei wird in diejenigen historischen und aktuellen Ansätze und Modelle von Pädagogik und Bildungstheorie eingeführt, die sich aus einem demokratisch-emanzipatorischen Blickwinkel kritisch mit vorherrschenden Erziehungs- und Bildungskonzeptionen auseinandersetzen und Alternativen zur Gestaltung von Erziehungs- und Bildungsprozessen formulieren. Als große Strömungen können im 19., 20. und 21. Jahrhundert die Paradigmen der *demokratischen Reformpädagogik, der Alternativpädagogik und der kritischen Pädagogik* herausgehoben werden, die teilweise in einem Kontinuitätszusammenhang zueinander stehen, jedoch höchst unterschiedliche Analysen und Perspektiven entwickelt haben. Dieser Umstand hängt nicht zuletzt mit den unterschiedlichen Politikkonzepten zusammen, an denen sich deren Vertreterinnen und Vertreter orientieren.

Die Herausgeberin und die Herausgeber möchten mit der Reihe „Pädagogik und Politik" auf der Basis einer kritischen Gesellschaftstheorie Reflexionen und Diskussionen über Erziehung und Bildung anstoßen und all jene ansprechen, denen im Rahmen der pädagogischen Praxis in Schulen und Institutionen sowie im Kontext der erziehungswissenschaftlichen Theoriebildung in den Hochschulen eine kritische Auseinandersetzung im Hinblick auf Politik und Globalisierung wichtig ist.

Pädagogik und Politik

Hrsg. von Armin Bernhard, Eva Borst, Matthias Rießland

Band 2

Theorie der Bildung

Eine Einführung

von

Eva Borst

Schneider Verlag Hohengehren GmbH

Titelbild: © TM-Design – Fotolia.com

Gedruckt auf umweltfreundlichem Papier (chlor- und säurefrei hergestellt).

Bibliografische Information der Deutschen Nationalbibliothek

Die Deutsche Nationalbibliothek verzeichnet diese Publikation in der Deutschen Nationalbibliografie; detaillierte bibliografische Daten sind im Internet über ›http://dnb.d-nb.de‹ abrufbar.

ISBN 978-3-8340-0540-3
Schneider Verlag Hohengehren, 73666 Baltmannsweiler

Inhalt

Vorbemerkung

Der vorliegende zweite Band in der Reihe „Pädagogik und Politik“ soll zu einem Grundverständnis dessen beitragen, was Bildung ihrer Idee nach war und welche Bedeutung ihr heute zukommt. Da der Begriff der Bildung gegenwärtig häufig auf ökonomische Verwertbarkeit hin verengt wird, ist es notwendig und sinnvoll, Studentinnen und Studenten der Pädagogik und der Erziehungswissenschaft in historisch-systematischer Weise in die Bildungstheorie einzuführen. Damit soll ihnen zugleich die Gelegenheit verschafft werden, in der pädagogischen Praxis Bildungssituationen jenseits wirtschaftlicher und politischer Interessen zu erkennen, sie kritisch zu reflektieren und mit ihnen in professioneller Art umzugehen. Bei der konzeptionellen Erarbeitung der Thematik stand im Vordergrund, dass der Bildungstheorie seit der Spätaufklärung ein kritisches Moment innewohnt, das es systematisch zu entfalten gilt. Der Begriff der Bildung wird daher als eine kritische Kategorie verstanden. Wissenschaftstheoretisch sowie methodisch sind die folgenden Ausführungen an der *Kritischen Theorie* orientiert. Dem Einführungscharakter des Textes ist es geschuldet, dass er keinen Anspruch auf Vollständigkeit erhebt, gleichwohl aber die Traditionslinien einer Theorie der Bildung nachzuzeichnen vermag.

Ein besonderes Augenmerk wird dabei auf das in den jeweiligen Theorien entfaltete *Geschlechterverhältnis* gelegt. Obwohl Bildung jedem ohne Ansehen des Geschlechts und der sozialen Herkunft zusteht, zeigt sich doch in den Bildungstheorien selbst, dass die *Kategorie Geschlecht* ein durchaus willkommenes Distinktionsmittel war, um Unterschiede in der Qualität der Bildung zu legitimieren, vorausgesetzt es wird unterstellt, der Geschlechtsunterschied entstehe aufgrund biologischer Merkmale. Dort allerdings, wo bildungstheoretisch von vornherein davon ausgegangen wird, dass die Subjektgenese beider Geschlechter ganz wesentlich abhängig ist von den gesellschaftlich konstruierten Geschlechterstereotypen, wird auch auf die dadurch hervorgerufenen Asymmetrien im Modus von Macht- und Herrschaft reflektiert.

Es wird hier der Versuch unternommen, Bildungstheorien in ihren Grundzügen zu entfalten und gleichzeitig das in ihnen zum Ausdruck kommende Geschlechterverhältnis zu berücksichtigen. Das kann nur in Ansätzen gelingen, weil die Geschlechtertheorie selbst hoch ausdifferenziert ist und eine vollständige Rezeption unmöglich ist. Diesem Umstand wird dadurch Rechnung getragen, dass an den einschlägigen Stellen mit Querverweisen auf weiterführende Literatur hingewiesen wird.[1] Wenn nun im Folgenden von Mädchen und Jungen, Frauen und Männern oder von Geschlecht im Allgemeinen die Rede ist, so geschieht dies unter der Voraussetzung der *gesellschaftlichen Konstruktion von Geschlecht.* Geschlecht wird demnach nicht als eine natürliche Kategorie aufgefasst, sondern als kulturelles Konstrukt, das in Abhängigkeit zum jeweiligen historischen Kontext und im Zusammenhang mit den jeweiligen gesellschaftlichen Bedingungen sozial und kulturell erzeugt und reproduziert wird.[2]

Bedanken möchte ich mich an dieser Stelle bei Sonja Enste für äußerst kompetente und schnelle Korrekturarbeiten.

Mainz im November 2008

[1] Im Hinblick auf die Erziehungswissenschaft vgl. insbesondere Glaser/Klika/Prengel 2004.
[2] Vgl. dazu Gildemeister/Wetterer 1992.

1. Geschichte als Mittel der Erkenntnis und als kritische Instanz

Eine Theorie der Bildung entfaltet sich erst in ihrer ganzen Breite und Tiefe vor einem geschichtlichen Hintergrund, der erklären kann, welche Funktion Bildung in einer jeweils unterschiedlich historisch-gesellschaftlichen Situation hatte. Um die Notwendigkeit eines historischen Verständnisses von Bildung an einem Beispiel zu demonstrieren, eignet sich ein aktuelles Geschehen, das in den letzten Jahren im Rahmen der Umstrukturierung der Universitäten und im Anschluss an die PISA-Studie zu beobachten war. Das Ereignis, von dem hier die Rede ist, rührt ganz elementar am Selbstverständnis einer bildungstheoretisch orientierten Pädagogik. Es geht nämlich im vorliegenden Fall um die medial aufbereitete und von der Politik sekundierte Verabschiedung der neuhumanistischen Bildungsidee von Wilhelm von Humboldt. Humboldts Leitidee ging, kurz gesagt, davon aus, dass die Universität ein Ort sein solle, der es zulässt, in gebührender Distanz zu kirchlichen, staatlichen oder ökonomischen Begehrlichkeiten zu lehren, zu lernen und zu forschen. Mit anderen Worten: Sie sollte jene Organisation sein, die die für alle Menschen gleich gültige allgemeine Bildung im Sinne von Reflexion über die Dinge, die Welt und das Selbst ermöglichen und so zu einer kritischen Haltung gegenüber gesellschaftlichen und politischen Wandlungsprozessen beitragen sollte. Unter dieser Prämisse wird eine anwendungsbezogene, funktionalistische Berufsausbildung zunächst sekundär, weil sie nur auf spezifische Fähigkeiten, nicht aber auf die Ganzheit und Allgemeinheit des Menschlichen abzielt.

In großen Lettern war nun in verschiedenen Zeitungen zu lesen, dass Humboldt tot sei. Nun kann man dieser Auffassung zwar zustimmen, man kann ihr aber auch ablehnend gegenüber stehen, nur sollte man beides begründen können. Da in den einschlägigen Artikeln keine Aufklärung darüber stattfand, was denn nun an Humboldts Ideen überholt sei, kann sich die durchschnittliche Leserin oder der durchschnittliche Leser kaum ein Urteil über das erlauben, was da zu Grabe getragen werden soll. Als Erziehungswissenschaftler und Erziehungswissenschaftlerinnen, als Pädagogen und Pädagoginnen sollten wir jedoch soviel Verständnis von der eigenen Disziplin aufbringen, dass wir dazu in der Lage sind, die Tragweite einer solchen Forderung einschätzen zu können. Das heißt, wir sollten uns aus professionellen Gründen in der Geschichte der Disziplin auskennen, weil sich erst vor einem solchen Hintergrund Veränderungen angemessen beurteilen lassen.

Ein historisches Bewusstsein erschöpft sich daher keinesfalls in der bloßen Rekonstruktion von geschichtlichen Daten, sondern erst in der Anwendung auf die heutige Situation erweitert es unsere Denk- und Handlungsspielräume. Ein entwickeltes historisches Bewusstsein für die vergangene sowie für die gegenwärtige Zeit erst kann Hinweise darauf geben, an welchen Stellen sich aktuelle Diskussionen an traditionelle Wissensbestände anschließen, an welchen Stellen sie davon abweichen und ob diese Abweichungen oder Modifikationen im Hinblick auf zukünftige Konzepte, Theorien oder Modelle gerechtfertigt sind und welchen Einfluss sie auf die Praxis haben.

Da die Pädagogik ihrem Selbstverständnis nach stets auf Theorie *und* Praxis reflektiert, die in den Kontext gesellschaftlich-historischer Prozesse integriert sind, ist es erforderlich, sich des geschichtlichen Wandels bewusst zu werden. Durch das Studium der Geschichte der Disziplin erst können Pädagoginnen und Pädagogen ihren Standort bestimmen, von dem aus praktische Konsequenzen denkbar werden. Besonderer Aufmerksamkeit bedarf dabei die Tatsache, dass Vergangenes durchaus nicht veraltet sein muss, wie dies mit der Verabschiedung von Humboldt suggeriert wird. Es heißt nur, dass Vergangenes unter dem Eindruck neuer Erfahrungen Neues hervorzubringen vermag. So müssen wir schon deshalb stets auf geschichtliche Geschehnisse achten, um nicht der Illusion zu verfallen, all das, was als neu, fortschrittlich oder gar modern daher kommt, sei tatsächlich neu, fortschrittlich oder modern. Möglicherweise ist sogar ganz im Gegenteil konservativ oder gar reaktionär, was sich uns an gesellschaftlichen, kulturellen und sozialen Veränderungen im Gewand der Modernität (oder Modernisierung) darbietet.

Mit einem Bewusstsein für historische Vorgänge eng verbunden ist eine professionelle Identität, die sich in der Geschichte und durch die Geschichte erst gewinnt. Die Frage, warum es heute überhaupt den Berufsstand der Pädagogin, des Pädagogen gibt und welche gesellschaftlichen Bedingungen dazu geführt haben, Pädagogik als Wissenschaft zu etablieren, erschließt sich erst unter einer historischen Perspektive.

Wenn wir hier eine Theorie der Bildung vor ihrem historischen Hintergrund betrachten, dann geschieht dies nicht zuletzt deshalb, weil ein Wissen über geschichtliche Hintergründe das kritische Denkvermögen schärft und dazu befähigt, fundiert und kompetent das eigene pädagogische Handeln theoretisch zu begründen. Eine Einführung in die Theorie der Bildung darf daher nicht nur aktuelle Diskussionen über den Begriff präsentieren, sondern sie muss die heutigen Debatten aus der Vergangenheit heraus verstehen, ohne diese sofort legitimieren zu wollen. Umgekehrt heißt das aber auch, die Vergangenheit aus der Perspektive der Gegenwart neu zu bewerten.

Wenn wir von Geschichte reden, genügt es nicht, sich bloß den Erörterungen der Pädagogen und Pädagoginnen vergangener Tage über Erziehung und Bildung zu widmen. Voraussetzung für ein vertiefendes Verständnis ihrer Verlautbarungen ist vielmehr ein Wissen über das jeweilige politische, kulturelle und soziale System, auf das Bildungstheorie eine Antwort sucht. Methodisch ist es daher sinnvoll, eine Perspektive auf die Geschichte der Bildungstheorie einzunehmen, die es erlaubt, die Unterschiede zum jeweils Vorangegangen sowie zum jeweils darauf Folgenden zu betrachten, und dies unter Berücksichtigung der gesellschaftspolitischen Entwicklungsprozesse. Denn Bildung gewinnt ihr geschichtliches Profil erst dann umfassend, wenn sie in ihrer sozialen und politischen Funktionen wahrgenommen wird. Ein solches Vorgehen trägt auch der Tatsache Rechnung, dass Diskontinuitäten des historischen Prozesses in den Blick kommen, die bis heute in unbefriedigender Weise ausgeleuchtet bzw. die systematisch aus der pädagogischen Geschichtsschreibung verdrängt wurden. So zum Beispiel die Frage nach dem Verhältnis von *Bildung und Geschlecht* oder die Frage nach dem Verhältnis von *politischer Ökonomie und Bildung*. Damit sind zwei wesentliche Bezugspunkte benannt, die die vorliegende Studie fundieren. Das Verhältnis von Bildung und Geschlecht und das Verhältnis von politischer Ökonomie und Bildung stehen dabei gewissermaßen stellvertretend für die Widersprüche, die jeder Bildung immanent sind. Denn weder ist die Bildung der Geschlechter historisch eine einheitliche noch kann sich Bildung, wie immer sie auch theoretisch gefasst sein mag, von ökonomischen Erwägungen und Einflüssen befreien. Diese Widersprüche sichtbar zu machen, ist unerlässlich, um zu verstehen, warum der Begriff der Bildung in bildungstheoretischen Überlegungen sowohl eine herrschaftsstabilisierende wie auch eine machtkritische Funktion erhalten kann. Es kommt also ganz wesentlich auf die historischen Zäsuren und die geschichtlichen Brüche an, die uns erst einen kritischen Blick auf das ermöglichen, was wir gemeinhin unter Bildung verstehen.

Eine geschichtliche Perspektive einzunehmen, bedeutet also nicht etwa die Musealisierung des Bildungsbegriffs, sondern im Gegenteil wird er erst durch seine Historizität zum produktiven Mittel, gesellschaftliche Verhältnisse im Lichte der Bildung angemessen beurteilen und kritisieren zu können. Die historische und theoretische Arbeit am Bildungsbegriff erst öffnet uns die Augen für Fehlleistungen oder Gefahren, die mit ihm aufgrund seiner Vielfältigkeit und Ausdeutbarkeit verbunden sind. Dieter Lenzen behauptet angesichts dieser Vielfältigkeit, der Begriff sei überdeterminiert,[3] er sei überhaupt nicht mehr zu fassen, er tauge schlicht für die heutige Zeit nicht mehr und gehöre abgeschafft. Was er allerdings unerwähnt lässt, ist die Tatsache, dass der Bildungsbegriff seine Aussagekraft erst dann voll entfaltet, wenn er unter den jeweiligen historisch-gesellschaftlichen Verhältnissen einer Analyse zugeführt wird. Die Sehnsucht nach Eindeutigkeit allerdings, die aus den Worten Lenzens spricht, verringert die Komplexität nicht etwa, sie führt eher zu einer Indifferenz, die es nicht mehr gestattet, den Begriff in seiner ganzen Fülle zu erfassen.

Wenn wir den Begriff der Bildung abschaffen, schneiden wir gewissermaßen einen Teil unserer Geschichte ab, mehr noch wird die Bedingung der Möglichkeit zur kritischen Urteilsfähigkeit aus dem Wahrnehmungshorizont verbannt und aus dem kulturellen Gedächtnis getilgt. Mit dem Verzicht auf den Begriff geht aber noch ein Weiteres einher. Denn der Bildungsbegriff kann nicht isoliert von anthropologischen Fragestellungen betrachtet werden, bleibt er doch stets bezogen auf ein menschliches Subjekt. Je nach dem, von welcher erkenntnis- und gesellschaftstheoretischen Position aus Bildung dargestellt wird, verändert sich die Auffassung davon, was ein Subjekt ist und wie es werden soll. Mit anderen Worten: Voraussetzung einer jeden Theorie der Bildung ist die Frage nach der Subjektkonstitution und den historisch-gesellschaftlichen Existenzweisen der Subjekte. Auch wenn in einer individualisierten Gesellschaft der Subjektbegriff als solcher problematisch geworden ist – schließlich können wir nicht mehr von einem mit sich identischen, dabei autonomen Subjekt ausgehen[4] –, so hätten wir gleichwohl mit dem Verlust des Bildungsbegriffs als kritischer Kategorie keine Möglichkeit mehr, die Grenze zwischen Humanität und Inhumanität aus einer dezidiert pädagogischen Perspektive sichtbar zu machen. Weil Bildung unaufhebbar im Modus ihrer Subjektbezogenheit an ethisch-moralische Überlegungen gebunden bleibt, muss sie daher dreierlei erfüllen, um als Analysekategorie überhaupt Geltung beanspruchen zu können: Sie muss ihre Subjekt- und Humanitätsvorstellungen entfalten, sie muss historisch orientiert sein und sie muss die Abhängigkeit der Subjektkonstitution im Lichte der sich verändernden gesellschaftlichen Voraussetzungen reflektieren.

---

3 Vgl. Lenzen 1997.
4 Vgl. Meyer-Drawe 1990; und Schäfer 1996.

Diese Konstellation im Blick geht es in der vorliegenden Einführung nicht um eine überzeitliche Definition des Bildungsbegriffs oder gar um eine beliebige Aneinanderreihung von Bildungsbegriffen unterschiedlicher erkenntnistheoretischer Provenienz. Es geht vielmehr um die Rekonstruktion seiner wechselvollen Geschichte in der Tradition der Kritik *und* um die Darstellung seiner emanzipatorischen Potenziale in ihren unterschiedlichen Ausformungen und Weiterentwicklungen. Grundlage der Darstellung sind also Modelle und Konzepte von Bildung, die anschlussfähig sind an *aufklärerische* Positionen. Ganz wesentlich dabei ist die Vorstellung, dass eine kritische Theorie der Bildung sich stets auch auf sich selbst kritisch zurück beziehen muss, um nicht dogmatisch zu werden. Die Kritik der Kritik, wie sie schon in der Zeit der Aufklärung gegen die Aufklärung im Sinne einer Reformulierung der Aufklärung artikuliert wurde oder besser noch: die stets kritische Bezugnahme auf die unterschiedlichen Formen kritischer Bildungstheorie im Kontext ihrer historisch-gesellschaftlichen Entstehungsbedingungen bestimmt dabei den methodischen Zugang der vorliegenden Studie. Es geht also um nichts weniger, als das Erbe der Aufklärung im Gedächtnis zu behalten und produktiv weiterzuentwickeln.

Weil im Horizont neuerer Deutungsmuster und im Hinblick auf die neoliberale Umstrukturierung der Gesellschaft der Bildungsbegriff entweder völlig abgeschafft oder aber im Interesse von Wirtschaft und Politik mit einer neuen Etikettierung versehen wird, ist es unerlässlich, den Strategien dieser Umetikettierung von Bildung nachzugehen. Auf dieser Folie nämlich erst wird deutlich, weshalb der Begriff in seiner kritischen Funktion unabweisbar bleibt und weder durch den Begriff der Erziehung noch durch den Begriff des Lernens oder der Sozialisation zu ersetzen ist. In einem ersten Schritt wird daher die gegenwärtig zu beobachtende Verwerfung des Bildungsbegriffs so skizziert, dass zugleich die kategorialen Unterschiede zu den Begriffen des Lernens, der Sozialisation und der Erziehung deutlich und systematisch nachvollziehbar werden.

2. Abgrenzungen und Distanzierungen

Der plakative und nicht sehr originelle Ausspruch „Humboldt ist tot!“ wird immer dann laut, wenn Bildung nicht zum vermeintlichen Erfolg führt, etwa in der Weise, dass traditionelle Bildung als nutzloses Beiwerk im Kampf um die Arbeitsplätze erscheint oder als Bremsklotz gesellschaftlicher Modernisierungsprozesse. So konstatierte Clemens Menze schon 1972 eine abschätzige, gar polemische Umgangsweise mit Wilhelm von Humboldts Bildungsgedanken im Zusammenhang mit der seinerzeit avisierten Schul- und Universitätsreform aufgrund der so genannten Bildungskrise.[1]

Als Picht 1964 die Bildungskatastrophe ausrief und sich dabei auf die unausgeschöpften Begabungsreserven und die in der schulischen Sozialisation vermeintlich nur ungenügend entwickelten Basiskompetenzen der Heranwachsenden stützte, geschah dies vor dem Hintergrund wirtschaftlicher Prosperität: Man brauchte mehr und besser ausgebildete Arbeitskräfte. Seit je wird der Wandel des Bildungswesens mit wirtschaftlichen Interessen legitimiert. Daher ist es auch kaum verwunderlich, dass mit der gegenwärtigen neoliberalen Umstrukturierung der Gesellschaft eine radikale Veränderung des Bildungssystems nach marktwirtschaftlichen Prinzipien einhergeht. Verantwortlich für diesen Prozess sind supranationale Organisationen wie etwa die Europäische Union (EU), die Organisation für wirtschaftliche Zusammenarbeit und Entwicklung (OECD) oder die Welthandelsbank (WTO), allesamt der Wirtschaft verpflichtete Zusammenschlüsse,[2] die Bildung unter ökonomischen und funktionalistischen Gesichtspunkten betrachten.[3] So heißt es beispielsweise im OECD-Observer aus dem Jahr 2004: „Das wachsende Tempo der Globalisierung und der technologischen Veränderung, die Veränderungen hinsichtlich der Arbeitsbedingungen und des Arbeitsmarktes sowie die Alterung der Bevölkerung gehören zu *den* Kräften, die den Bedarf für eine kontinuierliche Steigerung der beruflichen und sozialen Kompetenzen unterstreichen.“[4] Diese kontinuierliche Steigerung der beruflichen und sozialen Kompetenzen kann

1 Menze 1980a, S. 5.

2 Die Mitglieder setzen sich aus den jeweiligen Regierungen der beteiligten Nationen zusammen, d.h., es handelt sich um politische, transnationale Organisationen, deren Positionen deutlich marktwirtschaftlich geprägt sind.

3 Vgl. Borst 2006b.

4 OECD-Observer 2004, S. 2: „The increased pace of globalisation and technological change, the changing nature of work and the labour market, and the ageing of populations are among the forces emphasising the need for continuing upgrading of work and life skills throughout life.“ Hervorhebung in der Übersetzung E.B.

aber nur dann erfolgreich sein, wenn die jeweiligen Fähigkeiten überprüfbar und flexibel an die Bedürfnisse des Marktes angepasst werden können. Internationale Leistungsvergleichsstudien wie die PISA-Studie im Auftrag der OECD sind daher nicht nur das notwendige Instrument für eine kontinuierliche Qualitätskontrolle, sondern mehr noch bilden sie den Auftakt zu einer umfassenden nationalen Bildungsreform, die sich vor allem dadurch auszeichnet, dass sie Bildung auf überprüfbare Leistungen im Lichte ihrer Verwertbarkeit reduziert. Dabei geht es vor allem darum, die geistigen Ressourcen einer ganzen Bevölkerung im Interesse eines *Humankapitalbestandes* abzuschöpfen, um die *technologische* Wettbewerbsfähigkeit Deutschlands voranzutreiben und die „Rendite des Sachkapitals“[5] zu erhöhen. Die rasche Herstellung von verwertbarem Humankapital wird von Unternehmensberatungen wie McKinsey dergestalt unterstützt, dass sie direkt in die Bildungsdiskussion eingreifen und beispielsweise in Form eines „Manifestes“ [6] für die betriebswirtschaftliche Optimierung der Qualifikationsansprüche im Interesse dominanter Gesellschaftsgruppen wirbt.[7] Dabei bedienen sich die Befürworteter eines solchen Vorgehens einer rhetorischen Strategie: Der Begriff bleibt erhalten, ihm wird aber eine andere Bedeutung unterlegt. Diese semantische Umschrift des klassischen Begriffs mündet schließlich nicht nur in eine allein von den Qualifikationen her gedachte Bildung, sondern Bildung verkommt zu einer spezifischen „Form der Wertschöpfung“: Die „suboptimale“ Nutzung des Humankapitals in der Bundesrepublik müsse, so behauptet etwa der Soziologe Wolf Lepenies, durch eine Steigerung der „Bildungsgewinne“ überwunden werden.[8] Bildung wird auf diese Weise zu einem Wirtschaftsfaktor und zu einem knappen Gut.[9] Besonders deutlich kommt dies in den Bestrebungen zum Ausdruck, das Bildungswesen im Zuge des GATS-Abkommens[10] zu privatisieren und damit zugleich zu kommerzialisieren. Die Herabwürdigung von Bildung zur bloßen Qualifikation verengt den Blick, weil Qualifikation zwar zweifelsohne ein Aspekt von Bildung ist, an den ihre Realisierung unhintergehbar geknüpft bleibt, gleichwohl jedoch wird der Begriff auf diese Weise einseitig und ist daher nur unzureichend charakterisiert.

---

5 Henke 2005, S. 1.
6 Baumert 2002, S. 171-225.
7 Vgl. Borst 2007a.
8 Lepenies 2002, S. 24.
9 Vgl. Borst 2006b.
10 General Agreement on Trade in Services (GATS): internationales und multilaterales Vertragswerk der Welthandelsorganisation (WTO) zur Liberalisierung des grenzüberschreitenden Handels mit Dienstleistungen, wozu auch die Bildung gerechnet wird.

Die Neubewertung des Bildungsbegriffs bleibt allerdings auf Humboldt als Negativfolie verwiesen. Auch wenn, wie Menze ironisch notiert, „Rückblicke auf verlassene Ruinen, ein letztes Sich-Umdrehen, um dann endlich mutig die Aufgaben der Gegenwart angehen zu können"[11] als deutliche Grenzziehung zu Humboldt zu verstehen ist, will diese Grenzziehung nicht so recht gelingen, weil die Erinnerung an den klassischen Bildungsbegriff noch in seiner Verwerfung wach gehalten wird. Die kurzsichtigen Versuche seiner semantischen Umschreibung in der Erziehungswissenschaft – u.a. auch aus Gründen einer reibungslosen Einfügung der pädagogischen Forschung in die augenblicklichen Modernisierungs- und Veränderungsstrategien – können gleichwohl nicht verhindern, sich gründlich aus einer historisch-systematischen Perspektive mit dem Begriff zu beschäftigen und ihn im Kontext pädagogischen Handelns als notwendige, dabei komplexe Kategorie wahrzunehmen. Zumal Bildung lediglich verengt auf Verwertungsinteressen mittelfristig zu einer radikalen Veränderung von Individuum und Gesellschaft führt, ist es um so wichtiger, den Begriff in seinem historischen Kontext darzustellen und ihn nicht den „allzu billigen Phrasen",[12] die auf einfache Erklärungsmuster aus sind, preiszugeben. Dazu gehört auch, dass der Bildungsbegriff von Lernen, Sozialisation und Erziehung zu unterscheiden ist.

2.1 Bildung und Lernen

Die wohlfeilen Versuche einer systematischen Aufwertung des Lernbegriffs im Zuge einer Ausweitung Lebenslangen Lernens im Verein mit der Ökonomisierung von Bildung beraubt den klassischen Bildungsbegriff nicht nur seiner historischen Gestalt. Häufig wird der Begriff trotz seiner Ausdifferenzierung sogar synonym zum Erziehungs- und Lernbegriff gebraucht. Das mag zum Teil ein Übersetzungsproblem sein, da in der Regel in den Verlautbarungen von UNESCO, OECD und dem Europäischen Rat von „lifelong education" oder „lifelong learning" die Rede ist, und somit die wörtliche Übersetzung schon zu einer Verunklärung beiträgt. Mehr noch aber führt diese systematische Begriffsunschärfe dazu, dass Bildung als beliebiges Substitut für Prozesse gebraucht wird, die ihrer eigentlichen Bedeutung nach nur Voraussetzung von Bildung sein können, nicht aber deren Substrat.

---

[11] Menze 1980a, S. 5.
[12] Ebenda.

Die Vorgänge des Lernens wurden bislang, abgesehen von wenigen Versuchen innerhalb der geisteswissenschaftlichen Pädagogik,[13] nur in der psychologischen Forschung zu einem zentralen Untersuchungsgegenstand. Da Lernen aber als Grundvoraussetzung von Bildung zu gelten hat, sollte der Begriff als pädagogische Kategorie Eingang in den Horizont einer Allgemeinen Pädagogik finden. Dieses Plädoyer für eine Beschäftigung mit dem Lernbegriff aus einer dezidiert *pädagogischen* Perspektive erscheint schon deshalb notwendig, weil sich zunehmend zeigt, dass mit seiner Aufwertung zur operationalisierbaren Größe im Zuge einer technokratischen Optimierung des Bildungssystems zugleich kategoriale Unterschiede zwischen Bildung und Lernen nivelliert werden. Die beiden Begriffe stehen zwar in einem wechselseitigen Bezug zueinander, der Lernbegriff vermag aber keinesfalls den Bildungsbegriff zu ersetzen.

Aus der Psychologie wissen wir, dass Lernen ein Vorgang ist, der klassisches und operantes Konditionieren ebenso umgreift wie Lernen durch Versuch, Irrtum und Erfolg oder Lernen durch Imitation. Die Kenntnis dieser Formen des Lernens sind unverzichtbar für ein pädagogisches Handeln, gleichwohl aber müsste ein genuin pädagogischer Lernbegriff weiter gehen und dazu imstande sein, den Aufbau der Weltzueignung und der Werkzeuge des Erkennens im Zusammenhang mit der Subjektkonstitution zu erklären.

Bildung wird häufig absichtsvoll mit Lernen gleichgesetzt, um so den Bildungsbegriff seiner ihm prinzipiell mitgegebenen geistigen Widerstandspotenziale zu enteignen. Damit wird einer bildungspolitischen Richtung Vorschub geleistet, die darauf aus ist, Lernen im Kontext seiner Verwertbarkeit zu sehen und Individuen nur noch nach ihrer ökonomischen Brauchbarkeit zu beurteilen. Besonders deutlich wird das am Beispiel des Lebenslangen Lernens, das sich in erster Linie an den Erfordernissen des Arbeitsmarkts orientiert. Lebenslanges Lernen wird so *per definitionem* zur originären Bewältigungsaufgabe der Existenzsicherung. „From the cradle to the grave", wie es im OECD-Observer heißt, sind alle bedeutungsvollen Lernaktivitäten in Hinsicht auf abrufbares Wissen und Kompetenzen umfassend in den Blick zu nehmen. Das betrifft sowohl das formale Lernen in den Bildungseinrichtungen wie auch das informelle Lernen außerhalb der Bildungseinrichtungen. So ist zu beobachten, dass vermehrt Anstrengungen unternommen werden, den Prozess des informellen Lernens sicht- und messbar zu machen, und zwar im Hinblick auf Kompetenzerweiterung im Sinne so genannter Schlüsselqualifi-

---

[13] Vgl. Loser 1968; und Sprenger/Klafki 1971.

kationen.[14] Dieser Lernbegriff eskamotiert aber das Individuum mit seinen subjektiven Bedürfnissen und Erfahrungen; es verschwindet sozusagen hinter dem Lernenden und das Lernen selbst verkommt zur reinen Technologie. Die Zentralität des Lernenden im Interesse des sozioökonomischen Wandels unterstellt dabei eine Übereinstimmung zwischen den Bedürfnissen des Einzelnen und den jeweiligen Bedürfnissen des, wie es heißt, „launischen Produktmarkt[es] mit seinen kürzeren Produktzyklen".[15] Dabei wird der Lernende im Felde der beschleunigenden Veränderungen zu einem Wesen ohne Geschichte, weil Wissen und Können jeweils nur in der aktuellen Anforderungssituation von Interesse sind. Letztlich geht es also noch nicht einmal mehr um Wissensakkumulation, sondern mehr noch: Das als veraltet geltende Wissen soll zugunsten eines neuen Wissens in Vergessenheit geraten. Dabei gewinnen die neuen Technologien Macht über die Menschen, weil sie zu immer höheren Leistungen herausfordern, ohne aber noch die Möglichkeit, über die Sinnhaftigkeit der Technologien selbst reflektieren zu können.[16] Damit stehen aber diejenigen biographisch sinn- und bedeutungsvollen Lebensabschnitte zur Disposition, die sich nicht unter wirtschaftliche Erwägungen zwingen lassen. Was nämlich bei dieser Vorstellung aus dem Blick gerät, ist die pädagogische Tatsache, dass Lernen nicht an normativen Zielen ausgerichtet und daher Lernen nicht vom Ende, also von den erwarteten Fähigkeiten oder Kompetenzen her gedacht werden kann, sondern dass es sich im Kontext von Erfahrungsaufschichtungen prozessual eng mit der individuellen und gesellschaftlichen Geschichte der Individuen verknüpft. In einem solchen Fall ist Lernen nicht nur an den einsinnigen Erwerb von Wissen und Können mit dem Ziel, ökonomisch reüssieren zu müssen, geknüpft, sondern Lernen beruht auf einem Vorwissen bereits gemachter Erfahrungen, denen Neues gewissermaßen zuwächst, sich ihnen assimiliert.

In der philosophischen Tradition begegnet der Begriff der Erfahrung in unmittelbarem Zusammenhang mit Lernen und Erkenntnis. Lernen und Erkenntnis deshalb, weil der Erfahrungsprozess *erstens* auf die der Erfahrung immanente Rückbezüglichkeit hinweist. Diese Rückbezüglichkeit beeinflusst nicht nur den Zuwachscharakter der Erfahrung (durch Lernen), sondern sie

---

14 Vgl. Dietsche/Meyer 2004.

15 OECD-Observer 2004, S. 2: „There is a tendency towards shorter job tenures in the face of more volatile product markets and shorter product cycles.".

16 Rainer Brödel befürchtet angesichts dieser Situation eine neue Unmündigkeit, Brödel 1998, S. 2. Unter anderem gewinnen so genannten Neuro-Enhancement zur medikamentösen Leistungssteigerung bei gesunden Menschen zunehmend an Attraktivität. Zu den Neuro-Enhancement zählen bspw. Ritalin und Prozak.

manifestiert sich dort, wo es um den *Bedeutungsgehalt* der schon gemachten Erfahrung geht. Sie richtet sich also nicht auf den Inhalt der früheren Erfahrung, sondern auf deren Bedeutung im Hinblick auf gegenwärtige oder spätere Haltungen und Handlungen des Individuums. *Zweitens* ist die Rückbezüglichkeit ein wichtiges Kriterium für die Selbsterfahrung: „Erst in der Rückwendung der Erfahrung auf sich selbst, die zugleich ein Wandel unseres Erfahrenkönnens ist, liegt die eigentlich belehrende Kraft der Erfahrung."[17] Erfahrung ist demnach eine historische, dabei individuelle Größe, für die das Lernen schon immer konstitutiv ist. Auch wenn nicht alle Erfahrungen sich dem Bewusstsein erschließen, so müssen sie doch im Moment ihres Bedeutungsvoll-*werdens* reflexiv zugänglich sein.

Lernen in diesem erweiterten Sinn öffnet den Horizont hin zu einer für das Individuum bedeutungsvollen Biographie, die aber eingebettet ist in gesellschaftliche Wandlungsprozesse und sich daher nicht unabhängig von diesen entwickeln kann. Das heißt, dass sich das erfahrungsgesättigte Lernen zwar stets im Spannungsfeld von Individuum und Gesellschaft abspielt, sich dabei aber zunächst in Richtung einer subjektiven Veränderung auswirkt. Um sich aber seines historischen Gewordenseins und der damit verbundenen sozialen sowie gesellschaftlichen Zwänge bewusst zu werden, bedarf es eines kritischen Zugangs.

Drittens ergibt sich daraus eine für das Lernen wichtige Einsicht: Lernen bedarf des „aktiven Irrtums", es bedarf der Irritation, gar der Provokation. Es kann sich daher niemals linear entfalten. Diese Provokation muss von außen kommen und kann sich nur in einem Lernen ausdrücken, dem das institutionalisierte *Lehren* vorausgeht. Das heißt: Lernen kann überhaupt erst produktiv werden, wenn das Individuum mit Kontrasterfahrungen konfrontiert wird und sich dadurch selbst fremd wird. Erst über die Wahrnehmung und die bewusste Anerkennung eines Anderen können wir in einem reflektierten Rückbezug auf uns selbst die Unmittelbarkeit als Unmittelbarkeit erkennen und entsprechend handeln. Diese Entfremdung liegt auch der Möglichkeit der Bildung zugrunde, die stets verstanden werden muss als die Fähigkeit zur kritischen Reflexion über sich selbst, die Welt und die Gesellschaft. Daher kann Bildung nicht nur vom Lernen her gedacht werden, weil Lernen nur die Voraussetzung dieser Kategorie darstellt.

---

[17] Buck 1969, S. 9.

Lernen ist unter Berücksichtigung der vorgängig gemachten Ausführungen zunächst lediglich eine subjektive Angelegenheit, weil sie an die je schon gemachten Erfahrungen des Individuums anknüpft. In diese Erfahrungen mögen zwar gesellschaftliche Vorgaben, Normen und Werte unbewusst eingehen, solange sich diese aber einer systematischen Analyse entziehen, verbleiben sie auf der Ebene unmittelbarer Befangenheit im je eigenen Standpunkt, oder anders ausgedrückt: Sie verbleiben auf der Ebene des subjektiven Meinens (doxa). Diese subjektiven Vorstellungen bedürfen daher der *Vermittlung* eines gesellschaftlich Allgemeinen im Sinne ethisch-moralischer Übereinkünfte, die u.a. als intersubjektive und gesellschaftliche Anerkennung des Anderen zum Ausdruck kommen und sich nicht von alleine einstellen. Das heißt, es geht ganz wesentlich darum, über das eigene, begrenzte Selbst hinaus Solidarität und Mitgefühl im Hinblick auf soziale Gerechtigkeit zu entfalten und nicht nur auf die schwankenden ökonomischen Anforderungen im Lichte von Nützlichkeit und Funktionalität zu reagieren.

Zusammenfassend lässt sich sagen, dass wir zwar durch Konditionierung, durch Imitation, durch Aneignung, durch Erinnerung und Erfahrung lernen und dies innerhalb institutioneller Rahmenbedingungen wie auch in alltäglichen Situationen. Wir lernen also ständig, und das Resultat der summierten Lernprozesse verdichtet sich in der so genannten Lebenserfahrung. Zu unterscheiden davon ist aber Bildung. Bildung setzt zwar Lernprozesse voraus, doch nicht jeder Lernprozess mündet in Bildung. Lernen ist prinzipiell an die mehr oder weniger bewusste Bewältigung von Aufgaben geknüpft, die der gesellschaftliche Lernprozess dem Individuum abfordert. Nicht so Bildung, die sich durch ein distanziertes Verhältnis zu dieser Praxis der Bewältigung von Problemen und Aufgaben auszeichnet.

Bildung steht immer schon in einem gebrochenen Verhältnis zur Erfahrung, und sie übersteigt zugleich die Erfahrung, die Menschen in ihren alltäglichen Lebenszusammenhängen erwerben. Gebrochen ist das Verhältnis von Bildung zu Erfahrung, weil im Vorgang der Bildung diese Erfahrung aus ihrer Unmittelbarkeit herausgenommen und damit selbst zum Gegenstand von Erkenntnis wird. Lernen vermittelt Erfahrung, doch befähigt es noch nicht zu kritischer Reflexion. In der Bildung erst kann Erfahrung zum Gegenstand unserer Erkenntnis werden. Sie ist daher keine pure, unmittelbare Erfahrung mehr, sondern eine reflektierte Form von Erfahrung, die, einmal bewusst geworden, in den Prozess der Erkenntnis Eingang findet. Jede Art des Lernens steht demnach mit Erfahrung in einem unmittelbaren Zusammenhang, doch nicht alle Bildungsvorgänge beruhen auf Erfahrung, denn Bildung ereignet sich auch erfahrungsunabhängig. Das heißt, Bildung ist über die lebensweltliche Erfahrung hinaus an Vorgänge gebunden, die in einem engen Zusammenhang mit unseren intellektuellen Fähigkeiten des Denkens, des Erinnerns, der Reflexion stehen. Diese intellektuellen Fähigkeiten erst versetzen uns in die Lage zu zweifeln und zu kritisieren. Sie müssen aber in und durch Bildung entwickelt und aufgebaut werden. Diese Struktureigentümlichkeit von Bildung, die den Menschen dazu befähigt, in ein reflexives Verhältnis zum unmittelbaren Alltagszusammenhang zu treten, begründet erst die Möglichkeit menschlicher Selbstbestimmung: In dem Maße, wie es über Bildung gelingt, Lebenswelt bewusstseinsmäßig verfügbar zu machen, in dem Maße wird der Mensch erst handlungsfähig. Lernen führt den Menschen an die Schwelle zum Handeln, doch erst im Kontext von Bildung erhält der Mensch seine „Handlungsbevollmächtigung“.[18]

2.2 Bildung und Sozialisation

Sozialisation bezeichnet den Vorgang der Aneignung kultureller und sozialer Standards zur Integration in die Gesellschaft, ohne die das Individuum kaum überlebensfähig wäre. Die Vergesellschaftung des Individuums vollzieht sich dabei in der Auseinandersetzung mit den gegebenen geschlechts- und klassenspezifisch geordneten Strukturen einer Gesellschaft, die sich auf der Mesoebene in unterschiedlich institutionalisierte Sozialisationsinstanzen ausdifferenziert, wie etwa Familie, Kindergarten, Schule, Medien etc. Zwei besondere Ausprägungen sind dabei von wesentlicher Relevanz. *Zum einen* bildet das Individuum im Sozialisationsprozess und im sozialen Kontakt mit anderen eine Identität heraus, die es dazu befähigt, sich als ein Selbst wahrzunehmen und zugleich gesellschaftliche Handlungsfähigkeit zu erlangen. Ziel des Sozialisationsprozesses sollte es demnach sein, sich zu einer Persönlichkeit mit entsprechenden sozialen, kulturellen und gesellschaftlichen Kompetenzen zu entwickeln. Dabei wird von dem Modell eines „produktiv realitätsverarbeitenden Subjekts“[19] ausgegangen: Nicht die Gesellschaft alleine prägt sich im Individuum aus, sondern das Individuum selbst besitzt die Fähigkeit, sich mit den materiellen und sozialen Bedingungen seiner unmittelbaren Umgebung aktiv auseinanderzusetzen. Diese idealtypische Konstellation von Vergesellschaftung und Individuierung in Gestalt einer sich allmählich herausbildenden

[18] Heydorn 4/1995, S. 17.
[19] Hurrelmann 2001, S. 62-91.

Persönlichkeit freilich ist äußerst fragil, denn *zum anderen* vollzieht sich jeder Sozialisationsprozess in einem Konglomerat von Macht- und Herrschaftsstrukturen, die sich zunächst im Kleinkindalter unbewusst, später bewusstlos und unreflektiert in das Individuum einschreiben. Weil Vergesellschaftung und Individuierung dialektisch aufeinander bezogen sind und sich im Spannungsfeld machtvoller Interessen abspielen, die sich zudem noch unbewusst im Innern des Individuums verankern, rufen sie die Tendenz zur Anpassung an das Gegebene hervor. So etwa, wenn Mädchen und Jungen die gesellschaftlich erwünschten und in der sozialen Praxis erlernten Geschlechterstereotypen verinnerlichen.[20] Der konkrete Sozialisationsprozess selbst dementiert in diesem Augenblick Momente der Selbstbestimmung, da es diese gesellschaftlichen Strukturen sind, die vorgeben, wie viel Freiheit gestattet bzw. wie viel Unterwerfung gefordert wird. Innerhalb dieses äußerst voraussetzungsvollen Prozesses kann das *selbstbewusste* Ringen um Anpassung oder Selbstbestimmung nur unter der Bedingung von Bildung erfolgreich sein.

Selbst wenn die Sozialisationstheorie vorgibt, sich mit der menschlichen Subjektwerdung und einer darin eingelassenen Persönlichkeitsentwicklung zu beschäftigen, so ist damit doch im Unterschied zur Bildungstheorie etwas gänzlich anderes gemeint. Gehen wir davon aus, dass sich im Prozess der Sozialisation gesellschaftliche Normen und Werte in das Subjekt einlagern und sedimentieren, und gehen wir weiter davon aus, dass das Subjekt sich in der aktiven Auseinandersetzung mit seiner Umwelt Handlungskompetenz aneignet und ein Regulations- und Selbstregulationssystem ausbildet, so heißt das aber noch lange nicht, dass es dieses in einer reflektierten Weise tut. Es ist nämlich durchaus vorstellbar, dass es sich an die vorfindbaren Gegebenheiten anpasst, selbst wenn diese unfrei sein sollten. Der semantische Gehalt eines historisch entfalteten Bildungsbegriffs liegt demgegenüber gerade in der stets mitgedachten Emanzipation, Selbstbestimmung und Humanität, die dem Subjekt überhaupt nur dann verfügbar werden, wenn sie einem Prozess der Entfremdung entspringen und zu Bewusstsein kommen. Insofern übersteigt der Bildungsprozess den Sozialisationsprozess. Erst unter den Bedingungen von Bildung sind wir überhaupt in der Lage, über Sozialisation nachzudenken, denn das Sozialisationsgeschehen kann durchaus heteronome Strukturen ausbilden und zu Beschädigungen der Identität führen. Daher müssen wir stets reflektieren, inwieweit die Subjektgenese negativen Einflüssen durch Sozialisation ausgesetzt ist und danach fragen, inwiefern das Subjekt durch Erzie-

[20] Vgl. Hagemann-White 1988, und Bilden/Dausien 2006.

hung und Bildung soviel Freiheit gewinnt, um sich gegen diese Einflüsse wappnen zu können.

2.3 Bildung und Erziehung[21]

Erziehung und Bildung sind diejenigen Grundkategorien, die den Gegenstand der Allgemeinen Pädagogik bestimmen und damit das Feld der Erziehungswissenschaft systematisch umreißen. In der Alltagssprache werden die beiden Begriffe oftmals synonym verwendet. Gleichwohl aber beschreiben sie unterschiedliche Vorgänge, die in einer jeweils ganz eigenen Art in die Subjektkonstitution der Individuen eingehen.

Obwohl ein terminologischer Unterschied zwischen beiden Begriffen besteht und dieser schon aus analytischen Gründen herausgearbeitet werden muss, gibt es auch Gemeinsamkeiten, die sich dort zeigen, wo die beiden Begriffe in einem deutlichen Wechselverhältnis zueinander stehen. So sind sowohl Erziehung wie auch Bildung mit Blick auf individuelle sowie gesellschaftliche Entwicklungsmöglichkeiten bedeutungsvoll, denn beide vermögen einerseits die „Regeneration“[22] gesellschaftlicher Erfahrungen zu beschreiben. Andererseits tragen sie zur Entfaltung der menschlichen Persönlichkeit mit ihrem individuell unterschiedlichen Subjektvermögen bei. Die Gesellschaft bedarf zum Zwecke ihrer Reproduktion der Erziehung und Bildung ebenso notwendig wie das Individuum zum Aufbau einer eigenständigen Persönlichkeit. Insofern Erziehung und Bildung aufeinander verwiesen sind, ist ihnen zugleich ein widerspruchsvolles Moment eigen, denn nicht immer stimmen die Bedürfnisse des Individuums mit den gesellschaftlichen Reproduktionsanforderungen überein. Dieser Widerspruch ist, gleich in welchem Gesellschaftssystem wir leben, unaufhebbar. So wird dieses Problem schon bei Jean-Jacques Rousseau *in nuce* thematisch, insofern er sehr anschaulich beschreibt, wie sich das Individuum im Zuge seiner Vergesellschaftung allmählich seiner selbst entfremdet und in einen Widerspruch von eigenen Bedürfnissen und der Notwendigkeit gesellschaftlicher Konvention gerät.[23] Schleiermacher schließlich drückte dieses spannungsreiche Verhältnis mit den Begriffen „Erhalten und Verbessern“ aus: Die Tatsache, dass die ältere Generation ein Interesse daran hat, die kulturellen Werte und gesellschaftlichen Normen an die jüngere Generation weiter-

[21] Dieses Kapitel geht in großen Teilen zurück auf Ausführungen von Bernhard 2006, S. 27-40, und Bernhard 2009.
[22] Gröll 1975, S. 18ff.
[23] Vgl. Rousseau 1993a.

zugeben und zu *erhalten*, konfligiert mit dem Wunsch, den Heranwachsenden die Kraft mitzugeben, selbsttätig und mit Gestaltungswillen die Unvollkommenheit der Gesellschaft zu erkennen und zu *verbessern*.[24]

An diesem Widerspruch entzündeten sich jene pädagogischen Überlegungen, die sich seit der Zeit der Spätaufklärung (letztes Drittel des 18. Jahrhunderts) ausdifferenziert und zu unterschiedlichen Auffassungen von Erziehung und Bildung geführt haben. Dabei ist zu berücksichtigen, dass diesen unterschiedlichen Vorstellungen anthropologische Grundprobleme vorausgehen, die nachhaltig die theoretische Bestimmung der Begriffe beeinflussen. Einer der wesentlichsten Konfliktpunkte ist die Frage nach dem, was wir gemeinhin als „Subjekt" bezeichnen. Denn wenn Erziehung und Bildung zur Herausbildung des Subjektvermögens beitragen, so muss zuvor geklärt sein, von welcher Subjektvorstellung wir ausgehen. Ist der Mensch zur Freiheit bestimmt? Oder verfügt er gar nicht über eigene Willenskraft? Zu welchem Grad der Freiheit ist der Mensch überhaupt in der Lage? Und kann sich der Mensch emanzipieren? Oder bleibt er ewig gebunden an das gesellschaftlich Gegebene? Sind Männer anders als Frauen? Oder haben beide Geschlechter die gleichen Voraussetzungen?[25] Gibt es klassen- oder schichtspezifische Unterschiede? Oder ist es mit Blick auf unsere Entwicklung ganz gleich, welcher Klasse oder Schicht wir angehören? Haben sich die anthropologischen Voraussetzungen im Vergleich zu früheren Zeiten verschoben? Wie denken, reflektieren, erinnern und erkennen wir? Je nach dem, wie diese und ähnliche Fragen beantwortet werden, verändern sich die Vorstellungen von Erziehung und Bildung.

Wiewohl es unterschiedliche Auffassungen von Erziehung gibt und Erziehung und Bildung in einem wechselseitigen Verhältnis zu einander stehen, so gibt es doch charakteristische Merkmale, die es erlauben, den Erziehungsbegriff vom Bildungsbegriff zu differenzieren. Die strukturellen Unterschiede zwischen den beiden Begriffen treten im Verlauf der ontogenetischen Entwicklung immer deutlicher hervor und lassen sich in fünf Punkten kategorisieren:[26]

1. Mit Erziehung werden gesellschaftliche Handlungen bezeichnet, in denen das Kind weitgehend Objektstatus hat. Erziehung meint demgemäß „transitive

[24] Schleiermacher 1983, S. 63f.
[25] Vgl. dazu Rendtorff 2006.
[26] Vgl. Bernhard 2006, S. 49ff.

rekonstruiert werden kann. Erziehung ist der älteste einheimische Begriff der Pädagogik, resultierend aus dem Umstand, dass die mit ihr gefassten Vorgänge von Beginn der Gesellschaftsgeschichte an getätigt werden mussten, um die Reproduktion der sozialen Verhältnisse zu gewährleisten. Erziehung ist historisch vorauszusetzen, lange bevor die mit dem Bildungsbegriff gemeinten Phänomene aus den Widersprüchen der modernen neuzeitlichen Gesellschaft hervorgegangen sind. Das Konzept der Bildung entstand in jener Phase der geschichtlichen Entwicklung der modernen Gesellschaft, in der das, was mit Erziehung benannt wurde – die pädagogisch gestaltete und unterstützte Integration in das Bestehende – nicht mehr ausreichte, um die Subjektwerdung des modernen Menschen begreifbar zu machen. Der Gedanke der Bildung entwickelte sich „aus der Schwierigkeit, pädagogisch jene Phänomene abdecken zu müssen und zu wollen, die mit Erziehung historisch nicht mehr getroffen werden konnten".[33] Insbesondere die sich im Rahmen der kapitalistischen Produktionsweise entfaltende bürgerliche Gesellschaft brachte mit ihren philosophischen Konzepten der Aufklärung, der Emanzipation und der Mündigkeit eine gesellschaftspolitische Problematik hervor, die mit dem Begriff der Erziehung nicht mehr angemessen auszudrücken war. Da der Erziehungsbegriff nicht mehr in der Lage war, die Aspekte der Selbsttätigkeit, der Reflexionsfähigkeit und des Urteilsvermögens des Menschen in seinem Verhältnis zur Welt zu bestimmen, wurde er im 18. Jahrhundert zeitweilig vom Begriff der Bildung verdrängt. Die Kategorie der Bildung erst erschien geeignet, die emanzipatorischen Komponenten des menschlichen Welt- und Selbstverhältnisses zum Ausdruck zu bringen.

[33] Kunert 1974, S. 50.

3. Historische Markierungen: Zur Entstehung der modernen Bildungsidee

Ihre besondere Gestalt und moderne Bedeutung erhielt Bildung im Zuge der Herausbildung des aufklärerischen Denkens: „Bildung ist als neuzeitlicher Grundbegriff Ergebnis der Aufklärung und zugleich Antwort auf sie“,[1] wie der Historiker Reinhart Koselleck in einer Skizze über den Bildungsbegriff notiert. Der Kristallisationspunkt der Entstehung des modernen Bildungsbegriffs sowie des Nachdenkens über Bildung liegt im *Zeitalter der Aufklärung*, das ungefähr Mitte des 16. Jahrhunderts anhebt und seinen Höhepunkt am Ende des 18. Jahrhunderts findet. Aufklärung ist damit aber nicht etwa eingegrenzt auf diese Spanne. Vielmehr soll damit ausgedrückt werden, dass sich in diesen rund 250 Jahren grundlegende Veränderungen ergaben, die auch der heutigen Zeit noch ihre Signatur verleihen. Wir leben noch immer in einem Zeitalter der Aufklärung, weil die sich am Ende des 18. Jahrhunderts ausprägenden Strukturen unser Denken bestimmen und heutige Problemstellungen, wie etwa Fragen nach Gerechtigkeit, Frieden, Freiheit und Selbstentfaltung, dort ihre Wurzeln haben.

Grundsätzlich ist mit dem Begriff der „Aufklärung“ der Anspruch des Individuums auf Mündigkeit verbunden. Aufklärung fordert die geistige sowie politische Selbstbestimmung und Selbstgesetzgebung durch die menschliche Vernunft, die jedem ungeachtet seines Geschlechts und seines Standes zuzugestehen ist. Sie postuliert die Befreiung von all jenen Autoritäten, die nicht vernunftgemäß zu begründen sind. Obwohl sich die Überzeugungen der Aufklärer über das, was Aufklärung ist, unterschieden, so gab es doch die übereinstimmende Auffassung über die Autonomie der Vernunft als einziger Instanz, die über Methode, Wahrheit und Irrtum zu entscheiden hat und dabei die Normen des ethisch-moralischen Handelns festlegt. Instrument vernünftigen Handelns ist die Kritik. Das heißt, dass durch eine aufklärerische Haltung die Aufklärung selbst Gegenstand der Kritik werden konnte und tatsächlich auch wurde. Die Aufklärung wandte sich also nicht nur gegen religiöse Dogmen, sondern sie war ihrem Selbstverständnis nach auch stets kritisch mit sich selbst. Die Kritik als eine zentrale Kategorie der Vernunft war die treibende Kraft, die es ermöglichte, sich als ein Individuum zu begreifen, das sich von autoritativen Strukturen zu lösen und die Verantwortung für sich selbst und

---

[1] Koselleck 1990, S. 19.

die Gesellschaft übernehmen konnte. Die vormals von Gott gegebene, heilsgeschichtliche Ordnung, deren Legitimationsgrundlage die Bibel war, wurde von einer Vernunftordnung abgelöst, deren Rechtfertigung von nun an im einzelnen Individuum situiert war. Dieser Paradigmenwechsel führte in letzter Konsequenz zu der Einsicht, dass der Mensch zum Handelnden *in* der Geschichte wird, dass er sich sowohl als Gestalter wie auch als Produkt seiner Geschichte empfand.

Mit dieser gesellschaftlichen Verpflichtung war zweifellos die Notwendigkeit verbunden, das diesseitige Leben so zu organisieren, dass es auf Grundsätzen aufruht, die jedem einzelnen qua seiner Vernunft einsichtig sind. Da die vormalige Sicherheit durch das Versprechen auf Erlösung im Jenseits entfiel, mussten Lösungen gefunden werden, die nicht nur vernünftig sind, sondern die ein befriedigendes und glückseliges Leben im Diesseits erlaubten. Auf sich selbst verwiesen, ohne die Verantwortung für das Leben an eine übergeordnete Instanz delegieren zu können, sahen sich die Vertreter der Aufklärung dem Konflikt ausgesetzt, zwischen Individuum und Gesellschaft zu vermitteln. Denn mit der Entdeckung der Vernunft ging zwangsläufig die Entdeckung des Menschen als Wesen mit eigenen Wünschen und Vorstellungen einher, die nicht unbedingt in Übereinstimmung mit den gesellschaftlichen Anforderungen zu bringen waren. Dieser sich im Zeitalter der Aufklärung in aller Deutlichkeit ausprägende Widerspruch durchzog viele Bereiche der zeitgenössischen Debatten und fand vor allem dort seinen Niederschlag, wo es darum ging, rational begründbare Regeln zu definieren, die ein befriedigendes Zusammenleben ermöglichten. Im Vokabular der Aufklärer handelte es sich dabei um die „Sittlichkeit“, unter der man die Übereinstimmung einer Handlung mit als universal verbindlich anerkannten Normen verstand. Diese universale Verbindlichkeit sollte in Freiheit und *ohne Zwang* durchgesetzt werden. Mit anderen Worten: Die Selbstbestimmung einer Gesellschaft ist von der Selbstverpflichtung zur Einhaltung der Normen abhängig und artikuliert sich daher auch in jedem einzelnen Individuum. Sittlichkeit so verstanden fordert von den Individuen ein Höchstmaß an Einsicht in die Sinnhaftigkeit dieses Gesetzes, weil es gerade nicht Freiheit an und für sich verspricht, sondern Freiheit jeweils nur in Abhängigkeit von der Freiheit der Anderen möglich ist. Das bedeutet auch, dass niemand befugt ist, sich anderer als Mittel zum Zweck zu bedienen. Der Mensch ist und bleibt der Idee nach sich selbst Zweck. Immanuel Kant gibt diesen Gedanken in seinem *Kategorischen Imperativ* Ausdruck. Kategorisch ist diese Aufforderung, weil sie unbedingte Geltung beansprucht. Kant appelliert an die Vernunft. Vernünftiges Handeln soll stets gebunden sein an ein Handeln, dem alle zustimmen können: „Der kategorische Imperativ ist also nur ein einziger, und zwar dieser: handle nur nach derjenigen Maxime, durch die du zugleich wollen kannst, daß sie ein allgemeines Gesetz werde.“[2] Etwas später spezifiziert Kant diesen Grundsatz in folgender Weise: „[H]andle so, als ob die Maxime deiner Handlung durch deinen Willen zum allgemeinen Naturgesetz werden sollte“,[3] und wenige Seiten weiter heißt es schließlich: „Denn vernünftige Wesen stehen alle unter dem Gesetz, daß jedes derselben und alle andere niemals bloß als Mittel, sondern jederzeit zugleich als Zweck an sich selbst behandeln solle.“[4]

Das Problem, das in dieser historischen Situation auftrat, lässt sich als Bildungsproblem skizzieren. Denn wenn sich der Mensch zum Schöpfer seiner eigenen Existenzbedingungen macht und er als Bürge für das Funktionieren der Gesellschaft auftritt, dann muss er gewährleisten, dass die Regeln und Gesetze, die er sich gibt, von allen ohne Zwang befolgt werden. Das Individuum musste demzufolge aufgeklärt werden, insofern es *erstens* diese vernünftigen Grundsätze und Übereinkünfte in sein Innerstes integriert, dabei aber zugleich *zweitens* seine individuelle Besonderheit beibehält und *drittens* in die Lage versetzt wird zu erkennen, dass diese Gesetze und Regeln keine überzeitlichen Gebilde sind, sondern sie auf ihre jeweilige historische Anwendbarkeit hin zu prüfen und gegebenenfalls zu kritisieren sind. Letzteres war umso wichtiger, als die Aufklärer der Ansicht waren, dass die zeitgenössischen gesellschaftlichen Bedingungen noch nicht als aufgeklärt zu gelten haben. Kant macht dies zum Beispiel mit der Bemerkung deutlich, dass er durchaus noch nicht in einem „aufgeklärten Zeitalter“[5] lebe, und Schleiermacher konstatiert ein „Gefühl für das Mangelhafte im Gesamtleben“,[6] das stets zur Modifizierung des Vorfindlichen Anlass sein sollte.

Damit ist der Gedanke der Bildung auf die Tagesordnung der Gesellschaft gesetzt: Durch Bildung sollten jene Bedingungen hergestellt werden, in denen sich das Individuum in der Gesellschaft verwirklichen konnte. Da das Individuum aber in einen Geschichtsverlauf eingebunden ist, der es ihm nicht mehr erlaubt, seine eigene und die Zukunft der Gesellschaft mit letzter Gewissheit vorauszusagen (wie dies noch heilsgeschichtlich möglich war), man also von einer offenen und unbestimmten Zukunft auszugehen hatte, entstand

2 Kant IV/1998, S. 51.
3 Ebenda.
4 Ebenda, S. 66
5 Kant VI/1998, S. 59.
6 Schleiermacher 2000.

eine existentielle Unsicherheit, die durch Bildung sozusagen kompensiert werden musste. Denn die Aufklärer glaubten noch an die Möglichkeit der Vervollkommnung (Perfektibilität) der menschlichen Gattung im Hinblick auf ihr sittliches Vermögen. Das heißt, wenn wir erst in einem aufgeklärten Zeitalter lebten, dann wäre die Glückseligkeit verbürgt. Die Vollendung der Erlösung, vormals noch religiös motiviert, wird damit in die Hände der Menschen selbst gelegt. Auch wenn der säkulare Erlösungsanspruch nicht unmittelbar aus dem Begriff der Bildung ableitbar ist, so offenbart sich doch an dieser Stelle der religiöse Ursprung von „Bildung“, auf den später noch einzugehen sein wird.

Viel wichtiger in dem hier zur Rede stehenden Zusammenhang ist der Hinweis auf den Widerspruch im gesellschaftlichen Leben, den die Aufklärer zum ersten Mal formulierten und wohl auch selbst empfanden: die Spannung zwischen Individualität und Allgemeinheit. Der Mensch erkannte sich selbst in seiner gesellschaftlichen Bedingtheit. Ein reflektiertes Bewusstsein, besser: ein aufgeklärtes Bewusstsein musste diese Zerrissenheit als Selbstentfremdung erleben, die ihm im Medium der Bildung gewiss wurde. Bildung ist so gesehen das Wissen um diese Zerrissenheit wie auch die Möglichkeit, ihr zu entrinnen. Dieses Potenzial ging auf sehr unterschiedliche Weisen in Bildungstheorien ein. Es ist nämlich durchaus nicht gleichgültig, wer was, aus welcher Position und in welcher Absicht formulierte, insbesondere dann, wenn man sich die Konfliktlinien ansieht, die zu einer grundlegenden Revision der Erklärungsmodelle führten. Die ideengeschichtliche Begründung für die Entstehung des modernen Bildungsgedankens reicht daher nicht aus, um die Tragweite für die epochalen Veränderungen zu ermessen, die im Zeitalter der Aufklärung, also an der Schwelle zur Moderne im 16. Jahrhundert, an Gestalt gewinnen.

Auf *fünf* verschiedenen Ebenen verschoben sich zu jener Zeit die Koordinaten der Welterklärung. Alle fünf Ebenen stehen in einem wirkungsmächtigen Bezug zueinander. Keine der fünf Ebenen ist ohne die andere denkbar. Es handelt sich dabei *erstens* um die Entdeckung der Naturgesetze, in deren Folge *zweitens* die Säkularisierung ihren Anfang nahm, was *drittens* Anlass dazu war, dem anthropologischen Wissen über den Menschen eine neue Basis zu verschaffen. *Viertens* veränderten sich mit der gleichzeitig aufkommenden Geldwirtschaft die ökonomischen Existenzbedingungen, die *fünftens* zu einem Bruch mit der absolutistischen Feudalherrschaft führten und für das Bürgertum ideale Bedingungen schufen, um sich allmählich als gesellschaftliche Führungsschicht zu etablieren.

Die allmähliche Verschiebung von der Gottesordnung hin zu einer aus der Vernunft zu begründenden Ordnung ist in einem engen Zusammenhang mit der Entstehung der modernen Naturwissenschaften zu sehen. Seit der Entdeckung der Naturgesetze durch experimentelle Arrangements, etwa durch die Mathematiker Galileo Galilei (1691-1736) und Isaac Newton (1643-1727), war der Erklärungswert der biblischen Genesis, die Gott als Schöpfer allen Seins einsetzt, nachhaltig erschüttert. Das Göttliche, das alles übergreifende Prinzip, wich in der frühen Neuzeit der Frage nach dem verborgenen Plan Gottes *in der Natur*. In dieser Phase rückt der Mensch selbst als Objekt der Erkenntnis in den Horizont allgemeinen Interesses ein. Er wurde sich so selbst zum Gegenstand wissenschaftlicher Forschung, die ihren besonderen Ausdruck in der Anatomie des 16. Jahrhunderts erhielt. Nicht nur, dass mit diesen Entdeckungen die Säkularisierung ihren Anfang nahm, sondern auch, dass man über die Konstitutionsbedingungen des Menschen in einer Weise nachdachte, die zu einem völlig veränderten Menschenbild führte, bezeugt, dass sich in dieser Zeit Veränderungen ergaben, die bis heute Wirkung entfalten. Denn bemerkenswerter Weise fielen naturwissenschaftliche Entdeckungen in eins mit der Erkenntnis, dass zum Menschensein die Vernunft, die Sprache und die Kultur konstitutiv sind. Vor diesem Hintergrund wurden die Glaubenssätze der Kirche zunehmend fragwürdig.

Es ist also zu konstatieren, dass ein enger Zusammenhang zwischen Naturwissenschaft, Säkularisierung und einem neuen anthropologischen Wissen über den Menschen existiert. Gesellschaftlich und politisch aber waren zwei weitere Faktoren von entscheidender Bedeutung für den Bruch nicht nur mit der Kirche, sondern auch mit dem absolutistischen Feudalstaat: ein neues Wirtschaftssystem und die Herausbildung einer bürgerlichen Klasse als Träger der modernen Bildungsidee am Ende des 18. Jahrhunderts.

Der Merkantilismus (lat. *mercator* = Kaufmann)[7] war das vorherrschende Wirtschaftssystem im Zeitalter absolutistischer Herrschaft. Ziel war es, den Reichtum des Staates zum Wohle des Königs durch die Verfügung über Edelmetallbestände zu mehren. Dazu war es notwendig, in den staatlich subventionierten Manufakturen niedrige Löhne zu zahlen, hohe Zölle für Einfuhren zu verlangen und Monopolrechte an Handels- und Gewerbebetriebe zu vergeben,

[7] Tribe 2001, S. 266/267.

um den Export von Fertigwaren zu fördern. Dieses in sich geschlossene System, das allein für den Wohlstand des Königs sorgte und auf der Ausbeutung der Manufakturarbeiter beruhte, wurde am Ende des 18. Jahrhunderts durch das marktwirtschaftliche Konzept des Liberalismus von Adam Smith abgelöst.[8] Nicht mehr sollte die Wirtschaft dem König zur Anhäufung von Reichtümern dienen, sondern der Wohlstand der Nationen geriet in den Blick. War der Merkantilismus noch geprägt von einer Arbeitsauffassung, die in erster Linie auf Zucht und Disziplin im Sinne der Erziehung zur Betriebsamkeit (Industriösität) abzielte und religiösen Ursprungs war,[9] so avancierte bei Smith der Arbeitsbegriff zu einer bürgerlichen Tugend. Kooperierten Manufakturen im Merkantilismus noch mit Arbeits-, Zucht- und Waisenhäusern, so wurde von Smith Arbeit mit individuellem Eigentum verbunden. Eigentum sollte also nicht mehr erbrechtlich abgesichert sein, wie noch beim Adel üblich, sondern es musste mit Fleiß, Disziplin und ökonomischen Sachverstand erworben werden. Ein besonderes Kennzeichen des Liberalismus Smithscher Couleur war die Arbeitsteilung zur Produktivitätssteigerung. Diese setzte einen Einsatz der Arbeitskräfte nach ihren spezifischen Fähigkeiten voraus, was letztlich eine Debatte über die Möglichkeit zur Berufsausbildung auslöste.

Mit dem rasch fortschreitenden ökonomischen Wandel korrespondierte auf Seiten der Staatsregierung die Einsicht, dass nur mit einem rationalisierten und effizienten Verwaltungsapparat die Entscheidungen des Monarchen durchzusetzen und zu kontrollieren seien.[10] Mit der Entwicklung eines wirkungsvollen Beamtenstaates und angesichts der raschen wirtschaftlichen Entwicklung, konnte sich das aufstrebende Bürgertum als zukünftige Elite verstehen, die sich die Deutungshoheit über Bildung sicherte. Was Bildung ist und wem sie in welcher Form zustand, entschied sich auf der Ebene der im letzten Drittel des 18. Jahrhunderts verstärkt einsetzenden bildungstheoretischen Erörterungen, die in der Mehrzahl von *bürgerlichen Männern* angestoßen wurden. Das Nachdenken über Bildung war demzufolge gerahmt von politischen, sozialen und wirtschaftlichen Vorstellungen, denen zwei grundlegende Differenzen immanent waren: die *Differenz zwischen den Ständen* sowie die *Differenz zwischen den Geschlechtern.* Fragen nach den Produktions- und Reproduktionsbedingungen rückten angesichts einer – in Deutschland spät einset-

8 Smith 2003.

9 Als eine der sieben Todsünden im Christentum gilt die Faulheit. Aufgrund der Erbsünde und der Vertreibung aus dem Paradies ist der Mensch gezwungen, selbst für seinen Unterhalt zu sorgen. Daher kamen Menschen, die dazu nicht in der Lage waren, und um sie vor der Todsünde zu bewahren, im Mittelalter in Arbeits- und Zuchthäuser.

10 Vgl. Baumgart 2001, S. 30.

zenden – Industrialisierung zunehmend in den Fokus des aufstrebenden Bürgertums. Daher kann das 18. Jahrhundert nicht nur als das „Jahrhundert der Pädagogik“ gelten, sondern auch in einem hohen Maße als ein „Jahrhundert der Ökonomie“,[11] denn zugleich mit der Konstituierung des Bürgertums verfestigte sich eine kapitalistische Wirtschaftsordnung, die die Klasse der Proletarier hervorbrachte und ihnen keinerlei Aussicht auf Emanzipation bot. Im Gegenteil: Das Proletariat wurde zur ausbeutbaren Verfügungsmasse im Dienst des Teils der Bevölkerung, der sich selbst äußerst machtvoll als Führungsschicht einsetzte und elitäre Positionen bezog, von denen diejenigen gewaltvoll ausgeschlossen wurden, die die bürgerlichen Intentionen nicht teilten. Von dieser Warte aus wurden alle Emanzipationsbestrebungen, die nicht den Interessen der eigenen bürgerlichen Klasse entsprachen, verhindert. Es ist daher kein Zufall, dass die pauperisierte und in großen Teilen analphabetisierte Bevölkerung, die sich aus Tagelöhnern, Bauern und Leibeigenen zusammensetzte, trotz des aufklärerischen Postulats der Mündigkeit nur insoweit an die Kulturtechniken des Lesens, Schreibens und Rechnens herangeführt wurde, als es für ökonomische Zwecke dienlich war. Aufklärung über die eigene Stellung im gesellschaftlichen Gesamtsystem blieb ihnen versagt.

Auch Bildung für Mädchen und Frauen wurde, selbst wenn sie bürgerlicher Herkunft waren, weitgehend als Marginalie betrachtet. Zum Aufbau einer bürgerlich-kapitalistischen Gesellschaft war es funktional, Frauen den Ort des Privaten, Männern den Raum der Öffentlichkeit zuzuweisen und auf diese Weise eine geschlechtsspezifische Arbeitsteilung zu manifestieren, die sich besonders darin zum Ausdruck brachte, dass den Geschlechtern jeweils unterschiedliche Wesens- bzw. Charaktermerkmale zugeschrieben und diese biologisch begründet wurden.[12] Nach dem Konzept der *polaren Geschlechtscharaktere*, das zum dominanten Geschlechtermodell des 19. Jahrhunderts werden sollte, sind Frauen die emotionaleren, Männer die rationaleren Menschen. Die Konstruktion einer *Geschlechterdifferenz nach dem Modell komplementärer Opposition* im Rekurs auf vermeintlich biologisch-anthropologische Gegebenheiten führte nicht nur zum Ausschluss von Frauen aus politischen, sozialen und gesellschaftlichen Entscheidungen. Ihre Handlungsspielräume wurden darüber hinaus auch juristisch stark eingeschränkt, da sie unter der Vormundschaft ihrer Väter oder Ehemänner standen, die ihr Vermögen verwalteten und

11 Heydorn 3/1995, S. 60.
12 Vgl. Hausen 1976; Honegger 1991; Kleinau/Opitz 1996; Opitz 2005.

ihre Geschäfte erledigten. Frauen galten als nicht geschäftsfähig und standen in dieser Hinsicht auf der gleichen Stufe wie ihre Kinder.[13]

Frauen wurde unterstellt, sie seien von Natur aus dazu prädestiniert, für die häusliche Erziehung der Kinder zu sorgen, dem Ehemann ein beglückendes Heim in angenehmer Atmosphäre und emotionaler Zuneigung zu schaffen und den Haushalt wirtschaftlich zu führen. Unter diesen Bedingungen mussten bürgerliche Frauen und Mädchen immerhin Lesen, Schreiben und Rechnen lernen. Weitaus wichtiger aber war es, sie in Haushaltsführung, Handarbeiten und Musizieren zu unterrichten. Systematische Einführungen in Grammatik, alte Sprachen, Geschichte, Mathematik, Physik, Chemie und Geographie erhielten sie nicht, weil sie analytisches Denken von ihren eigentlichen Aufgaben als Mutter, Hausfrau und Gattin abhalten würde. Dieser starre Geschlechterdualismus erwies sich als äußerst effizient zur „ideologischen Absicherung patriarchaler Herrschaft“[14] und für die Gestaltung einer arbeitsteiligen Gesellschaft, in der Frauen für die „private Reproduktion“, Männer hingegen für die „gesellschaftliche Produktion“[15] verantwortlich gemacht wurden. Das Prinzip der polaren Geschlechtscharaktere galt jedoch nur für das gebildete Bürgertum. Mädchen und Frauen des Proletariats hatten häufig noch nicht einmal die Möglichkeit des Schulbesuchs, weil sie zum Arbeiten unter widrigsten Bedingungen gezwungen waren.[16]

Die vom männlichen Bürgertum beanspruchte Bildung selbst trägt aber einen unaufhebbaren Widerspruch in sich, der einerseits dort zum Tragen kommt, wo es darum geht, das Arbeitsvermögen der Arbeiterinnen und Arbeiter herzustellen bzw. zu erhalten. Der technologische Fortschritt nämlich fordert ein Mindestmaß an Qualifikation und Wissen, ohne die die Produktion zum Stillstand gekommen wäre. Andererseits war für die bürgerlichen Frauen Bildung insofern unabdingbar, als sie die Erziehung der Kinder und den bürgerlichen Haushalt zu bewältigen hatten. Obwohl damit keineswegs der Gedanke nach Emanzipation verbunden war, sondern sich ganz im Gegenteil Bildung im Modus ihrer minimalistischen Ausprägung zu einem wirkungsvollen Herrschaftsinstrument entwickelte, war gleichwohl die Möglichkeit zur Entfaltung eines Vernunftpotenzials geschaffen, das über die reine Funktionalität hinausweist und sowohl Arbeiter und Arbeiterinnen wie auch die bürgerlichen Frauen befähigt, für sich selbst zu sprechen. Marie von Ebner-

13 Vgl. Gerhard 1978.
14 Hausen 1976, S. 375.
15 Ebenda, S. 367.
16 Vgl. bspw. Brinker-Gabler 1979.

Eschenbach war dies Anlass zu konstatieren: „Als die erste Frau lesen lernte, trat die Frauenbewegung in die Welt.“[17] Obwohl es eklatante Unterschiede zwischen bürgerlichen Frauen und Arbeiterinnen und Arbeitern gab, vor allem im Hinblick auf die Existenzsicherung, lassen sich die in diesem Zitat zum Ausdruck kommenden Freiheits- und Gleichheitsbestrebungen als Ergebnis eines Bildungsprozesses interpretieren, der im 19. Jahrhundert zur Konstituierung der Arbeiter- und Frauenbewegung führte. Als sich der Mensch über die Vernunft entdeckte, war er auch fähig, über seine eigene Situation nachzudenken. Dieses Moment ist in Bildung selbst aufgehoben.

Zwei sich widersprechende Impulse werden also für die bürgerliche Pädagogik maßgebend: Der wirkungsmächtigste Impuls entspringt den ökonomischen Erfordernissen der bürgerlich-kapitalistischen Gesellschaft zur Herstellung des benötigten Arbeitsvermögens ihrer Arbeitskräfte in Form der Qualifikation. Zugleich aber wird ein Impuls freigesetzt, der dieser funktionalistischen Betrachtung entgegengesetzt ist: Mit den Ideen der individuellen Selbstgestaltung, der Aufklärung, der Mündigkeit, der Freiheit und der Demokratie werden nicht nur „die wichtigsten geistigen Triebkräfte zur Konstitution bürgerlichen Selbst- und Gesellschaftsbewußtseins“ entfaltet,[18] sondern es werden auch Kräfte mobilisiert, die die Unterdrückten für die eigene Emanzipation einzusetzen vermochten.

Wenn wir also davon ausgehen, dass Bildung ein Instrument sowohl der Herrschaft wie auch der Befreiung ist, dann müssen wir diese beiden basalen Differenzen bei der Erläuterung der unterschiedlichen Bildungstheorien im Blick behalten. Erst unter dieser Voraussetzung nämlich lässt sich ermessen, ob der moderne Bildungsgedanke, der ja schließlich von der Vernunft als anthropologischer Konstante ausgeht und mithin jedem Menschen ohne Unterschied vernünftiges Denken und Handeln zugesteht, seinen Anspruch auf Mündigkeit und Selbständigkeit tatsächlich realisieren konnte.

Im Ergebnis suchte man im 18. Jahrhundert vermittelt über den Begriff der Bildung Antworten auf folgende Probleme:

1. Das Bewusstsein über den Widerspruch zwischen individuellem Wollen und gesellschaftlichen Anforderungen, das sich einstellte als man begriff, dass der Mensch qua seiner ihm eingeborenen Vernunft selbst über seine Geschich-

[17] Zit. nach Gerhard 1990, S. 138.
[18] Schmied-Kowarzik 1988, S. 49.

te verfügt, führte zu der Frage, wie eine Übereinstimmung zwischen Neigung und Pflicht herzustellen wäre, und zwar im Medium der Mündigkeit.

2. Die Feststellung, dass das Individuum ein rationales und mithin kulturelles Wesen ist, gab Anlass zu der Überlegung, inwiefern es sich von seinen natürlichen Ursprüngen entfernt hatte. Das Nachdenken über die *Natur des Menschen* entfaltete sich daher sowohl im Bereich der Philosophie wie auch auf dem Feld der neu entstehenden Wissenschaft vom Menschen, der vergleichenden Anthropologie.

3. Die sich ausdifferenzierenden Naturwissenschaften und eine damit verbundene Technologisierung der Gesellschaft im Verein mit einem ökonomischen Denken führte nicht nur zu einer raschen Ausbreitung der Arbeitsteilung, sowohl zwischen den Klassen wie auch zwischen den Geschlechtern, sondern auch zu Produktionsverhältnissen, die einen erhöhten Bedarf an Arbeitskräften erforderlich machte.

4. Das bürgerliche Bewusstsein über die eigene Individualität und Identität erzeugte ein Bewusstsein für den Unterschied zum Anderen. Dieses Andere oder Fremde erschien schließlich als Derivat des eigenen Selbst, was letztlich dazu führte, dass der Vergleich zur Legitimationsgrundlage der gesellschaftlichen Ordnung avancierte.[19] Wer bin ich im Vergleich zum Anderen, und bin ich besser oder schlechter, waren Fragen an sich selbst, die schließlich den Grundstock für ein konkurrierendes Verhalten legten, das sich u.a. in den Bildungsvorstellungen der Aufklärungspädagogik niederschlug und ganz wesentlichen Einfluss auf die sozialen Beziehungen gewann.

Diese vier sich im Laufe der Aufklärung ausprägenden Probleme lassen sich schematisch in Form von drei Dualismen mit ihren konkreten Ausprägungen darstellen:

Dualismen	**Ausprägungen**
1. Individuum und Gesellschaft	Mensch vs. Bürger Humanität vs. Nützlichkeit
2. Natur und Kultur	Sinnlichkeit vs. Rationalität Tier vs. Mensch
3. Selbst und Andere	Frauen vs. Männer Bauern/Proletarier vs. Bürger Wilde/Irre vs. Zivilisierte

19 Vgl. Honegger 1989, S. 296; und Koselleck 1995, S. 323/324.

Diese Ausgangspositionen vor Augen erst erschließen sich die Argumentationsstrukturen der verschiedenen Bildungstheorien. Vor einer Erläuterung der sich seit dem 18. Jahrhundert entfaltenden Konzepte ist es aber unerlässlich, den beiden Traditionslinien von Bildung im deutschen Sprachraum nachzugehen. Das antike und christliche Erbe, das die Gesellschaft bis in unsere heutigen Tage hinein nachhaltig beeinflusst, spielt dabei eine bedeutende Rolle.

Exkurs: Antike und christliche Tradition von Bildung

Der Bildungsprozess ist ein Vorgang, der sich nicht kausallogisch erklären lässt, da er von verschiedenen Faktoren abhängt, die sich nur schwer in mathematische Formeln pressen lassen. *Eine* ganz wesentliche Kategorie ist der Wissenserwerb, ohne den jede Bildung zum Scheitern verurteilt ist. Bleiben wir allerdings beim Wissenserwerb stehen, so ist nichts weiter gewonnen, als dass wir über einen bestimmten Sachverhalt bestimmte Aussagen machen können. Wer sich bildet, tut dies aber u.a. in der Absicht, sein Selbst vermöge seiner Reflexionsfähigkeit zu bilden, das heißt: Das Individuum assimiliert sich die Wissensbestände dergestalt, dass es seinem Selbst, oder man könnte auch sagen seiner Identität eine Form verleiht: es *bildet* sich im wahrsten Sinne des Wortes. Im Bildungsbegriff sind demnach zwei wechselseitig aufeinander verweisende Prinzipien aufgehoben, die sich jeweils unterschiedlichen Traditionslinien verdanken. Die Kategorie des *Wissens* entstammt der antiken Tradition der Griechen, die Kategorie der *Formung* indes geht zurück auf die Mystiker des Christentums. Obwohl es auch im antiken Griechenland stets darum ging, sich zu einer Persönlichkeit mit Blick auf eine moralische und tugendhafte Lebensweise zu „formen", wird dieser Aspekt hier nur insofern diskutiert, als er im Zusammenhang mit dem Wissenserwerb steht.

In den verschiedenen Bildungstheorien erhalten diese Traditionslinien unterschiedliches Gewicht und verweisen implizit auf anthropologische Grundannahmen des in den Theorien verwendeten Bildungsbegriffs. Die beiden für das moderne Denken bedeutsamsten Strömungen können an dieser Stelle nur in Ansätzen und damit notwendigerweise nicht in ihrer vollen Komplexität dargestellt werden.

1. Die antike Tradition

In der antiken Tradition ist der Bildungsbegriff eng mit dem Namen Aristoteles (384-322 v. Chr.) verknüpft. Ungeachtet der Tatsache, dass seine Bildungsidee nur die männlichen Bürger der Polis – die ansonsten eine Sklavenhaltergesellschaft war – umgreift, hat er gleichwohl Bildung aufgefasst als eine Tätigkeit, gewissermaßen als Arbeit, die *in sich* sinnvoll ist, sich selbst zum Ziel hat und demnach *nicht* auf einen Zweck außerhalb ihrer selbst zielt.[20] Bildung ist für Aristoteles die zweckfreie Tätigkeit der Erkenntnis, die er mit dem „Titel ‚Theoria' als höchste und würdigste Art menschlicher Betätigung"[21] bezeichnet. Hier schon zeigt sich die Verbindung von Bildung und Wissen an, hier schon wird annonciert, dass „Theoria" die Praxis des „sich selbst zum Gegenstand [der menschlichen] Tätigkeit machenden Denkens"[22] ist. In der Erkenntnis, die sich stets vor einem bestimmten Wissen über die Gegenstände entwickelt, begegnet uns die systematische Erschließung der Welt qua vernünftiger Einsicht. Daher fungiert bei Aristoteles das Denken als Ordnungskraft des wissenschaftlichen Forschens. Folglich stand für ihn die Verstandesbildung im Vordergrund.

War für Aristoteles allerdings die Bedingung der Möglichkeit für die freie Tätigkeit des Denkens die aller Lebensnot enthobene Sphäre des Müßigganges, d.h. die Muße[23] ist der Ort, an dem sich jenseits jeden Zwanges zur Lebenserhaltung Denken als eine der höchsten Tätigkeiten des Menschen erst entfalten kann, so ist diese Einheit in der modernen Gesellschaften nur noch als *Verlust* erfahrbar. Aristoteles zufolge ist der Mensch erst in der Tätigkeit der Muße ganz bei sich",[24] und diese „Selbsthabe"[25] entspricht der „Vollendung der menschlichen Praxis".[26] Zwar ist dieses Ganz-bei-sich-Sein Resultat „einer Selbsterfahrung, die wir in der Arbeit und der Anstrengung des Lernens machen", sie bleibt aber jeweils auf die Kontemplation, auf das Leben in der Muße bezogen. Für eine ausdifferenzierte, arbeitsteilige Gesellschaft, wie sie sich im 18. Jahrhundert herauszubilden begann, kann dieses verabsolutierte Ideal eines Strebens nach Erkenntnis in völliger Freiheit von der Notwendigkeit der Daseinsfristung keine Gültigkeit mehr beanspruchen. Der Verlust

---

[20] Vgl. Buck 1984, S. 20.
[21] Buck 1984, S. 22.
[22] Ebenda.
[23] Muße in diesem Sinne ist keinesfalls zu verwechseln mit einem untätigen Sich-treiben-lassen.
[24] Buck 1984, S. 23.
[25] Ebenda.
[26] Ebenda, S. 21.

kommt daher in einer *Selbstentfremdung* zum Ausdruck, deren Ursachen im gesellschaftlichen Wandel gründen und deren fundamentale Kennzeichen lebendig erfahrene Widersprüche sind. Selbst wenn wir keinen Ort mehr zu benennen wissen, der uns ein Leben in vollkommener Kontemplation verschaffen könnte, so verdanken wir Aristoteles doch die Einsicht in die „begrifflichen Ordnungsformen des Denkens und in die operative Behandlung geistiger Gegenstände".[27] Mit anderen Worten: Bei Aristoteles ist die Vernunft als anthropologische Konstante des Menschen wesentliche Voraussetzung für die Erkenntnis und die Urteilskraft.

2. Die christliche Tradition der mittelalterlichen Mystik

Begriffsgeschichtlich geht „Bildung" auf die Imago-Dei-Lehre[28] in Verbindung mit der neuplatonischen Emanations- und Reintegrationslehre[29] des Dominikanerpaters und Mystikers Meister Eckhart (1260-1328) zurück. Semantisch ist der Begriff doppeldeutig, denn er ist einerseits charakterisiert durch das *forma*-Prinzip (produzieren oder hervorbringen), andererseits durch das *imitatio*-Konzept (nachahmen oder abbilden).[30] Eckhart unterscheidet nicht zwischen diesen unterschiedlichen Ausprägungen, da ihm zufolge beide von gleichem Ursprung sind: Im Moment der Schöpfung wird das Bild Gottes in die Seele des Menschen eingeprägt, zugleich aber soll der Mensch sich Gott in die Seele *einbilden*. Mit anderen Worten: Gott bildet, er formt den Menschen nach seinem Ebenbild (*forma*), wie auch der Mensch selbst gehalten war, sich nach Gott zu bilden (*imitatio*). Bevor aber der Mensch sich Gott in die Seele *einbilden* kann, muss er frei werden von allen sinnlichen und materiellen Vorstellungen, da sie die Schau auf Gott verhinderten. Der eigentlich mystische Vorgang ist das *Überbilden* in einer *unio mystika*, in einer mystischen Vereinigung mit Gott.[31] Das höchste Ziel der Bildung ist demnach die Rückkehr von der irdischen Vielheit in die göttliche Einheit (*Reintegration*). Im Unterschied zur antiken Vorstellung der Erkenntnis bedeutet Erkennen im mystischen Sinne allerdings die selbstbezügliche, die innerweltliche Schau Gottes. Die Seele war dabei der Ort, an dem sich in einer stetigen Wiederkehr diese Wandlungen vollzogen. Diese entsinnlichte Imago-Dei-Vorstellung hat frei-

---

27 Lichtenstein 1970, S. 137.
28 Imago Dei = Gottebenbildlichkeit des Menschen.
29 Emanation = das Hervorgehen aller Dinge aus dem als vollkommen vorgestellten Göttlichen. Reintegration = das Wieder-zurück-Führen auf das Göttliche hin.
30 Lichtenstein 1966, S. 5.
31 Schaarschmidt 1965, S. 30.

lich Auswirkungen auf das Verhältnis zur Welt und zu den Mitmenschen, da die Innerlichkeit, die mit der Entäußerung an Gott einhergeht, den Verzicht auf ein zweckgerichtetes Handeln und auf irdische Beziehungen jeder Art einschließt. Bildung in diesem Sinne war einzig darauf ausgerichtet, Gott so nahe wie möglich zu kommen.

Obwohl diese zutiefst religiöse Vorstellung von Bildung im Vergleich zu unserer modernen, durch und durch rationalen Welt so gar nichts mit einem Konzept der Verstandesbildung zu tun zu haben scheint, ist doch die Tatsache bemerkenswert, dass auch in den Konzepten der Aufklärer der Seele eine besondere Bedeutung zugesprochen wird; jetzt zwar nicht mehr als dem Ort der spirituellen Erneuerung im Dialog mit Gott. Vielmehr schrieb man nun der Seele eine geistige Kraft zu, die zu entwickeln jedem Menschen aufgegeben war. Insbesondere für den Philosophen Johann Gottfried Herder (1744-1803) war die Seele der Sitz körperlich-seelisch-geistiger Totalität, die jedem Individuum keimhaft innewohne und die zum Zwecke einer humanitären Gesellschaft zu entwickeln sei. Nach dieser Vorstellung wurde der Seele eine Aktivität zuerkannt, die sich körperlich, seelisch und geistig nach außen hin zum Ausdruck bringen sollte und notwendigerweise die Entwicklung des Individuums mitbestimmte.

Diese im Organismus liegende Kraft, die sowohl dessen Entwicklung wie auch dessen Vollendung bewirkt, nennt man *Entelechie*. Entelechische Modelle trifft man überall dort an, wo es um vorgeblich keimhaft in jedem einzelnen Menschen vorhandene Fähigkeiten, Talente oder Begabungen geht, die nur noch ihrer Entfaltung bedürfen. Bedenkenswert in diesem Zusammenhang ist die Frage, ob wir alles aus uns selbst hervorbringen können oder ob wir nicht im Gegenteil erst durch Anregungen aus der Umwelt so werden, wie wir sind. Dem entelechischen Denken haftet allerdings ein Determinismus an, der individuelle Entwicklung nur insoweit zulässt, als der Mensch in seiner geistigen, seelischen und körperlichen Entfaltung stets auf ein inneres Potenzial zurückgeworfen wird, das völlig unabhängig von gesellschaftlichen und sozialen Einflüssen schon immer da war und da sein wird. Das Prinzip der Entelechie ist daher auch keine einzigartige historische Erscheinung, sondern ein Strukturmodell, das in jeweils abgewandelter Form Eingang in anthropologische Konzepte findet.

Trotz dieser grundsätzlichen Überlegung ist die Entdeckung des Menschen als einzigartiges Individuum mit eigener Identität historisch in einem engen Zusammenhang mit dem Entelechie-Konzept zu sehen. Insofern es nämlich den Menschen zum ersten Mal in ihrer Geschichte die Möglichkeit bot, sich aus sich selbst heraus zu verstehen und sich als ein Wesen zu begreifen, das einen inneren, dabei individuellen Entwicklungsprozess durchläuft, insofern waren die Menschen auch zu einer Selbsterkenntnis imstande, die es ihnen erlaubte, sich selbst und unabhängig von Gottes Gnaden als intelligente Subjekte mit eigenen Rechten zu repräsentieren. Vermöge der zwar historisch wichtigen, gleichwohl spekulativen Überzeugung, dass der Mensch seine Kräfte nur in harmonischer Übereinstimmung zur Entfaltung bringen muss, um eine humanitäre Gesellschaft zu garantieren, differenzierte sich der Bildungsbegriff nunmehr mit Blick auf die je subjektiven Gestaltungsmöglichkeiten aus. Bildung hieß nun nicht mehr Einbildung Gottes in die Seele, sondern Formung der dem Individuum innewohnenden Kräfte mit dem Ziel seiner Vervollkommnung im Diesseits, die notwendig auch eine Vervollkommnung der ganzen Gattung implizierte.

4. Bildung in der Zeit der Aufklärung

Das aristotelische Erbe der vernünftigen Erkenntnis und das christliche Erbe der Formung innerweltlicher Seinszustände erhielten im letzten Drittel des 18. Jahrhunderts ihre besondere Ausprägung, da der Ausgang aus der selbstverschuldeten Unmündigkeit nur zu bewerkstelligen war, wenn beide Dimensionen in Korrespondenz zueinander treten. Theoretisches und praktisches Wissen sowie die Fähigkeit zur Gestaltung des eigenen Selbst, das über Verstand und Urteilskraft verfügt, waren nach der Vorstellung der Aufklärer die notwendigen Voraussetzungen für die Herausbildung einer mündigen Persönlichkeit, die sich unabhängig von äußerer Einflussnahme gesellschaftlich zu behaupten weiß. Diese Idealvorstellung allerdings galt nur für *den männlichen Bürger*, der imstande und willens war, eine staatstragende Position einzunehmen. Zu nennen wären etwa Beamte, Geistliche und Offiziere. Weder galt dies für Bauern und Manufakturarbeiter noch für Frauen, ohne Ansehen ihres Standes. Zwar sollten auch die unteren Stände, die so genannten Nährstände, und die Frauen in einem kollektiven Prozess aufgeklärt werden, dies aber nur insofern die Aufklärung ihren unmittelbaren Lebensbereich betraf. So war das Interesse eher darauf gerichtet, bei den unteren Volksschichten Aberglauben und Frömmigkeit zurückzudrängen und sie in die Lage zu versetzen, im Sinne einer gesamtgesellschaftlichen Nützlichkeit und ihrem Stande gemäß eine berufliche Tätigkeit auszuüben.[1] Für die Frauen des Bürgertums bedeutete dies, dass ihnen im Rahmen der Familienarbeit die explizit als *Beruf* etikettierte Tätigkeit der Mutter, Gattin und Hausfrau zugedacht war.

Die Herausbildung einer autonomen Persönlichkeit freilich steht im Widerspruch zu den Anforderungen eines Staates, der gerade *nicht* als aufgeklärt galt. Selbst Kant, der 1784 dazu aufrief, sich seines Verstandes in emanzipatorischer Absicht zu bedienen, räumt ein, dass der Bürger des absolutistischen Staates durchaus Funktionen zu erfüllen habe, die ihm das aufgeklärte Räsonnieren verbieten und ihn unter die Staatsräson zwingen, denn in seinem Amt etwa als Geistlicher oder Offizier ist er von vornherein in seiner Freiheit eingeschränkt. Da ein Funktionsträger stets nur im Interesse und im Namen seines Dienstherrn reden kann, spricht Kant in diesem Fall vom Privatgebrauch der Vernunft. Uneingeschränkte Freiheit und öffentlicher Gebrauch der Vernunft bedingen sich aber gegenseitig: „[D]er *öffentliche* Gebrauch seiner Ver-

1 Vgl. Koneffke 1973, S. 83-130, und 1987.

nunft muß jederzeit frei sein, und der allein kann Aufklärung unter Menschen zustande bringen; der *Privatgebrauch* derselben aber darf öfters sehr enge eingeschränkt sein, ohne doch darum den Fortschritt der Aufklärung sonderlich zu hindern. Ich verstehe aber unter dem öffentlichen Gebrauche seiner eigenen Vernunft denjenigen, den jemand als *Gelehrter* von ihr vor dem ganzen Publikum der *Leserwelt* macht. Den Privatgebrauch nenne ich denjenigen, den er in einem gewissen ihm anvertrauten *bürgerlichen Posten*, oder Amte, von seiner Vernunft machen darf."[2] Allerdings geht Kant davon aus, dass sich die aufgeklärten Ideen allmählich verbreiten und schließlich auch bei den Fürsten sowie in der breiten Bevölkerung Wirkung zeigen werden. Gleichwohl aber beschreibt Kant hier einen Widerspruch, der bis heute unversöhnt geblieben ist, denn im Grunde gesteht er dem Gelehrten zwar die freie Rede zu, zugleich aber bleibt der Gelehrte in seiner spezifischen Funktion der gesellschaftlichen Notwendigkeit verpflichtet.

Mit Kants exemplarischem Eintreten gegen Autoritäten einerseits und der ebenso exemplarischen Manifestation dieser Autoritäten als Ordnungsmacht andererseits wird ein Problem evident, das man glaubte durch Bildung lösen zu können. Die Zerrissenheit der menschlichen Existenz zwischen gesellschaftlichem Sollen und individuellem Wollen sollte durch Bildung auf der höheren Ebene der Humanität ausgesöhnt werden, um die aus bürgerlicher Sicht geschichtlichen Fehlentwicklungen des feudalistischen Despotismus gewaltlos zu revidieren. Ziel war die moralische Verbesserung von Staat und Gesellschaft. Das seinerzeit politisch einflusslose Bürgertum Deutschlands ersann daher aus Furcht vor ähnlichen Gewaltexzessen, wie sie sich in der Französischen Revolution ereigneten, Bildungskonzepte, die die bürgerliche Gesellschaftsveränderung vorantreiben und den Anspruch auf politische Partizipation unterstreichen sollten.

Dass der Begriff der Bildung fast exklusiv auf den deutschsprachigen Raum begrenzt bleibt, ist den konkreten Bedingungen des gesellschaftlichen Übergangs von der feudalistischen in die bürgerlich-kapitalistische Gesellschaft geschuldet. Weil nämlich in Deutschland emanzipatorische Vorstellungen und Aktivitäten in den kulturell-geistigen Bereich abgedrängt und Emanzipation als bloß theoretisches Konstrukt in Erscheinung trat, blieben revolutionäre Veränderungen auf politisch-gesellschaftlichem Gebiet aus. Die Revolution wird so zur Scheinrevolution und beschränkte sich auf den geistigen Be-

[2] Kant VI/1998, S. 55. Hervorhebungen im Original.

reich.[3] Gleichzeitig jedoch führten diese *kulturellen Kompensationsleistungen* des deutschen Bürgertums zur Entfaltung einer Idee von Bildung, die einerseits dazu beitrug, das durch eine fortschreitende Industrialisierung und durch die Herausbildung der proletarischen Klasse verursachte gesellschaftliche Konfliktpotenzial niedrig zu halten. Andererseits erlaubte sie es, die Vorstellung eines menschlichen Welt- und Selbstverhältnisses zu entwickeln, das eine Gesellschaft jenseits aller funktionalen Verzweckung antizipierte. Diese Hoffnung auf eine menschliche und zweckfreie Gesellschaft weist über die bürgerlich-kapitalistische Gesellschaft hinaus, insofern der Mensch nicht nur als Bürger mit staatsbürgerlichen Verpflichtungen oder als Arbeitskraft im Dienste der Produktion wahrgenommen wird, sondern als ein Individuum mit eigenen Bedürfnissen und Anschauungen, ausgestattet mit unterschiedlichem Vermögen in intellektueller, sinnlicher und kreativer Hinsicht, das zur freien Entfaltung drängt.[4] Im bürgerlichen Bildungsbegriff selbst ist daher beides enthalten, sowohl die Möglichkeit der gesteuerten Qualifizierung eines Teils der Bevölkerung zum Zwecke der Kapitalakkumulation wie auch der Gedanke der Freiheit.

In anderen Worten: Angesichts politischer, gesellschaftlicher und ökonomischer Unsicherheiten und mit Blick auf eine arbeitsteilige Gesellschaft stellte sich die bildungstheoretisch relevante Frage, auf welche Weise dem Ziel der Freiheit näher zu kommen sei. Sollte im Interesse einer anvisierten bürgerlichen Gesellschaft der Bürger (nicht etwa die Bürgerin) auf einen Beruf vorbereitet werden, der es ihm erlaubt, den Lebensunterhalt für sich und seine Familie zu verdienen? Oder sollte nicht vielmehr dem Individuum die Möglichkeit einer allgemeinen Bildung eingeräumt werden, die es dazu befähigt, jenseits ökonomischer und politischer Zwänge eine Identität zu entwickeln, um es in den Stand zu versetzen, ein selbständiges Urteilsvermögen zu erlangen?

Im *ersten* Fall wird die Bildung des Menschen zum Menschen weitgehend den Erfordernissen eines prosperierenden Beamtenstaates und der einsetzenden Industrialisierung geopfert. Der Mensch sollte sich nach dieser Vorstellung den Belangen einer sich allmählich ausdifferenzierenden bürgerlichen Gesellschaft unterwerfen, ohne allerdings den Anspruch auf persönliche Zufriedenheit oder gar Glück aufzugeben. Dieses die bürgerlichen Pflichten hervorhebende Erziehungs- und Bildungskonzept wurde von den Aufklärungspä-

3 Vgl. Marx 1976, S. 378-391.
4 Siehe auch Kofler 1992, S. 236; und Bernhard 1996, S. 36-50.

dagogen, die sich im deutschsprachigen Raum *Philanthropen* nannten, theoretisch legitimiert und praktisch erprobt. Mit aller Schärfe verteidigten sie zu diesem Zweck den *rationalen* Charakter einer auf Vernunft aufruhenden Pädagogik, deren Aufgabe es sei, Arbeit und Beruf ins Zentrum der Überlegungen zu rücken. Unter Bildung wird nach diesem Konzept die Vermittlung von gesellschaftlich notwendigen Charaktereigenschaften, Fähigkeiten und Qualifikationen verstanden, der Prozess einer selbsttätigen Entwicklung ist dabei sekundär.

Im *zweiten* Fall wird davon ausgegangen, dass Berufsausbildung zwar notwendig, aber nicht hinreichend ist, um ein sittlich-humanes Verhältnis in der Gesellschaft zu schaffen. Erst in der Ausfaltung aller im einzelnen Menschen vorhandenen Kräfte und durch eine nicht von religiösen, wirtschaftlichen oder politischen Interessen geleiteten Auseinandersetzung mit der Welt in Form einer allgemeinen Bildung ist es nach Ansicht der *Neuhumanisten* möglich, auf eine Verbesserung sowohl der Gattung wie auch der Gesellschaft hinzuwirken. Der entscheidende Unterschied zu den Philanthropen zeigt sich dort, wo es darum geht, den Menschen nicht nur als rein rationales Wesen aufzufassen, sondern ihm auch Empfindungen und Sinnlichkeit als Quelle der Erkenntnis zuzuerkennen. Bildung ist nach dieser Auffassung ein Prozess, der sich auf der subjektiven Seite im Innern des Individuums selbständig ereignet und nicht vermittelbar ist.

In diesem Spannungsfeld von beruflicher und allgemeiner Bildung entwickelten sich unterschiedliche Bildungskonzeptionen, die als Antworten auf ein um seine politische Anerkennung ringendes Bürgertum aufzufassen sind. Bildung ist daher niemals unabhängig von der Anstrengung zu betrachten, die gesellschaftlichen und politischen Verhältnisse zu verändern. Die Philanthropen waren gar der Ansicht, durch Aufklärung, Bildung und Erziehung den Prozess des gesellschaftlichen Wandels nicht nur institutionalisieren, sondern auch beschleunigen zu können.

Auch wenn in unterschiedlicher Akzentuierung, so trafen sich die Erziehungs- und Bildungstheoretiker doch in der Auffassung, dass Aufklärung in dreifacher Hinsicht zur Verbesserung der Gesellschaft beitragen sollte: *Erstens* als individueller Prozess der Selbstaufklärung, *zweitens* als gesellschaftlicher Prozess der kollektiven Volksaufklärung und *drittens* als gattungsgeschichtlicher Prozess der sich aufklärenden Menschheit als Subjekt der Geschichte, die als fortschrittlich und zielgerichtet vorgestellt wurde.[5] Da sich Aufklärung auf alle Individuen bezog, mussten auch alle in die bildungstheoretischen Überlegungen miteinbezogen werden. Allerdings unterschieden sich die Bildungskonzeptionen je nach Stand und Geschlecht.

Um die Aufklärung zu verbreiten, war man auf ein öffentliches Bildungswesen angewiesen, das bis dahin noch nicht existierte und sich erst am Ende des 18. bzw. zu Beginn des 19. Jahrhunderts herauszubilden begann. Als programmatisch kann daher der emphatische Aufruf des Aufklärungspädagogen und führenden Kommentatoren der philanthropinistischen Bewegung Johann Heinrich Campe nach öffentlich-weltlichen Schulen aus dem Jahre 1786 gelten:

> „Will man eine Nation umformen, will man verständige, kluge, gewandte, emsige und wackere Menschen bilden, so gebe man die alten [Schulen, E.B.] auf, und beschränke seinen Fleiß auf denjenigen Stoff, der noch bearbeitet werden kann, weil er noch nicht abgehärtet ist. In den Schulen, oder nirgends kann eine Nation zur Industrie, wie zu jeder andern moralischen und politischen Tugend gebildet werden. In den Schulen, ihr Fürsten! In den Schulen, ihr Väter des Staates, in den Schulen oder nirgends sonst muß man die Werkstatt anlegen, wenn man Menschen veredeln, Gewerbe, Künste und Wissenschaften befördern und Nahrung und öffentlichen Wohlstand des Landes erhöhen will.“[6]

Als programmatisch ist dieser Aufruf auch deshalb zu verstehen, weil sich in ihm die bürgerlichen Tugenden in verdichteter Form ausdrücken. Der Begriff der „Industrie“,[7] also Fleiß und Betriebsamkeit zum Wohle des Landes und der Nation, beschreibt vielleicht am besten den bürgerlichen Sozialcharakter, wie er den Philanthropen (Menschenfreunde) vorschwebte.

4.1 Die Philanthropen

Die philanthropinistische Bewegung ist eine pädagogische Reformbewegung, die in etwa auf die Zeit von 1768 bis 1793 einzugrenzen ist. Die Philanthropen wandten sich dezidiert gegen den Feudalismus und traten ebenso dezidiert für eine aufgeklärte bürgerliche Gesellschaft ein. In ihren mustergültigen Erziehungsanstalten, den so genannten Philanthropinen, übertrugen sie ihre päda-

---

5 Vgl. Herrmann 1993, S. 13.
6 Campe zit. nach Blankertz 1982, S. 61.
7 Vgl. zum Begriff der „Industrie“: Blankertz 1982, S. 56/57.

gogischen Gedanken in die Erziehungspraxis. Ihre menschenfreundliche Ausrichtung erklärt sich aus dem im Vergleich zu den Ritterakademien und den Lateinschulen veränderten Verhältnis zwischen Erwachsenen und Heranwachsenden. So verzichteten sie auf Strafen, zumal auf die Prügelstrafe, und versuchten, ein vertrauensvolles Klima im Erziehungsprozess zu erzeugen, indem sie das für diese Zeit unübliche freundschaftliche „Du" einführten. Sie schafften das Perücketragen als Kennzeichen der Adligen ebenso ab wie sie für einen kurzen Haarschnitt und bequeme Kleidung sorgten. Die Schule sollte Stätte des Frohsinns, der Freude und des Spiels sein. Ohne die intellektuelle Ausbildung zu vernachlässigen, weiteten sie ihre Erziehungsschwerpunkte auf handwerklich-praktische Übungen, Gartenarbeit, Wandern und sportliche Betätigung zur Abhärtung und zum Aufbau von Abwehrkräften aus.[8]

Auch wenn die Philanthropen keine systematische Bildungstheorie entfaltet haben, so entwickelten sie doch auf der Basis der zeitgenössischen Philosophie sowie auf der Grundlage der im Entstehen begriffenen Anthropologie und der Medizin eine empiristische Pädagogik, die an naturwissenschaftlichen Erkenntnismethoden orientiert ist und bildungstheoretische Elemente enthält. Ihnen geht es nämlich nicht nur um Fragen nach der recht verstandenen Erziehung, sondern sie beschäftigen sich eingehend mit erkenntnistheoretischen Problemen zur Entwicklung der Vernunft, mit der psychisch-physischen Konstitution des Menschen und den Voraussetzungen für eine moralisch-sittliche Vervollkommnung sowohl des Individuums wie auch der Gesellschaft. Obwohl sie durchaus unterschiedlicher Ansicht besonders betreffs der philosophischen Ausrichtung ihrer Reformbewegung waren, bestand gleichwohl in vielerlei Hinsicht Konsens. In der folgenden Darstellung werden zunächst die Übereinstimmungen skizziert. Der zweite Teil widmet sich schließlich den unterschiedlichen philosophischen Positionen, weil auf diese Weise deutlich gemacht werden kann, dass die Philanthropen eine durchaus heterogene Gruppe waren, die sich zwar in ihren Zielen einig war, zu deren Realisierung die einzelnen Mitglieder aber auf zum Teil widersprechende Theorietraditionen zurückgriffen.

1. Übereinstimmungen

Obgleich politische Systeme einem historischen Wandel unterworfen sind, gibt es doch charakteristische Grundstrukturen, die eine bürgerliche Gesell-

[8] Zu den Anfängen des Schulsports vgl. Schmitt 2007, S. 209-222.

schaft bis in unsere heutigen Tage hinein kennzeichnen. Ein bedeutungsvolles Kriterium ist die funktionale Trennung einer öffentlichen von einer privaten Sphäre, die jeweils geschlechtlich codiert ist: die Öffentlichkeit den Männern, der private Raum den Frauen. Diese polare Gegenüberstellung war in der Zeit der Aufklärung weitaus ausgeprägter als heute, gleichwohl aber haftet ihr eine Zähigkeit an, die wir gegenwärtig in Form von mangelnden Aufstiegschancen für Frauen in den öffentlichen Bereichen beobachten können. Ein weiteres Merkmal ist das Leistungs- und Konkurrenzprinzip, das zentral für eine sich entwickelnde Wirtschaft war, auf deren Märkten Angebot und Nachfrage die bestimmenden Faktoren für den Erwerb von Besitz und Eigentum sind. Ein drittes Kennzeichen ist die Schichtung der Gesellschaft in einen lohnabhängigen und einen besitzenden Teil.

Mit Blick auf eine sich solchermaßen ausdifferenzierende Gesellschaft versuchten die Philanthropen als Repräsentanten einer aufgeklärten bürgerlichen Schicht ein Bildungsprogramm zu realisieren, das den oben vorgestellten Prinzipien Rechnung trägt und Tugenden wie etwa Fleiß und Leistungsbereitschaft, Umsicht und Sparsamkeit sowie Rationalität und Selbständigkeit als universelle Kategorien zur Geltung bringen sollte. Diese bürgerlichen Qualitäten, so die Vorstellung, waren mit einer grundsätzlich anzustrebenden subjektiven sowie gesellschaftlichen Glückseligkeit zu amalgamieren. Dabei gingen die Philanthropen davon aus, dass durch die Umschaffung des Menschen,[9] mehr noch durch die Schaffung eines *neuen* Menschen im Lichte einer *neuen* Erziehung und Bildung die Reform der Gesellschaft im Sinne des Bürgertums vorangetrieben werden kann. Voraussetzung dafür war, dass nicht so sehr der individuelle Mensch in seinem Menschsein im Vordergrund stand, sondern die gesellschaftliche Umstrukturierung zum Leitmotiv von Erziehung und Bildung avancierte. Jedes Mitglied der Gesellschaft sollte gemäß seines Standes und entsprechend seines Geschlechts seine Nützlichkeit unter Beweis stellen.

Im Glauben an eine Gesellschaftsordnung, die, einmal im bürgerlichen Sinne umgestaltet, für Wohlstand und Glück, für Gerechtigkeit und Freiheit sorgt, waren die Philanthropen der Überzeugung, die Glückseligkeit des Einzelnen trage zur Glückseligkeit des Staates bei.[10] Das heißt, die Interessen des Einzelnen korrespondieren mit den Interessen der Gesellschaft. Die Versöhnung zwischen Individuum und Gesellschaft ist demnach dann erreicht, wenn die Einzelnen um der Gemeinnützigkeit willen den ihrem Lebenskreis gemä-

[9] Vgl. Herrmann 1993, S. 99.
[10] Vgl. Kersting 1992, S. 56.

ßen Beruf ausüben. Diese Nützlichkeitserwägungen zielen auf eine Berufs- und Standeserziehung[11] ebenso ab wie auf eine spezifische Geschlechtererziehung, die letztlich auf die Vervollkommnung des Menschen zielt. Vervollkommnung heißt nun nicht mehr nur die Bestimmung des Menschen zur Humanität. Die Bestimmung des Menschen ist vielmehr abhängig von seinen staatsbürgerlichen, seinen beruflichen und patriotischen Verpflichtungen. So entspricht die Bestimmung des Menschen seiner Bestimmung zur Gemeinnützigkeit. Daher war die Bildung des Menschen für den Beruf, und dazu zählte auch das Wirken der bürgerlichen Frauen im Hause, die oberste Maxime der Philanthropen. Diese Art der Erziehung kam den ökonomischen Bedürfnissen des Bürgertums entgegen, denn Glück oder Glückseligkeit war stets rückgebunden an die Befriedigung der materiellen Bedürfnisse durch die produktive Leistung des Einzelnen.[12] Für die Frauen galt entsprechend die Maxime, wirtschaftlich klug zu handeln, für einen gut funktionierenden Haushalt zu sorgen und die Kinder nach den Grundsätzen der bürgerlichen Gesellschaft zu erziehen.[13] „In ihrer Theorie der utilitären Erziehung," so Herwig Blankertz, „rechtfertigten sie das, was die Praxis des merkantilistischen Staates war, nämlich den einzelnen Menschen dem gesellschaftlichen Anspruch preiszugeben, durch die Aufgabe, an dem ihm angewiesenen Ort zu funktionieren",[14] auch gegen die Interessen des Individuums.

Als Initiator der Reformbewegung kann Johann Bernhard Basedow (1724-1790) gelten, der das erste Philanthropinum 1774 in Dessau mit der doppelten Intention gründete, einerseits aus Kindern rechtschaffene Bürger zu machen. Andererseits verband er mit der Reformschule den schon zu seinen Lebzeiten kritisierten und fragwürdigen Versuch, mit den ihm anvertrauten Heranwachsenden zu experimentieren.[15] Das Kind avancierte zum Objekt der Neugierde und wurde einer lückenlosen Beobachtung unterworfen. Dieser experimentelle Charakter ist zum einen der Tatsache geschuldet, dass sich die Pädagogik als Wissenschaft seinerzeit noch nicht etabliert hatte und man kaum über empirische Daten zur Genese des kindlichen Aufwachsens und zur Vernunftentwicklung verfügte. Viel wesentlicher aber war die Überzeugung,

---

11 Vgl. Blankertz 1982, S. 82-87.

12 Koneffke 1973, S. 114.

13 Vgl. Kersting 1989; und Blochmann 1966, S. 29-42.

14 Blankertz 1982, S. 82. Allerdings ist zu vermuten, dass die Philanthropen in ihren Erziehungskonzepten nicht den merkantilistischen Staat alter Provenienz vor Augen hatten, sondern bereits im Sinne von Adam Smith bürgerlich-liberal dachten.

15 Vgl. Kersting 1992, S. 191ff. Neben Basedow war es vor allem Ernst Christian Trapp (1745-1818), der sich eines experimentellen Ansatzes bediente.

man müsse Abschied von metaphysischen Spekulationen nehmen und empirische Nachweise für das spezifische Funktionieren der körperlichen, geistigen und seelischen Organisation des Menschen erbringen.

Dazu beriefen sich die Philanthropen auf (medizinische) Anthropologen, die von einem grundsätzlichen Wechselverhältnis von Körper und Seele ausgingen und die Bewegung der Seele in der körperlichen Aktivität zu erkennen glaubten wie auch umgekehrt. Da die Seele bzw. der Geist als Sitz der Vernunft und der Moral galten, konnten die Mediziner den Anspruch erheben, mit dem Blick auf oder in den Körper seelisch-geistige Vorgänge beurteilen zu können und nannten sich entsprechend „philosophische Ärzte“.[16] Daher wurde für die Philanthropen eine „naturwissenschaftlich orientierte philosophische Medizin, die die körperlichen Einflüsse auf die geistige und moralische Entwicklung nachzuweisen unternahm“,[17] von entscheidender Bedeutung. Denn die Anthropologie bestätigte erstens die „Methode für eine objektive Erforschung der sich verändernden menschlichen Natur, mit dem Ziel, psychologische Normen zu finden“.[18] Zweitens lieferte sie die ethische Rechtfertigung für Eingriffe in die Psyche und einer damit verbundenen korrektiven Lenkung der Zöglinge. Weil die Philanthropen von einem Zusammenhang zwischen Psyche und Physis ausgingen, galt ihre Sorge auch der körperlichen Entwicklung,[19] die ihrer Überzeugung nach Einfluss auf die moralischen Haltung hat.[20] Besonders streng achteten sie darauf, dass die Triebe, zumal der sexuelle, diese Wechselseitigkeit nicht störten. Ein besonders großes Problem für die Philanthropen war die Masturbation der Knaben (Mädchen wurde keinerlei sexuelle Aktivität zugestanden), die sie mit allen zu Gebote stehenden Mitteln zu unterdrücken suchten und als unsittliches bzw. unmoralisches Verhalten etikettierten.[21] Gefühls- und Triebregulierung war daher der integrale Bestandteil einer Erziehung, die vor allem darauf aus war, Leistung und konkurrierendes Verhalten zu honorieren. Unablässige Beschäftigung und ein zeitökonomisch

---

16 Vgl. Honegger 1991, S. 126-167; und Honegger 1989.

17 Kersting 1992, S. 123.

18 Ebenda, S. 197.

19 Vgl. Glantschnig 1987.

20 So waren beispielsweise für Campe gelehrte Frauen ein Gräuel. Im Anschluss an die Erkenntnisse der Geschlechteranthropologie begründete er seine Abneigung mit feineren Nervensträngen und einer überhaupt sensibleren körperlichen Verfassung der Frauen und verstieg sich zu der Vorstellung, weibliche Gelehrsamkeit führe neben der Vernachlässigung der Hauswirtschaft zur Verdickung der Säfte, zur Zerrüttung der Nerven und zur Lähmung der Verdauungskräfte und gefährde letztlich die Glücksseligkeit sowohl des Hausstandes wie auch der Gesellschaft (vgl. Campe 1988, S. 63).

21 Mehr dazu bei Glantschnig 1987.

rigides, auf Belohnung aufgebautes Unterrichts- und Lehrregiment war das Instrument zur Durchsetzung dieser bürgerlichen Tugenden.[22]

Die Formierung des bürgerlichen Menschen im Lichte seiner Nützlichkeit unter Absehung aller Triebregungen kündet sich an, denn das aufgeklärte Bürgertum war zwar daran interessiert, körperliche und geistige Kräfte auszubalancieren, überbordende Empfindungen und Affekte wurden dagegen als Fehlentwicklungen interpretiert, die durch entsprechende Erziehungsmaßnahme zu korrigieren seien.[23]

2. Unterschiede

Obwohl in den Zielvorstellungen große Gemeinsamkeiten festzustellen sind, unterschieden sich die theoretischen Ansätze der Philanthropen zum Teil erheblich. In ihren bildungstheoretischen Erörterungen orientierten sie sich nämlich an drei philosophischen Richtungen, die inhaltlich stark voneinander abweichen und zur Legitimation der je eigenen pädagogischen Praxis dienten. Im Anschluss an Christa Kersting werden die drei Modelle in Grundzügen dargestellt. Kersting unterscheidet ein *mechanisch-rationales* Konzept von einem *anthropologisch-psychologischen* und einem *ästhetisch-humanistischen* Konzept.

Das *mechanisch-rationale* Konzept, Vertreter sind Johann Bernhard Basedow und Ernst Christian Trapp,[24] geht auf die empirische Philosophie von John Locke (1632-1704) und Etienne Bonnot de Condillac (1715-1780) zurück, die darin übereinstimmten, dass der Mensch erst durch seine Umwelt in die Lage versetzt werde, seinem Inneren Kontur zu verleihen. Das heißt, äußere Einflüsse prägen sich in das Innere des Menschen ein. Insbesondere Trapp ging von der Annahme aus, dass durch äußere Einwirkung die als passiv vorgestellte Seele beliebig gestalt- und perfektionierbar ist. Wenn die Seele des Kindes als eine *tabula rasa*, als vollkommen frei von Erfahrungen gedacht wird, dann ist sie auch frei von moralischen Urteilen und geistigen Dispositionen, mehr noch kann in einem solchen Zustand keine Aussage darüber getroffen werden, ob der Mensch *a priori* gut oder böse ist. Erziehung und andere Umwelteinflüsse erst machen demnach den Menschen zu einem guten oder

---

22 Vgl. Glantschnig 1987, S. 118-130; und besonders: Hausordnung und Studienplan des Dessauer Philanthropins, Reble 1999, S. 198/199.

23 Vgl. Blankertz 1982, S. 83.

24 Vgl. Hopfner 2008, S. 36/37.

bösen Wesen. Daher muss alle Anstrengung darauf gerichtet sein, durch Einwirkung von außen Kinder zu effektiv funktionierenden, an moralischen Normen orientierten Bürgern zu bilden. Von seinem Effektivitätsdenken geleitet nahm Trapp weiterhin an, dass durch „Vermeidung und Eliminierung aller für ‚zweckfremd' gehaltenen Kräfte und Zeit vergeudenden Momente"[25] eine Revolutionierung der Erziehung und der politischen Einrichtungen zu bewerkstelligen sei. Zwar gestand er Kindern ein eigenständiges Streben nach Glück und Zufriedenheit zu, gleichwohl aber waren sie in seinen Augen vergleichbar mit „moralischen Maschinen",[26] die der äußeren Führung bedürfen. Trapp, aber auch Basedow konnten aufgrund ihrer stark naturwissenschaftlich-mathematisch ausgerichteten Methode der Beobachtung und des Experiments kaum Aussagen über Form und Inhalt der Psyche treffen, zumal sie den Menschen unter Absehung seiner Gefühle als ein rationales Wesen begriffen.

Campe dagegen ging in seinem *anthropologisch-psychologischen* Konzept von einer grundsätzlichen Eigentätigkeit der Seele aus. Im Anschluss an Gottfried Wilhelm Leibniz' (1646-1716) These, dass im Menschen eine Substanz, ein mit Triebkräften ausgestatteter Keim vorhanden sei, schloss er, dass es vornehmliche Aufgabe des Erziehers sei, diesen Kern beim Kind zu entdecken und ihm bei der harmonischen Entfaltung seiner körperlichen und geistigen Kräfte zu helfen. Diese dem Individuum innewohnende, entelechische Kraft allerdings versuchte Campe mit den gesellschaftlichen Verpflichtungen zu vermitteln. Zu diesem Zweck bediente er sich in seiner pädagogischen Praxis strenger Regeln, die auf die Selbsttätigkeit des Kindes regulierende Wirkung zeitigte. So etwa durch Meritentafeln, auf denen die guten oder schlechten Leistungen der einzelnen Kindern öffentlich festgehalten wurden. Mithin bleibt auch Campe einem utilitaristischen Bildungsansatz verhaftet, der ein bürgerliches Subjekt als wünschenswertes Ergebnis des Bildungsprozesses immer schon voraussetzt.

Eine Öffnung hin zum Neuhumanismus gelang in Ansätzen Johann Stuve mit seinem *ästhetisch-humanistischen* Erziehungskonzept. Stuve war Verfechter einer „selbsttätigen Vervollkommnung des Individuums"[27] in Anlehnung an Leibniz. Die subjektive Aneignung von Selbst und Welt verband er mit einer Kritik am Rationalismus seiner Kollegen. Erst in der sinnlichen Wahrnehmung liege die Möglichkeit zu objektiv-begrifflicher Erkenntnis. Daher

25 Kersting 1996, S. 188.
26 Ebenda, S. 189. Zur Maschinenmetapher vgl. Meyer-Drawe 1997.
27 Kersting 1996, S. 191.

verknüpfte er die „logisch-rationale Begriffsbildung mit der Möglichkeit individueller Vervollkommnung".[28] Das Kind war nun nicht mehr „Objekt pädagogisch-technischer Herstellung".[29] Gleichwohl blieb aber auch Stuve dem Prinzip der gesellschaftlichen Nützlichkeit verbunden, da er die Lösung des Konflikts zwischen Individuum und Gesellschaft in der Unterwerfung unter die bürgerlichen Anforderungen erblickte. Stuve anerkannte zwar die prinzipielle Möglichkeit individueller Selbstbildung im Kontext von sinnlicher Wahrnehmung, rationalem Erkenntnisvermögen und entelechischer Kraft. Trotzdem räumte er der bürgerlichen Existenz Priorität ein.

Interessant an den pädagogischen und bildungstheoretischen Bemühungen der Philanthropen ist die Tatsache, dass sie die philosophischen, anthropologischen und gesellschaftspolitischen Diskurse ihrer Zeit sehr genau studierten und versuchten, diese in aufklärerischer Absicht zu einem Ganzen zu integrieren. Dabei waren sie aber von der Vorstellung geleitet, dass die gesellschaftspolitischen Umbrüche eines Menschen bedürfen, der Träger bürgerlicher Normen und Werte ist. Entsprechend formulierten sie Erziehungs- und Bildungskonzepte, die die Bedingung der Möglichkeit zur Umsetzung dieser Werte boten. Die Rationalisierung der Gesellschaft und die Instrumentalisierung der Vernunft im Geiste der Brauchbarkeit aber erforderte Selbstbeherrschung und Disziplin, die in den Erziehungsanstalten geübt und die sich die Heranwachsenden zu eigen machen sollten.

Bildung ist demnach in einem starken Maße davon abhängig, ob es gelingt, in die Heranwachsenden die Einsicht in die Notwendigkeit gemeinnütziger Tätigkeiten einzupflanzen, die den ökonomischen und politischen Erfordernissen des sich konsolidierenden Bürgertums entsprechen. Zufriedenheit im Diesseits zu erlangen war daher eng verbunden mit der Effektivität von Leistung. Diese bezog sich auch auf das weibliche Geschlecht, denn zumindest den bürgerlichen Frauen war die Aufgabe ordentlicher Rechnungsführung, sparsamen Wirtschaftens und guter Haushaltsführung aufgetragen. Die Frauen partizipierten an dem gesellschaftlichen Rationalitätsschub in der Weise, dass sie ihre Kräfte und ihre Zeit mit Ordnung und Bedächtigkeit, mit Geduld und Sanftmut, mit Biegsamkeit und Selbstverleugnung sinnvoll in Übereinstimmung zu bringen hatten, um die Hausökonomie bewältigen zu können.[30] Das Familienglück diente dem öffentlichen Wohl des Staates, mit ande-

[28] Ebenda, S. 192.
[29] Ebenda, S. 193.
[30] Vgl. Schmid 1996.

ren Worten: Beide Geschlechter trugen in unterschiedlicher Form zur Glückseligkeit der Nation bei. Entsprechend verfasste Campe beispielsweise zwei Ratgeber, einer gerichtet an die Töchter, der andere geschrieben für die Söhne.[31]

Dieses fast ausschließlich auf gesellschaftliche und wirtschaftliche Bedürfnisse ausgerichtete Erziehungs- und Bildungskonzept, das kaum Rücksicht auf die Eigenarten und Besonderheiten des Individuums nimmt, die eigenschöpferischen Anteile nahezu vollständig vernachlässigt und die Standes- und Geschlechterunterschiede unangetastet lässt,[32] stieß zunehmend auf Kritik. Da die Philanthropen mit Ausnahme von Stuve aus ihren rationalistischen, auf instrumentelle Vernunft gegründeten Modellen die sinnliche Wahrnehmung als Quelle der Erkenntnis und Selbsterkenntnis weitgehend ausschlossen, entwarfen sie ein eindimensionales Menschenbild, das der Mannigfaltigkeit menschlicher Möglichkeiten nicht gerecht wurde.

4.2 Der neuhumanistische Bildungsgedanke: Wilhelm von Humboldt

Obwohl sich Wilhelm von Humboldt niemals explizit gegen den Philanthropinismus ausgesprochen hat, steht er einem ausschließlich an Nützlichkeitserwägungen ausgerichteten Bildungsgedanken ablehnend gegenüber, da für ihn dic Ausübung cines Berufes nicht identisch mit dem Menschsein in seiner ganzen Fülle ist. Seiner Überzeugung nach reduziert eine solche Denkweise den Menschen auf bloße Funktionalität und verhindert so seine Selbstwerdung.[33] Nicht etwa, dass Humboldt die Berufsausbildung missachtet hätte, schließlich plädiert er entschieden dafür, „dass es viele SpecialSchulen gebe [müsse] und kein bedeutendes Gewerbe des bürgerlichen Lebens eine entbehre [dürfe]“.[34] Besonders nachdrücklich weist er darauf hin, dass handwerklicher Unterricht sich mit den Technologien verbinden und Handwerker technische und chemische Vorlesungen hören sollten. Dass es Ackerbau-, Handels- und Steuermannsschulen gibt, hebt er positiv hervor.[35] Dem vorweg müsse aber, und das ist der wesentliche Unterschied zu den Philanthropen, ein allgemein

[31] Vgl. dazu besonders Campes Buch von 1750 „Väterlicher Rath für meine Tochter“ (1988), das in unzähligen Auflagen erschienen ist und in mehrere Sprachen übersetzt wurde; und „Theophron, oder der erfahrene Rathgeber für die unerfahrene Jugend“ (1786).

[32] Vgl. bspw. Villaume 2001.

[33] Vgl: Humboldt I/2002, S. 59-63.

[34] Humboldt IV/2002, S. 175.

[35] Blankertz weist im übrigen darauf hin, dass ausgerechnet in der Blütezeit des Neuhumanismus besonders viele berufliche Fachschulen entstanden sind (vgl. Blankertz 1963, S. 22).

bildender Unterricht gehen, der dazu beiträgt, die intellektuellen Kräfte jedes einzelnen Individuums überhaupt erst einmal zu wecken und zu entwickeln.

Humboldts Wendung gegen die Gemeinnützigkeit wurzelt in der Überzeugung, dass die für die Berufstätigkeit notwendigen Kenntnisse auf einer Einseitigkeit beruhen, die nicht berücksichtigt, dass der Mensch mehr ist als nur Bürger eines Staatsgebildes und die den Blick auf die Individualität eines jeden einzelnen verstellt. Die vom Bürgertum als Träger der ökonomischen Entwicklung geforderte und von den Philanthropen in ihren Musteranstalten vorangetriebene Erziehung zu unermüdlicher Betriebsamkeit lässt weder Spielraum für spontan-kreative Regungen noch für eine Besinnung auf die jedem Menschen innewohnenden spezifischen Eigenschaften. Daher müsse die Berufsausbildung der allgemeinen Bildung des Menschen nachgeordnet werden und jeder, auch der Ärmste, die Möglichkeit zu einer vollständigen Menschenbildung erhalten.[36] Allerdings trennt Humboldt die allgemeine Bildung streng von dem Erwerb von Fähigkeiten zur Ausübung eines Berufes und begründet dies folgendermaßen: „Wird beides vermischt, so wird die Bildung unrein, und man erhält weder vollständige Menschen, noch vollständige Bürger einzelner Klassen. Denn beide Bildungen – die allgemeine und die specielle – werden durch verschiedene Grundsätze geleitet. Durch die allgemeine sollen die Kräfte, d.h. der Mensch selbst gestärkt, geläutert und geregelt werden; durch die specielle soll er nur Fertigkeiten zur Anwendung erhalten."[37] Erst wenn die allgemeine Bildung der Berufsausbildung vorangehe und den Menschen zum Menschsein freisetzt, würde dies zu einer Verbesserung der gesamten Menschheit, so die optimistische Prognose, führen. Berufstätigkeit ist also nur dann als positiv zu bewerten, wenn sie als Teil der menschlichen Totalität im Lichte einer Humanisierung der gesamten Menschheit verstanden wird.

Die Bestimmung des Menschen alleine von seiner Nützlichkeit her zu erklären, traf seit etwa Mitte des 18. Jahrhunderts auf einen Widerstand, der sich im Neuhumanismus zu artikulieren begann. Geltung erhielt nun nicht mehr nur die Frage nach Fleiß und Betriebsamkeit als wesentliche Kennzeichen menschlicher Tätigkeit. Erkenntnisleitend wurde die sehr viel umfassendere Frage, wie der Mensch in seiner vollendeten Humanität zu bestimmen sei. Auch wenn die Philanthropen an humanitären Bedingungen interessiert waren, schließlich nannten sie sich Menschenfreunde, so fiel ihre Antwort recht einseitig und zugunsten der Gesellschaft aus: Glückselig ist *der* Mensch, der in

[36] Vgl. Humboldt IV/2002, S. 189.
[37] Ebenda, S. 188.

Übereinstimmung mit der Glückseligkeit des Staates handelt.[38] Der Neuhumanismus dagegen wandte sich gegen die Beeinflussung durch gesellschaftliche Mächte und stellte die Bedeutung des einzelnen Menschen mit seinen Besonderheiten ins Zentrum seiner Betrachtung. Während die Philanthropen der Auffassung folgten, der Mensch müsse sich als Bürger dem Allgemeinen unterordnen und entsprechend das Besondere der Menschen vernachlässigten, bezog der Neuhumanismus gerade aus dieser Besonderheit seine Legitimation.[39] Jeder Versuch, den Menschen zu Zwecken, die außerhalb seiner selbst liegen, zu missbrauchen, wurde im Neuhumanismus zugunsten einer lebendigen, am Ideal des harmonischen Ganzen orientierten Individualität zurückgewiesen.

Der auf Deutschland eingeschränkte Begriff des „Neuhumanismus"[40] wurde erstmals von Friedrich Paulsen in seiner *Geschichte des gelehrten Unterrichts* von 1885 verwendet. Der Begriff wurde also erst im Nachhinein geprägt und bezeichnet jene Zeit, die mit der Wiederentdeckung antiker Humanismuskonzepte seit der frühen Neuzeit einhergeht. Mitte des 18. Jahrhunderts schließlich erlebte der Humanismus einen Höhepunkt.[41] Besonders die griechische Antike als Inbegriff der idealen Persönlichkeitsformung avancierte zum Vorbild einer geistigen Strömung, die systematisch eine Antwort auf die Frage suchte, wie der Mensch ist und wie er sein soll.

Etwa zeitgleich mit den sich aus dem gesteigerten Interesse an der Antike entfaltenden Altertumswissenschaften bildeten sich die Einzelwissenschaften vom Menschen heraus. *Altertumswissenschaften* und *Anthropologie* wurden gewissermaßen zu Leitdisziplinen. Erstere aus der Gewissheit heraus, dass sich mit dem Studium der alten Sprachen ein Wissen über den Menschen und, wie Blankertz notiert, „die eigentümliche Sicht der Welt, die sich in einer Sprache ausdrückte"[42] vermittelt. Die Differenziertheit der Welt sollte sich über die Mannigfaltigkeit der Sprachen erschließen. Letztere mit dem Anspruch, den Menschen als sittliches, dabei zur Freiheit bestimmtes Wesen zu begründen. Vor diesem Hintergrund schließlich entwickelte sich eine Lehre von der Bildung des Menschen, die ihr Zentrum im Menschen selbst hatte.

---

38 Vgl. Blankertz 1963, S. 102: „die Aufklärungspädagogen [sahen] im materiellen Wohlergehen des Menschen und seiner bloßen Gemeinnützigkeit vielfach schon die humane Bestimmung erfüllt".

39 Vgl. Sauter 1989, S. 262.

40 Vgl. Blankertz/Matthiessen 1995, S. 417-425; und Blankertz 1982, S. 89ff.; siehe auch: Ritter 1974, Sp. 1217-1219.

41 Der Neuhumanismus bezeichnet demgemäß die zweite humanistische Bewegung nach der Wiederentdeckung der Antike durch den Humanismus des 15. Jahrhunderts.

42 Blankertz 1982, S. 92.

Besonderes Kennzeichen des Neuhumanismus war es also, mit der Frage nach Bedeutung und Sinn des Menschenseins überhaupt den alleinigen Anspruch auf Gemeinnützigkeit zurückzuweisen und den Blick auf die schon von Rousseau grundsätzlich problematisierte Differenz zwischen Mensch und Bürger zu eröffnen. Die lebendige Existenzweise des Menschen, nicht seine Funktion trat ins Zentrum des Interesses der Neuhumanisten: „Die gedankliche Trennung zwischen Sein und Funktion verfolgt das Ziel, nicht nur ihre [bis dahin] unreflektierte Ineinssetzung durchschaubar zu machen, sondern auch das Sein als den Grund aller Funktion zu ermitteln, die Distanzierung von der jeweiligen Funktion zu ermöglichen und so überhaupt erst jene Bestimmung aufsuchen zu können, von der her sich der Mensch für oder gegen eine bestimmte Funktion entscheiden"[43] kann. Insofern bestimmt der Neuhumanismus „das bürgerliche Subjekt als kritisches, d.h. er stellt den besonderen Einzelnen in ein kritisches Verhältnis zur realen Allgemeinheit"[44] und konstituiert auf diese Weise die Vorstellung von einem Subjekt, das einerseits über die Inanspruchnahme durch die Gesellschaft hinausweist. Andererseits trägt es das Potenzial in sich, in kritischer Absicht auf die bürgerliche Gesellschaft zurückzuwirken. Mit anderen Worten: Der Mensch sollte, nicht zuletzt durch die systematische Entfaltung einer neuhumanistischen Theorie der Bildung, in den Stand versetzt werden, „Widerstand [...] gegen die Unterwerfung unter die sozialen Mechanismen"[45] zu leisten. Die Voraussetzungen, unter denen der Neuhumanismus sich entwickelte, waren demnach nicht nur bestimmt durch ein Interesse an der griechischen Antike als Vorlage für eine unabhängige Persönlichkeit, die über eine umfassende Bildung verfügt, sondern mehr noch drückte sich ein Unbehagen an den die bürgerliche Gesellschaft kennzeichnenden Widersprüche aus. Im Zuge ihrer Verbürgerlichung nämlich stärkte diese Gesellschaft zunächst das absolutistische Staatswesen, in dessen Schatten sie sich im Dienste des Fortschrittes brauchbare Bürger heranzog.[46] Aber so sehr der Neuhumanismus auch für eine dezidierte Kritik an dieser verkürzten Sicht steht, so sehr ist er selbst ein Produkt des sich konstituierenden Bürgertums. Auch wenn der Neuhumanismus die Konzepte und Modelle einer fortschrittsgläubigen Aufklärung mit ihrer Tendenz zu einem mechanistischen, streng rationalistischen Weltbild zu kritisieren vermochte, so sollte sich gleichwohl zeigen, dass das Bürgertum insofern von ihm profitierte, als es die

[43] Menze 1980b, S. 9.
[44] Euler 1989, S. 307.
[45] Blankertz/Matthiessen 1995, S. 423.
[46] Vgl. Euler 1989, S. 18-56, besonders S. 19-21.

von ihm proklamierte Individualität schon zu Beginn des 19. Jahrhunderts als bloßen Individualismus missverstand, diesen im Lichte einer im Entstehen begriffenen Innerlichkeit verabsolutierte und infolgedessen nicht mehr auf die durchaus prekären gesellschaftlichen und politischen Verhältnisse reflektierte.

Gleichwohl aber formulierten die Neuhumanisten ein Unbehagen an der Berufs- und Standeserziehung und bekundeten über die Rückwendung auf die griechische Antike ihr Interesse an humanistischen Fragestellungen, die sie im Rahmen philosophischer und ästhetischer, anthropologischer und politischer Theorien zu beantworten suchten. Dabei ließen sie sich allerdings von einer Versöhnungsperspektive leiten, die in die Vervollkommnung des Menschengeschlechts imaginiert wurde und von vornherein ein mögliches Scheitern ausschloss. Insofern die Neuhumanisten dergestalt optimistisch gestimmt an einen fortschreitenden Vervollkommnungsprozess festhielten, mussten ihnen Verfehlungen bei der Herausbildung der Individualität und geschichtliche Diskontinuitäten als Denkunmöglichkeit erscheinen.

Kurz gesagt ging es den Neuhumanisten darum, die Bedingungen der Möglichkeit zur Entfaltung einer vernünftigen Subjektivität zu ergründen, die sich nicht mehr nur auf strikte Rationalität, sondern auch auf die Natur des Menschen bezog. Damit konstituierten sie das Subjekt als ein körperliches, seelisches und geistiges Wesen, das selbstbestimmt handelt.

Die sich schon in Jean-Jacques Rousseaus Philosophie[47] ankündende Hinwendung zur Natur als ein zum Ganzen des Menschen gehörender Teil erfährt bei den Neuhumanisten erhöhte Aufmerksamkeit, insofern sie die Naturanlagen des Menschen als Voraussetzung von Bildungsfähigkeit überhaupt betrachteten. Das heißt, dass sie der Sinnlichkeit als Erkenntnismittel einen gesonderten Platz einräumten und der ästhetischen Erfahrung als Mittel der Veredelung der menschlichen Natur eine spezifische Rolle zudachten, denn die ästhetische Erfahrung selbst ist ihrer Auffassung nach bildend. Aufklärung bedeutet nun nicht mehr nur, sich als vernünftiges Subjekt von autoritären Mächten zu emanzipieren, sondern der Aufklärung inhärent war auch die Erforschung des Inneren des Menschen, seiner Affekte und seiner Emotionen. Aufklärung meint demnach Rückwendung auf sich selbst; das Individuum konstituierte sich als ein selbstreflexives. Bildung im Neuhumanismus ist daher wesentlich *Selbstbildung*.

---

[47] Vgl. Rousseau 1993a; und Rousseau 1993b als Beispiel für eine natürliche Erziehung.

Mit Hilfe der Vernunft sollte sich der Mensch auch über seine inneren Strukturen aufklären. Damit verbunden war eine starke Hinwendung zu einer Gefühlskultur, die sich zur Erlangung einer moralischen Zufriedenheit als höchstem Zweck der Leitung der Affekte anvertraute und eine zentrale Bedeutung bei der Herausbildung der privaten Autonomie des bürgerlichen Subjekts spielte. Der bürgerliche Mensch des 18. Jahrhunderts war fortan zu einer Selbstreferenz imstande, die vorher so nicht denkbar war. Auch wenn die Möglichkeit zu einer differenzierten, „voll individualisierte[n], psychologisch fein gezeichnete[n] Person [...] noch nicht formulierbar“[48] ist, so war doch die Bedingung zur intensiven Introspektion, zur binnendifferenzierten Innenansicht geschaffen. Diese kategoriale Wende hin zu den affektbestimmten psychologischen Momenten menschlicher Existenz war wesentlich daran beteiligt, die Sicht auf und damit das Wissen über den Menschen neu zu ordnen.

Unter all diesen Voraussetzungen wird Bildung in Deutschland einerseits zu einem Mittel, das es den Menschen erlauben sollte, sich in das Zentrum einer sich am Ende des 18. Jahrhunderts im Umbruch befindlichen Gesellschaft zu setzen und die Verantwortung für eine in die Zukunft offene, säkularisierte Geschichte zu übernehmen. Andererseits galt Bildung den Neuhumanisten als Mittel gegen eine drohende Entfremdung im Zuge eines zunehmenden wirtschaftlichen und technischen Fortschritts unter feudalen Herrschaftsstrukturen und einer beginnenden kapitalistischen Gesellschaft, die die Unterwerfung des Subjekts im Modus seiner Vergesellschaftung forderten. Daher waren die Neuhumanisten angesichts ihrer starken Betonung der Menschenbildung im Unterschied zur Berufsbildung immer wieder dem Vorwurf ausgesetzt, sie seien fortschrittsfeindlich und antimodernistisch. Zwar waren sie vernunftkritisch, insofern sie Rationalität mit Empfindsamkeit paarten. Im Kern ging es ihnen aber darum, den Menschen in seiner Vielfältigkeit als ein für sich bestehendes Ganzes zu erfassen und so seine humanen Potenziale, die ihn als natürliches, als vernünftiges und als soziales Wesen ausweisen, freizulegen: „Indem der Neuhumanismus die Bildung – und nun gerade auch die Bildung für diese Welt – auf die Individualität zurückführte, den Menschen lehrte, sich auf Menschliches zu verstehen, trug er mit dazu bei, daß die Aufgabe, die heraufziehende moderne Welt der großen Industrie human zu bestehen, überhaupt gesehen werden konnte.“ [49] Der Verdienst des Neuhumanismus liegt gerade in dieser Fokussierung auf eine sich ankündigende Inhumanität im

[48] Wegmann 1988, S. 45.
[49] Vgl. Blankertz 1963, S. 106.

Zeichen von Technologisierung und Industrialisierung. Die Neuhumanisten deshalb als Verächter der modernen Gesellschaft zu diskreditieren, hieße, das Projekt der Humanisierung als solches in Frage zu stellen.

Gerade aber weil sie sich in ihren Konzepten gegen jegliche Einflüsse von außen verwahrten, verkam dieses Anliegen im 19. Jahrhundert und unter dem Einfluss des Bildungsbürgertums zur bloßen Selbstreferenz: Bildung und soziale Wirklichkeit waren nicht mehr wechselseitig aufeinander bezogen, sondern das Bürgertum des 19. Jahrhunderts legitimierte sich durch die Abschottung von dieser Wirklichkeit. Mit Blick auf die Aufklärungspädagogik der Philanthropen konnte Fremdbestimmung zurückgewiesen werden. Mit Blick auf die politisch schwierige Situation einer an der Schwelle zur Industrialisierung stehenden Gesellschaft und der damit einhergehenden Verelendung weiter Teile der Bevölkerung büßte der Neuhumanismus unter der Deutungshoheit des Bürgertums sein kritisches Potenzial ein. In dem Augenblick, da sich Humanität in der politischen Auseinandersetzung gegen die Feudalherrschaft hätte bewähren können, war sie schon ins unpolitisch Private der bürgerlichen Kleinfamilie abgedrängt. Was in der Theorie entwickelt wurde, nämlich die für jedes Individuum geltende Freiheit von Fremdbestimmung hielt einer sozialen Wirklichkeit, die durch ökonomische und politische Einzelinteressen geprägt war, nicht stand. Dieser historisch-gesellschaftliche Umstand, der auf Jahrzehnte hin das Selbstverständnis des Bürgertums als unpolitisch und den eigenen Zielen verpflichtet prägen sollte, darf aber nicht darüber hinwegtäuschen, dass der Neuhumanismus die durch und durch aufklärerische Maxime von der Zweckfreiheit des Menschen mit der Hoffnung verbunden hatte, durch Bildung den Menschen unverstellt zu seinem Menschsein zu führen. Der Ertrag der neuhumanistischen Bewegung liegt in der Erkenntnis, dass der Mensch als Individuum wie auch als Gattung zur Freiheit bestimmt ist und diese Freiheit nur durch eine durch das Individuum hindurchgehende Bildung zu verwirklichen ist. Daher kann der Neuhumanismus selbst als eine Theorie der Bildung des Menschengeschlechts verstanden werden.[50]

4.2.1 Zur Bildungstheorie

Humboldt war einer der ersten in der Geschichte der bürgerlichen Pädagogik, der Bildung als ein wechselseitiges Verhältnis zwischen Mensch und Welt begründet und entfaltet hat. Der zentrale Gegenstand von Humboldts Bildungs-

[50] Vgl. Blankertz 1982, S. 94; und Euler 1989, S. 309.

theorie ist das Problem der „Verknüpfung unseres Ichs mit der Welt“,[51] d. h. die Art und Weise, wie der Mensch in der Auseinandersetzung mit seiner historisch geschaffenen Welt Autonomie gewinnen kann. Da der Mensch nicht aus sich selbst heraus in der Lage ist, diesen Prozess zu bewältigen, muss er sich an dem Facettenreichtum der materiellen und sozialen Welt abarbeiten, um seine inneren Fähigkeiten in ihrer Vielgestaltigkeit zu erkennen und auszubilden. Der Mensch ist Humboldt zufolge geradezu aufgefordert, diese Arbeit zu leisten, weil er ansonsten isoliert und nicht entwicklungsfähig wäre. Die Beschäftigung mit einer außer ihm existierenden Welt erst ermöglicht es dem Menschen, in seinem intellektuellen, imaginativen und sinnlichen Vermögen in Erscheinung zu treten und handelnd auf die Welt einzuwirken. Ohne dieses Wechselspiel von Aufnahme der Welt im Innern und, daraus resultierend, einer Umschaffung der Welt durch das Individuum selbst, ist Bildung nicht denkbar. Das bedeutet auch, dass dieses „Ansichreissen der Welt“[52] im Prozess der Bildung eine anthropologische Konstante bei Humboldt ist. Es dient der Selbststärkung des Menschen, die über eine Freisetzung der Individualität im Modus der Zueignung von Gegenständen der äußeren Welt überhaupt sich erst als Individualität realisiert. Die Qualität der Verknüpfung unseres Ichs mit der Welt ist zugleich untrennbar mit der gattungsgeschichtlichen Perspektive verknüpft: Die menschliche Gesellschaft darf es sich nicht erlauben, auch nur eines ihrer Mitglieder in der Gestaltung des Mensch-Welt-Verhältnisses auszuschließen, denn jeder konkrete Mensch sollte prinzipiell die Menschheit in ihrer würdigsten Form repräsentieren. Je mehr Menschen durch eine vielseitige Bildung vermögen, ihre Individualität freizusetzen, zu steigern und zu stärken, umso größer wird die Aussicht auf eine in der Gesellschaft verankerte Humanität. Die Bildungsgeschichte des Individuums steht demgemäß mit der Bildungsgeschichte der Menschheit in einer Wechselwirkung, die, wenn sie produktiv wird, die Gesellschaft insgesamt nach einem menschlichen Maßstab verändert.

Freiheit und Gesellschaft, Kraft und Individualität sowie Sprache und Ästhetik sind die zentralen Begriffe, mit denen Humboldts Bildungstheorie zu charakterisieren ist. Die Begriffe stehen in einem wechselseitigen Verhältnis zueinander. Um aber Humboldts Theorie verstehen zu können, müssen sie zunächst einzeln ausgeleuchtet und eingeordnet werden.

[51] Humboldt I/2002, S. 236; und Humboldt V/2002, S. 171.
[52] Humboldt II/2002, S. 57.

4.2.1.1 Freiheit und Gesellschaft

Bemerkenswert an Humboldts Ausführungen ist die Tatsache, dass er weder ein Handlungskonzept noch eine Anleitung für pädagogische oder politische Interventionen empfiehlt, sondern – anders als die Philanthropen – sich durchgängig auf der Ebene der Theorie befindet und durchaus um die Schwierigkeiten der Umsetzung in praktisches Handeln weiß. Im Bewusstsein, dass seine Theorie weit über seine eigene Zeit hinausweist und sich als „unerreichbares Muster“[53] korrigierend stets kritisch auf die bestehende Wirklichkeit zurück bezieht, stellt sich für Humboldt die Frage, wie Freiheit unter unfreien Verhältnissen überhaupt zu bewerkstelligen sei. Oder anders ausgedrückt: In einer absolutistischen Feudalgesellschaft bedarf es zunächst theoretischer Entwürfe für eine gerechtere Welt, die die Orientierung für künftige Generationen abzugeben vermögen. Eine Koinzidenz zwischen theoretischer Anordnung und Wirklichkeit ist unter diesen Voraussetzungen nicht vorstellbar und soll auch nicht sein, weil ansonsten die dynamische Bewegung hin zu einem Besseren zum Stillstand käme. Humboldt vertraut auf eine unabgeschlossene Entwicklung.

Aber wie ist es möglich, unter den Bedingungen des Bestehenden überhaupt eine Vorstellung von Freiheit zu entwickeln? Humboldts Antwort: Schon die Theorie verlangt Freiheit, indessen die Wirklichkeit, sofern sie von der Theorie abweicht, stets nur Zwang bedeutet.[54] Diese Aporie zwischen Freiheit und Zwang kann Humboldt nur auflösen, wenn er den Ort der Freiheit in aller Radikalität in das Individuum selbst verlegt und zugleich den Fürsten auffordert, die Fesseln zu lösen und Freiheit zu gewähren, nicht etwa als Akt der Güte, sondern aus vernünftiger Einsicht in die Notwendigkeit der Freiheit als solcher.[55] In anderen Worten heißt das, dass der Mensch stets dazu gezwungen ist zu prüfen, inwieweit die Wirklichkeit mit einer als freiheitlich konzipierten Gesellschaft übereinstimmt.

Mit Appellen allein ist aber der Freiheit nicht genüge getan. Daher entwickelt Humboldt Vorschläge zur Eingrenzung der Wirksamkeit des Staates, dessen ausschließliche Aufgabe es sein solle, Sorge für die Sicherheit seiner Bürger zu tragen: im Außenverhältnis soll er Feinde abwehren, im Binnenverhältnis Zwistigkeiten schlichten. Nicht aber soll er seine Machtvollkommenheit zur Verzweckung der Menschen missbrauchen. Nicht nur, dass der Staat

[53] Humboldt I/2002, S. 213.
[54] Vgl. ebenda, S. 219.
[55] Vgl. ebenda, S. 59.

zuviel Zwang ausübe, er verurteile auch noch seine Bürger dazu, statt „selbst auf Auswege zu denken",[56] sich fremder Leitung anzuvertrauen. Wenn der Staat durch Einwirkung auf den einzelnen Menschen im Interesse der Ruhe, der Sicherheit und des Besitzes dessen freie Entfaltung hemme, so schließt Humboldt, dann verkenne er aufs gröblichste die den Menschen innewohnenden Kräfte, die zu freier Selbsttätigkeit drängten: „Die Menschen [...] werden um der Sachen, die Kräfte um der Resultate willen vernachlässigt."[57] Wo der Staat „aus Menschen Maschinen machen will"[58] und sie im Zuge einer rigiden Vergesellschaftung einem Entfremdungsprozess unterwerfe, werde der Mensch dem Bürger geopfert.[59] Darin kommt nicht nur die „hohe Sensibilität des Deutschen Humanismus gegenüber jeder Form der Fremdbestimmung"[60] zum Ausdruck, sondern auch die Vorstellung, der Mensch könne sich *selbsttätig* der Fremdbestimmung entledigen. Konstitutive Bedingung eines solchen Verständnisses des Subjekts wäre dann die völlige Ablösung von gesellschaftlichen Zusammenhängen, und so notiert Humboldt auch in einer idealistischen Wendung aufs Individuum: „Das höchste Ideal des Zusammenexistierens menschlicher Wesen wäre mir dasjenige, in dem jedes nur aus sich selbst, und um seiner selbst willen sich entwickelt."[61] Für die darin zum Ausdruck kommende Selbstbestimmung des Menschen diesseits jeglicher Einflussnahmen von staatlichen Einrichtungen gilt „grundsätzlich der Ausschluß sozialer, ökonomischer oder auch der Bequemlichkeit geschuldeter Zwecksetzungen. Zweck ist die Selbst-Bestimmung selbst".[62] Das kann Humboldt aber letztlich nicht wollen, denn unter diesen Voraussetzungen wäre es nicht möglich, soziales Leben zu organisieren, zumal er ja auf ein funktionierendes Staatswesen hofft, das Freiheit zur Grundvoraussetzung hat. Dieses sich gewissermaßen autopoietisch aus sich selbst heraus erklärende Individuum entspricht dabei allerdings nur einer *Denkmöglichkeit*, von der aus der Ort der Freiheit unter gesellschaftlichen Bedingungen aufgesucht werden kann. Das heißt, Humboldts Gesellschaftskritik entzündet sich zunächst an der Negation des Bestehenden im Modus der Freiheit des Individuums. Oder anders ausgedrückt: Der Zweck des Staates wird negativ begründet, insofern er Sorge dafür tragen soll, die für die Selbstbestimmung unerlässliche Freiheit zu garantieren, weil, wie

---

56 Ebenda, S. 73.
57 Ebenda, S. 86.
58 Ebenda, S. 72 und passim; siehe auch Meyer-Drawe 1997.
59 Vgl. Humboldt I/2002, S. 106.
60 Menze 1980 a, S. 38.
61 Humboldt I/2002, S. 67.
62 Schäfer 1996, S. 33

Humboldt anmerkt, „jedes Bemühen des Staats verwerflich sei“ so er sich in „die Privatangelegenheiten der Bürger [...]“ einmischt, „wo dieselben nicht unmittelbar Bezug auf die Kränkung der Rechte des einen durch den andren haben.“[63]

Unter diesen Denkvoraussetzungen kann er nun auch den Bürger als vergesellschaftetes Wesen dem Menschen als ein absolut zur Freiheit bestimmtes Wesen gegenüberstellen. Will er aber das von Anbeginn an als frei vorgestellte Individuum wiederum mit der Gesellschaft vermitteln, so bedarf er einer Instanz, die die subjektive Freiheit nicht zerstört, mehr noch sogar die Vervollkommnung von Individuum und Gesellschaft in einem geschichtlichen Prozess kontinuierlich vorantreibt. Dies ist Humboldt zufolge nur vermöge der Bildung des Individuums möglich und so kommt er zu dem Schluss, dass ein höherer Grad „der Freiheit immer einen gleich hohen Grad der Bildung“[64] bedarf. Bildung leistet die notwendige Vermittlung von Selbst und Welt. Die vorher aus der Position des Individuums postulierte radikale Freiheit findet hier ihre Grenze, insofern sie nur noch als eine relative Größe im Verhältnis zur Welt erscheint. Die Welt schränkt notgedrungen die Freiheit des Individuums und damit auch seine Selbstbestimmung ein.

Humboldts Bildungstheorie kann demnach als eine konsequente Antwort auf seine Gesellschaftskritik verstanden werden.[65] Zugleich allerdings ist mit der Entfaltung einer Theorie der Bildung der Gedanke verbunden, einen gewaltsamen Umsturz, dessen negative Auswirkungen Humboldt selbst im revolutionären Paris des Jahres 1789 in Augenschein nehmen konnte, zu verhindern. Die politische Veränderung der Gesellschaft hin zu einem republikanischen Staat darf nicht unter Anwendung von Gewalt geschehen, sondern sie soll im Verein mit einem aufgeklärten Absolutismus langsam und allmählich von statten gehen.[66] Das läuft allerdings darauf hinaus, und dessen war sich Humboldt bewusst, dass der Staat die Fesseln erst in dem Moment lockern kann, wenn die Menschen in ihm *empfänglich* für die Freiheit sind. Zugleich aber konstatiert er, dass durch nichts diese Reife zur Freiheit befördert werde als durch die Freiheit selbst.[67] Darin offenbart sich ein Widerspruch, den Humboldt nur über den Umweg einer Allgemeinen Bildung, die eines jeglichen Zwanges enthoben ist, zu lösen vermag.

---

[63] Humboldt I/2002, S. 69.
[64] Ebenda, S. 58.
[65] Vgl. den sehr instruktiven Beitrag von Schäfer 1996.
[66] Vgl. Humboldt I/2002, S. 58; Benner 1990, 39ff.
[67] Vgl. Humboldt I/2002, S. 218.

Auch wenn die gesellschaftliche Brauchbarkeit dabei prinzipiell keine Rolle spielt, so erfolgt gleichwohl Bildung „im Bewußtsein, daß es sich hierbei nur um eine Stufe der Vorbereitung auf die Übernahme gesellschaftlicher Funktionen handeln kann.“[68] Oder anders ausgedrückt: Die Setzung des Menschen als selbständiges und mündiges Subjekt konnte nur unter der Voraussetzung bewerkstelligt werden, dass dieses Subjekt zugleich ein Arbeitsvermögen entwickelt, das es überhaupt erst in den Stand der Freiheit versetzt. Freiheit bedeutet dann im Verhältnis von Allgemeiner und beruflicher Bildung, dass das Subjekt als Träger möglicher Qualifikationen, sich selbst zu diesen ins Verhältnis zu setzen vermag und sie nicht etwa unreflektiert übernimmt. Das Moment der Humanität sollte auf diese Weise auch in der Berufsbildung in Erscheinung treten, um zu verhindern, dass diese ohne Rücksicht auf die spezifischen Bedürfnisse des Individuums alleine der ökonomischen Zwecksetzung dient.

Trotz ihrer prinzipiellen Herrschaftskritik ist der bürgerlichen Bildungstheorie Humboldts aber ein widersprüchliches Moment immanent: Humboldt nämlich begreift zwar „den dynamischen Charakter der kapitalistischen Wirtschaftsweise“, er thematisiert sie aber nicht als „sozialen Herrschaftszusammenhang“,[69] in dem gesellschaftliche und staatliche Interessenkonstellationen und Machtverhältnisse wirken. Vielmehr entwirft Humboldt ein Staatsmodell, das den Garanten für die notwendige Freiheit abgibt, dabei aber einen immanenten Widerspruch enthält, der sich darin zeigt, dass die von ihm bevorzugte Staatsform zwar einer repräsentativen Demokratie gleicht. Da es ihm aber immer um die Freiheit jedes einzelnen Individuums geht, muss er dieses Repräsentationssystem sogleich auch wieder einer Kritik unterziehen, vermag es doch nicht, die Einwilligung *aller* Einzelnen zu berücksichtigen: „Eben dies schliesst auch die Entscheidung nach der Stimmenmehrheit aus, und doch liesse sich keine andre in einer solchen Staatsverbindung [durch Repräsentation, E.B.], welche sich auf diese, das positive Wohl der Bürger betreffende Gegenstände verbreitet, denken.“[70]

Damit ist der Idee nach die Möglichkeit demokratischer Strukturen, die die Freiheit in ihrer Bedingtheit garantieren, geschaffen. Zugleich jedoch verstellt ihm die starke Orientierung am Individuum den Blick auf einen Staat, der seiner Funktion nach als „Sicherungsinstanz gesellschaftlich- ökonomi-

[68] Schäfer 1996, S. 37.
[69] Ebenda, S. 31.
[70] Humboldt I/2002, S. 93.

scher Herrschaftsverhältnisse“[71] figuriert. Das Individuum, das als solches zur Freiheit bestimmt ist, bedarf, um diese verantwortungsvoll nutzen zu können, der Freiheit eines republikanischen Staates. Wenn aber dieser republikanische Staat selbst nach dem Prinzip der Marktwirtschaft organisiert wird, und das deutete sich schon zur Zeit Humboldts an, dann ergeben sich zwangsläufig Abhängigkeiten zwischen Privateigentum und Arbeit oder anders noch: zwischen Bürgertum und Arbeiterstand. Humboldt war sich dieser Gefahr bewusst, denn indem er *expressis verbis* für die Freisetzung des Menschen im Modus der Humanität eintrat, erkannte er zugleich die Herabwürdigung des Menschen zum Mittel für bloß reproduktive Zwecke. Er ging dieses Problem aber nicht etwa an durch die Forderung nach einer Veränderung der ökonomischen Verhältnisse, sondern er war der Überzeugung, eine davon unabhängige Beförderung von Moral und Urteilskraft in Form einer Allgemeinen Bildung könne das Menschengeschlecht zur Vervollkommnung führen.[72] Die Fähigkeit des Individuums zur Selbstbestimmung ist Humboldt zufolge unhintergehbar. Daher wurde sie auch zum Ausgangs- und Bezugspunkt seiner Argumentation.

Die staatskritische Haltung kann auch als Ursache dafür angesehen werden, dass Humboldt das Bildungswesen staatsfern organisiert wissen wollte. Er plädierte zwar für ein öffentliches Schulwesen unter staatlicher Aufsicht, zugleich jedoch beharrte er auf einer Zurückhaltung des Staates, weil er „hinderlich ist, sobald er sich hineinmischt“ und „dass die Sache an sich ohne ihn unendlich besser gehen würde“,[73] wenn er dem Individuum die Möglichkeit zur Entfaltung seiner inneren Kräfte selbstbestimmt und unbeeinflusst von äußeren Direktiven überlässt.

4.2.1.2 Kraft und Individualität

Die regulative Idee der absoluten Freiheit kann Humboldt nur deshalb entwickeln, weil er davon ausgeht, dass jedes Individuum von einer inneren Kraft her bestimmt ist, die es als einzigartiges Geschöpf erscheinen lässt und deren vorgängige Bedingung die Freiheit als solche ist. Kraft ist diejenige genuine Energie, die dem menschlichen Subjekt den je spezifischen Charakter verleiht, und zwar von Geburt an.[74] Diese Kraft allerdings ist unerklärbar und weder

[71] Schäfer 1996, S. 32.
[72] Vgl. Menze 1965, S. 38.
[73] Humboldt IV/2002, S. 257.
[74] Vgl. Humboldt I/2002, S. 478: „[...] und diess führt uns notwendig auf eine innere und ursprüngliche

rational noch intuitiv erfassbar. Es handelt sich um eine „dunkle und unverstandene Kraft“,[75] die gewissermaßen den metaphysischen Kern von allem Lebendigen, also von Pflanzen, Tieren und Menschen ausmacht und sich jeden, auch wissenschaftlichen Zugriffs entzieht: „Diese Kraft ist“, wie Menze schreibt, „das Urprinzip alles Seienden“,[76] sie ist das, was für Humboldt „das Universum zusammenhält, trägt und bestimmt.“[77]

Nach Humboldts Überzeugung begründet diese ursprüngliche Kraft das Tätigsein des Menschen, sie ist es, die im Innern energetische Wirkung entfaltet und zugleich die Freiheit des Individuums vor entfremdenden Einflüssen garantiert. Weil er sie als eine zur Selbstbestimmung drängende Aktivität konzipiert, ist die innere Kraft des Menschen immer schon mit der Freiheit verbunden. Das bedeutet, dass der Mensch nicht nur seiner Natur nach Tätigkeit *ist*, sondern mehr noch repräsentiert diese Tätigkeit den Drang zur Selbstbestimmung, weil es sich um ein „sich in *seiner Fülle frei* entwickelndes Lebensprincip“[78] handelt.

Dass Humboldt überhaupt für eine individuelle Entwicklung diesseits aller staatlichen und gesellschaftlichen Interessen eintreten kann, findet in diesem entelechischen Prinzip seine Begründung. Denn mit der Annahme, dass jedes Individuum seine Eigenart dieser Kraft verdankt, geht zugleich die Vorstellung einher, der Mensch verfüge über ein ursprüngliches Ich, das zur Entfaltung zu bringen ihm aufgegeben ist. Eingedenk dessen liegt der Grund für eine Veränderung im Menschen selbst. Er bringt sich somit vermöge dieser ihm innewohnenden Energie selbst hervor. Das heißt aber nicht, dass er nicht auf Anstöße von außen angewiesen wäre. Im Gegenteil ist das Außen unhintergehbare Voraussetzung für Veränderungen. Die Grenzen der äußeren Einwirkungen liegen freilich dort, wo im Individuum ein Widerstand entsteht, der der skizzierten inneren Selbständigkeit entspringt: „Keine lebendige Kraft verhält sich gegen fremdes Einwirken bloss leidend; wie sehr man sie von aussen stärken, leiten und unterstützen mag, so ist dennoch alles, was in ihr geschieht, nur das Werk ihrer eigenen und innern Energie [...].“[79] Zumal diese

Kraft in ihm, die sein eigentliches Ich, seinen wahren Charakter ausmacht und der wir uns [...] wohl nähern können, die wir aber nie ganz zu enthüllen hoffen dürfen.“

75 Humboldt III/1904, S. 116.
76 Menze 1965, S. 96.
77 Ebenda, S. 97.
78 Humboldt VII/1904, S. 18. Hervorhebung E.B.
79 Humboldt I/2002, S. 478.

Energie die natürliche Eigentümlichkeit eines jeden Menschen charakterisiert, ist sie es, die sich mit der Freiheit verbindet.

So muss es auch ein vergebliches Unterfangen bleiben, den Menschen bloß aus seinen sozialen, gesellschaftlichen und kulturellen Verhältnissen erklären zu wollen. Zwar können wir nicht mit Gewissheit sagen, wo Natur aufhört und Kultur beginnt, weil sich innere Kräfte und äußere Umstände in einer „gemeinschaftlichen Wirksamkeit“[80] aufeinander beziehen. Gleichwohl aber müssen wir Humboldt zufolge konzedieren, dass es eine Kraft gibt, die „zuerst und unabhängig von allen sie umgebenden Umständen vorhanden ist, weil ja sonst nichts da wäre, worauf von aussen eingewirkt werden könnte.“[81] Aus dieser gemeinschaftlichen Wirksamkeit von Innen und Außen, aus der Interaktion zwischen Ich und Welt entsteht schließlich die Möglichkeit, die je spezifische Individualität herauszubilden und Handlungskompetenz zu erlangen. Oder anders ausgedrückt: Diese Konstellation steht dafür ein, dass Bildung überhaupt möglich ist.

Konstitutiv für diesen Prozess ist es allerdings, dass die ursprüngliche Kraft nach außen in Erscheinung tritt und sich in der Berührung mit der Welt ausdifferenziert: „Notwendig modifiziert sich diese Kraft, sobald sie in Erscheinung tritt, und zerlegt sich in der von der Grundkraft her bestimmte Kräfte.“[82] Die äußeren Situationen sind es also, die zur Kraftentfaltung Anlass geben. So sehr aber die Welt die Ursache für die Vervielfältigung der Ursprungskraft darstellt, so wirkt sie gleichwohl nicht determinierend auf die Kraft zurück. Jeder Versuch der äußerlichen Einwirkung in der Absicht, die Kraft, die als natürlich vorzustellen ist, zu verändern, muss scheitern, weil „die Natur des Menschen im Ganzen selbst, unveränderlich ist.“[83] Nun könnte man annehmen, dass Humboldt einen ursprünglichen, gewissermaßen arretierten Begriff der Natur hat, wobei Natur sich als jene Wesenheit darstellt, die sich gegen jede Einwirkung von außen immun zeigt. Gerade das aber entspricht *nicht* seinem Konzept. Zwar betont er ausdrücklich, dass „ein wahrhaft ursprünglicher und angebohrener [sic!] Charakter auf keine Weise ausgerottet werden kann, dass wir ihn zu schwächen, zu verändern, nie aber so aufzuheben vermögen, dass er nicht in jeder Umänderung noch sichtbar bliebe.“[84] Zugleich aber weist er auf eine im Begriff der Natur zum Ausdruck kommen-

80 Ebenda, S. 479.
81 Ebenda, S. 480.
82 Menze 1965, S. 101.
83 Humboldt I/2002, S. 206.
84 Ebenda, S. 481.

de Zweideutigkeit hin. Es wäre demnach ein Missverständnis, Natur völlig unabhängig von Vernunft zu denken. Vernunft sei jedem Menschen *a priori* mitgegeben und Bestandteil seiner Natur. Und so kommt er zu dem Schluss, dass der ursprüngliche „Charakter [...] kein andrer als der Charakter seiner Persönlichkeit [ist], von welcher dasjenige, was wir Vernunft nennen, nichts anders als eine Form ist“.[85] Diese Ausgangsposition ermöglicht es Humboldt, die Frage, was den Menschen denn nun ausmache, wie also das Individuum aufzufassen sei, als ethisch-moralische Frage zu formulieren. Wäre der Mensch nur unveränderliche, reine Natur, könnte er sich solchen Überlegungen allzu leicht entziehen. In dem Moment jedoch, in dem er als intelligentes Subjekt konzipiert wird, in dem Moment ist er unverbrüchlich an moralische Gesetze gebunden, die als Objektivationen seiner geistigen und schöpferischen Einbildungskraft entspringen.

Es sind ja solche Fragen, die die Aufklärer im Allgemeinen, Humboldt im Besonderen umtrieben, denn an die Stelle der feudalen Ordnungsmacht musste eine Ordnung treten, die sich über Moral und Sittlichkeit legitimiert: „Wie nun, wenn uns die Natur einen Charakter mittheilte, welcher mit der moralischen Ausbildung unsers Geistes schlechterdings unverträglich wäre?“[86] Die Antwort kann nur lauten, dass im Begriff der Natur der der Vernunft schon aufgehoben ist. Andernfalls wäre es nicht möglich, den Menschen sowohl als Individuum wie auch als Gattungswesen zu veredeln und zu vervollkommnen. Im Ergebnis bedeutet das, „dass die Natur der Vernunft [...] niemals unübersteigliche Hindernisse entgegensetzt.“[87] Natur ist demnach immer schon mit der Vernunft verschwistert. Oder anders ausgedrückt: Vernunft ist der Natur des Menschen eingelagert. Vermöge dieser Vernunftbegabung ist er auch im Stande, seine Natur im Sinne der Moralität „zu reinigen und zu erhöhen“.[88]

In Rücksicht auf die geistige Ausbildung im Modus der Sittlichkeit relativiert Humboldt hier seinen emphatischen Freiheitsbegriff. Frei ist das Individuum demnach nur insoweit, als es alles Nötige dazu beiträgt, ungeachtet körperlicher oder gewohnheitsmäßiger Hindernisse im Sinne der Veredelung seiner Kräfte zu sich selbst zu kommen. Genuine Aufgabe des Individuums ist es entsprechend, neben der Entfaltung einer ihm mitgegebenen Individualität, den Menschen als Menschen freizusetzen. „Je mehr der Mensch zur Darstel-

85 Ebenda.
86 Ebenda.
87 Ebenda, S. 481/482.
88 Ebenda, S. 482; vgl. auch Koller 1999, S. 66.

lung der Idee seiner selbst gelangt," so notiert Menze, „um so vollkommener ist er."[89] Auf diese Weise bleibt der eigentümliche Zug des Individuums erhalten, zugleich aber repräsentiert es auf eine einzigartige Weise das Menschengeschlecht selbst.

Humboldt reflektiert allerdings den sich an der Schwelle von Freiheit und notwendiger Sittlichkeit offenbarenden Widerspruch nicht.[90] Seiner Auffassung nach ist es eine *conditio sine qua non*, dass der Individualität die Freiheit eigentümlich, ja ursprünglich ist; eine Freiheit, die die selbstbestimmte Entwicklung des Menschen verbürgt und dafür einsteht, dass die Idee des Menschseins unter den Vorzeichen der Humanität voll zum Ausdruck gelangt. Da Humboldt dem Optimismus seiner Zeit folgend von einer kontinuierlichen Aufwärtsbewegung, von einem „unverrückte[n] Fortschreiten"[91] ausgeht, gelingt es ihm nicht, das Individuum in seiner inneren Zerrissenheit wahrzunehmen. Das Individuum ist seinem Wesen nach harmonisch, und diese Harmonie ist es auch, die es ihm ermöglicht, sich frei zu entfalten und sich hinauf zu bilden in die Sphäre einer notwendigen, dabei unhintergehbaren moralischen Ordnung. Voraussetzung dafür ist die dem Individuum unterstellte Widerspruchsfreiheit. Dergestalt kann er auch seine Vorstellung von menschlicher Größe folgendermaßen auf den Begriff bringen: „Man verlangt, dass Bildung, Weisheit und Tugend so mächtig und allgemein verbreitet, als möglich, unter ihm [dem Menschengeschlecht] herrschen, dass es seinen innern Werth so hoch steigern, dass der Begriff der Menschheit, wenn man ihn von ihm, als dem einzigen Beispiel, abziehen müsste, einen grossen und würdigen Gehalt gewönne."[92]

Die Bedingung der Möglichkeit, überhaupt diesem Ideal entsprechen zu können, liegt in der jedem Menschen ohne Ausnahme zugeschriebenen Vernunftbegabung selbst begründet, die wiederum von einer unergründlichen Kraft herrührt. Intellektualität und geistige Tätigkeiten gehen zwar aus einem „unerklärlichen Grund"[93] hervor, bezeugen aber die *Bildsamkeit* des Menschen.[94] Der Mensch ist eingedenk dessen Träger einer Potenz, die es ihm erlaubt, in einem dauerhaften Dialog mit der Umwelt seine Kräfte gemäß der Vielfältigkeit der Welt auszudifferenzieren, ohne freilich jemals sein Ich in

---

89 Menze 1965, S. 103
90 Vgl. Humboldt III/2002, S. 394/395.
91 Humboldt I/2002, S. 236.
92 Ebenda.
93 Humboldt III/2002, S. 396.
94 Vgl. Benner 1990, S. 51ff; und Benner/Oelkers 2003.

Deckung mit dieser Welt bringen zu können. Daher kann Humboldt den Bildungsprozess als stets unabschließbare Wechselwirkung zwischen Außen und Innen bezeichnen und darüber hinaus von einer „unbeschränkten menschlichen Bildungsfähigkeit“[95] sprechen. Der Mensch ist demnach seinem ganzen Wesen nach zur Bildung begabt.

Nach Humboldt zeichnet sich Bildung jedoch nicht nur durch ihre Unabschließbarkeit aus. Ein ganz wesentlicher Aspekt von Bildung ist die prinzipiell vorhandene Möglichkeit der Kraftentfaltung. Mit Blick auf die unterschiedlichen Situationen, denen das Individuum zwangsläufig ausgesetzt ist, und hinsichtlich der verschiedenen Gegenstände, mit denen es im Laufe seines Lebens in Berührung kommt, entwirft Humboldt einen Begriff von Bildung, der diese Mannigfaltigkeit als unauflösliches Moment setzt. Am Bildungsvorgang selbst ist nämlich nicht nur die *eine* Urkraft beteiligt, sondern vielfältige Kräfte, die erst dem Charakter des Einzelnen sein besonderes Gepräge verleihen. Alle diese Kräfte sind zwar Bestandteil dieser einen ursprünglichen Kraft. Gleichwohl aber kommen sie individuell auf unterschiedliche Weise zum Ausdruck und sind ihrer Dynamik gemäß stets Ursache wie auch zugleich das Resultat des Bildungsprozesses. Mit anderen Worten: Durch die Auseinandersetzung mit der ihn umgebenden Welt erst werden die Kräfte des Menschen angeregt; genauer noch: In der Wechselwirkung selbst entstehen „mitteilbarer Weltgehalt und geformte Kräfte“.[96] Am Widerstand der außerhalb liegenden Gegenstände und sozialen Gegebenheiten, kurz: durch die „Mannigfaltigkeit der Situationen“[97] erst kommt es zu ihrer vollgültigen Herausbildung. Bildung bedeutet dann, dass der Mensch *erstens* bestrebt ist, seine Individualität im Lichte einer zu vollziehenden Auseinandersetzung mit der Welt zu entwickeln, *zweitens* den Versuch, im Modus der Selbstreflexion sich selbst verständlich zu werden, und *drittens* sich als ein freies und unabhängiges Individuum als Repräsentant bzw. Repräsentantin des Menschengeschlechts als solches zu begreifen. Dabei gilt es, das ethisch-moralische Prinzip der Humanität zu seiner vollen Blüte zu bringen. Sie ist das Fundament, auf dem das Streben des Menschen zur Bildung aufruhen sollte.

Um sich dieses Ideal anzueignen, ist es unerlässlich, sich den Gegenständen sowohl anzunähern als auch sie auf sich selbst zurückzuführen: „Bloss weil beides, sein [des Menschen] Denken und sein Handeln nicht anders, als

[95] Humboldt III/2002, S. 399.
[96] Humboldt V/2002 (Kommentar), S. 319.
[97] Humboldt I/2002, S. 64.

nur vermöge eines Dritten, nur vermöge des Vorstellens und des Bearbeitens von etwas möglich ist, dessen eigentlich unterscheidendes Merkmal es ist, NichtMensch [sic!], d.i. Welt zu seyn, sucht er, soviel Welt, als möglich zu ergreifen, und so eng, als er nur kann, mit sich zu verbinden."[98] Nur auf diese Weise ist Veränderung möglich: Der Mensch wendet sich der Welt zu und nimmt sie in sich auf wie er auch wieder gestaltend auf sie zurückwirkt. Recht verstanden bedeutet dies, dass der Mensch an der Erschaffung dieser seiner Welt aktiv beteiligt ist und dass *sie* den notwendigen Durchgangspunkt für die Veredelung sowohl des Individuums wie auch der ganzen Menschheit darstellt.

Wenn wir nun mit Humboldt davon ausgehen, dass der Mensch mit der Öffnung hin zur Welt der ihm innewohnenden Identität verlustig zu gehen droht, dann können wir dieser Gefährdung nur begegnen, indem wir die Welt in unser Inneres aufnehmen, so dass unser Selbst wie auch die Welt verändert aus dieser Dynamik hervorgehen. Es handelt sich dabei um ein permanentes Wechselspiel zwischen innen und außen, bei dem der Mensch ebenso permanent darum bemüht ist, sich seiner selbst zu vergewissern. Bildung so verstanden ist demnach stets mit Entfremdung verbunden. Wir entfremden uns unserem Selbst in der Auseinandersetzung mit der Welt, die uns Grenzen setzt. Zugleich jedoch ist diese Entfremdung notwendige Bedingung für Bildung überhaupt, weil sie uns erst dazu befähigt, uns auf die soziale Welt einzulassen und ehedem fremde Gegenstände bildend zu assimilieren. Konkret bedeutet das, dass es eine *bildungsverhindernde* und eine *bildungsnotwendige* Entfremdung gibt.[99] *Bildungsverhindernd* ist Entfremdung dann, wenn es nicht mehr gelingt, in Freiheit und Selbstbestimmung zu leben, wenn wir also unter fremde Einflüsse geraten, ohne diesen etwas entgegenhalten zu können. *Bildungsnotwendig* wird Entfremdung indes in dem Augenblick, in dem es gelingt, „in dieser Entfremdung nicht sich selbst zu verliere[n]",[100] wie Humboldt schreibt. Legen wir Humboldts Freiheitsbegriff zugrunde, dann gelingen die „Rückwege aus der Entfremdung"[101] kraft der Reflexion auf diese entfremdenden Verhältnisse, oder wie Schäfer notiert: „Die Beschränkung seiner Freiheit in der (immer auch gegenstandsbedingten) Entäußerung gilt damit als Bedingung für die Möglichkeit von Bildung."[102] Daraus können wir schließen,

98 Ebenda, S. 235.
99 Vgl. Schäfer 1996, S. 35/36.
100 Humboldt I/2002, S. 237.
101 Buck 1984.
102 Schäfer 1996, S. 36.

dass der Mensch ebenso sich selbst wie auch die gesellschaftlichen Verhältnisse formt und beeinflusst. Er muss, so notiert Humboldt, „die Masse der Gegenstände sich selbst näher bringen, *diesem Stoff die Gestalt seines Geistes* aufdrücken und beide einander ähnlicher machen."[103] Vermöge seiner Intellektualität ist der Mensch zu dieser Geistestätigkeit in der Lage, nicht aber kann er die Welt in ihrer umfassenden Totalität begreifen.

Auch wenn Humboldt schreibt, der „ware Zwek des Menschen [...] ist die höchste und proportionirlichste Bildung seiner Kräfte zu einem Ganzen", so muss er doch zugestehen, dass jeder Mensch „auf Einmal nur mit einer Kraft zu wirken" vermag und er daher zur Einseitigkeit bestimmt ist, weil er seine Energie schwächt, sobald er sie auf mehrere Gegenstände verstreut. Zwar ist der Mensch aufgefordert, seine Kräfte möglichst allseits zur Geltung zu bringen, letztlich aber ist er angesichts seiner Endlichkeit darauf beschränkt, „durch alle Perioden des Lebens [...] nur Eine der Vollkommenheiten" zu bilden.[104] Allein in ihrer Gesamtheit repräsentieren die Individuen die Menschheit in ihrer Totalität: „Denn nur *gesellschaftlich* kann die Menschheit ihren höchsten Gipfel erreichen, und sie bedarf der Vereinigung vieler [...], um durch grössere Mannigfaltigkeit der Anlagen ihre Natur in ihrem wahren Reichthum und ihrer ganzen Ausdehnung zu zeigen."[105] An anderer Stelle betont er: „Mannigfaltigkeit der Charaktere ist daher die erste Foderung [sic], welche an die Menschheit ergeht, wenn wir sie als ein Ganzes zu höherer Vollkommenheit fortschreitend denken."[106] Nur wenn jedes Individuum die Gelegenheit erhält, seine einzigartige Besonderheit zur Geltung zu bringen, ist die Bedingung der Möglichkeit zur Vollkommenheit gegeben. Die Mannigfaltigkeit der Kräfte korrespondiert dabei mit der Mannigfaltigkeit der sozialen Situationen und der Gegenstände.

Dabei wirken allerdings die Kräfte sowohl miteinander wie auch gegeneinander, sie sind selbsttätig oder empfangend, sie können zerstören oder erhalten. Sie unterscheiden sich in der Richtung, aber sie bedingen sich gegenseitig, weil sie nur in wechselseitiger Einwirkung Produktivität entfalten. Es ist also der „Widerstreit der Kräfte",[107] der konstitutiv ist für einen unaufhörlichen Prozess auf dem Weg zur Vervollkommnung. Dieser antinomischen

[103] Humboldt I/2002, S. 237. Hervorhebung E.B.
[104] Ebenda, S. 64, vgl. auch Benner 1990, S. 48.
[105] Humboldt I/2002, S. 339. Hervorhebung E.B.
[106] Ebenda, S. 417.
[107] Ebenda, S. 281; vgl.auch Menze 1965, S. 189.

Struktur gegeneinander strebender Kräfte verleiht Humboldt im Rahmen seiner *Geschlechterlehre* Gestalt.

4.2.1.3 Geschlechterverhältnis, Kraft und Individualität

Im Verhältnis der Geschlechter erblickt er das grundlegende Prinzip der sich wechselseitig beeinflussenden und das Naturgeschehen aufrechterhaltenden Kräfte. Das Geschlechterverhältnis stellt für ihn das *Muster* für die Entfaltung der Kräfte dar.[108] Ganz wesentlich ist seine Annahme, dass sich die im Geschlechtsakt vollziehende gegenseitige Einwirkung von Zeugungskraft und Empfänglichkeit auf die geistige Tätigkeit übertragen lässt. Insofern bildet der Geschlechtsakt das Fundament für die schöpferische Kulturleistung des Menschen. Oder anders ausgedrückt: Der kreatürliche Akt der Zeugung findet sein Analogon im geistigen Schöpfertum der Bildung. Natur und Kultur sind demnach eng miteinander verwoben: Im sexuellen Akt der Fortpflanzung zeugt sich die Menschheit fort, in der Wissenschaft, der Kunst und im praktischen Handeln erschafft der Mensch kulturell Neues. Erst in dieser Konstellation erfüllt sich Humboldt zufolge der „schrankenlose Plan der Natur".[109]

Andreas Flitner und Klaus Giel beschreiben dieses Prinzip als grundlegendes Modell für den Fortbestand der menschlichen Kultur und akzentuieren seine generationsübergreifende Funktion: „In der Beziehung der Geschlechter ist für Humboldt der Raum abgesteckt, in dem sich der Mensch in seiner Ganzheit, und das heißt als Repräsentant der Menschheit verwirklichen kann. Diese Beziehung stellt also die Ordnung dar, die alle menschlichen Kräfte einbezieht. Sie eröffnet die Chance zur Realisierung der Idee der Menschheit inmitten einer auf Funktionsteilung angelegten gesellschaftlichen Ordnung und inmitten der auf Spezialisierung der Kräfte angewiesenen Kultur. Weil nun aber das Verhältnis der Geschlechter in einem gewissen Sinne die Ursprungssituation jeder Kultur repräsentiert, wird es auch im Zuge der Sicherung des kulturellen Fortbestandes kultur- und gesellschaftsspezifisch ausgelegt und in Institutionen abgesichert."[110] Somit nimmt die Verschiedenheit der Geschlechter einen systematischen Ort im Denken Humboldts ein. Mehr noch sogar ist die Geschlechterdifferenz bei ihm die Leitdifferenz über die ver-

---

[108] Vgl. Humboldt I/2002, S. 364, und Humboldt V/2002 (Kommentar), S. 325; vgl. auch Koller 1999, S. 59-65.

[109] Humboldt I/2002, S. 281.

[110] Humboldt V/2002 (Kommentar), S. 325.

schiedenen Kulturen und Nationen hinaus. Sie steht gewissermaßen stellvertretend für das Bewegungsgesetz der widerstrebenden Kräfte.

Grundsätzlich sind das männliche Prinzip und das weibliche Prinzip polar entgegengesetzt, jedes einzelne ist aber im anderen, wenn auch in einem sehr viel geringerem Maße, enthalten. Obwohl Humboldt Wert auf die Feststellung legt, dass die Menschheit ihrer Idee nach erst in der komplementären Ergänzung der beiden Geschlechter ein Ganzes bildet, kommt er nicht umhin zu konzedieren, dass jedes Individuum unabhängig vom Geschlecht die Menschheit zur Darstellung bringen sollte. Daher trägt er dieser Tatsache Rechnung, indem er dem Männlichen weibliche, dem Weiblichen männliche Züge zugesteht. Damit skizziert er die Geschlechter freilich nicht etwa als androgyne Wesen, die beide Anteile gleichmäßig in sich vereinen, sondern er geht davon aus, dass die Geschlechter erst in der Polarität ihren eigentlichen Charakter ausbilden: „So wird der männliche Charakter reiner und männlicher, wenn ihm der weibliche gegenübergestellt ist, und umgekehrt.“[111] Auch wenn Humboldt nicht müde wird zu betonen, dass in der gegenseitigen Einwirkung der Kräfte das Ganze erst sichtbar wird und dass zur Hervorbringung von etwas Neuem beide Pole gleichermaßen beteiligt sein müssen, so folgt er gleichwohl dem Geschlechterdiskurs seiner Zeit, wenn er dem Männlichen mehr zeugende, selbsttätige, aufklärende Wirkung zuschreibt, indes er dem Weiblichen mehr empfangende, verharrende, empfindende Kräfte attestiert und diese mit Verhaltensdispositionen in Verbindung bringt.[112] So beschreibt er etwa das Muttergefühl als allen Frauen eingeborene Empfindung mit der unhintergehbaren Fähigkeit zur Aufopferung und leitet daraus „einen ganz anderen Sinn der Aneignung“ ab: Diese Anlage lehre sie nämlich „einen ganz anderen Weg kennen, äussre Objecte mit sich zu verknüpfen, in sich aufzubewahren, und wieder von sich zu scheiden“.[113] Weil Frauen dem Unmittelbaren, dem Subjektiven mehr verhaftete seien, gelinge es ihnen auch selten, sich „zum ganz reinen Gebiet der Ideen“[114] zu erheben. An anderer Stelle heißt es: „da indess die Abstraction ihrer Individualität widerspricht, so bleibt ihnen die eigentliche Speculation immer fremd.“[115] Das Weibliche müsse, „ehe wissenschaftliche oder dichterische Productionskraft möglich wird“, eine „gewisse Läuterung erfahren haben“.[116] Die Gebärfähigkeit der Frauen wird hier unver-

[111] Humboldt I/2002, S. 349.
[112] Vgl. dazu insbesondere ebenda, S. 363-375.
[113] Ebenda, S. 373.
[114] Ebenda, S. 369.
[115] Ebenda, S. 365/366.
[116] Ebenda, S. 371.

sehens zur Legitimation einer *anderen* Bildungsfähigkeit, denn die „physische Organisation" verbreitet sich Humboldt zufolge „unmittelbar auch auf den moralischen Charakter".[117] Ordnen wir diese Aussagen in das Gesamtwerk Humboldts ein, so erweist sich, dass Mädchen und Frauen aufgrund ihrer natürlichen Bestimmung zur Mutterschaft einen ganz eigentümlichen Charakter herausbilden, der auch durch äußere Einwirkung erhalten bleibt. Infolgedessen stellt sich die Frage, ob Frauen überhaupt zur Bildung in der Lage sind, da sich ihre intellektuellen Fähigkeiten in der Betrachtung der Natur erschöpfen und sie gegenüber dem Symbolischen und Mittelbaren eine Abneigung verspüren.[118] Humboldt würde diese Frage mit ja beantworten, denn der einzige Unterschied besteht darin, dass Frauen ihren Sinn *anders* auf die Dinge außerhalb ihres Selbst richten. Daher unternimmt er im „Plan einer vergleichenden Anthropologie" den Versuch, den Körperbau, die intellektuellen Fähigkeiten, den ästhetischen Charakter und das Empfindungsvermögen geschlechtsspezifisch auszudifferenzieren und kommt zu dem Ergebnis, dass die Frauen zwar *anders, aber gleichwertig* sind. Zwar werden Frauen nun nicht mehr als inferiore Wesen dargestellt, kulturanthropologisch wird ihnen aber ein Platz zugewiesen, der funktional für die geschlechtsspezifische Arbeitsteilung der bürgerlichen Gesellschaft ist.[119]

Unter bildungspolitischer Perspektive hat diese kulturanthropologisch-philosophische Betrachtungsweise die Konsequenz, dass der höhere Unterricht den Knaben vorbehalten bleiben sollte und Mädchen sich nicht in der gleichen Weise an ihrer intellektuellen Schulung beteiligen konnten. Das staatliche Schulsystem richtete sich nur an die Jungen. Die bürgerlichen Mädchen indes waren auf private höhere Mädchenschulen verwiesen, die bis auf wenige Ausnahmen keinen systematischen Unterricht vorsahen.[120] Die in dieser Argumentation zum Vorschein kommende Dichotomisierung der Geschlechter hatte schließlich verhängnisvolle Auswirkungen in der sozialen, rechtlichen und politischen Praxis, denn Frauen galten rechtlich als unmündig.[121]

Wie sehr sich Humboldt für das Geschlechterverhältnis interessierte, lässt sich übrigens auch daran erkennen, dass er plante, eine „Geschichte der Hurerei" zu schreiben sowie eine „Geschichte der Abhängigkeit im Menschenge-

---

117 Ebenda, S. 371; vgl. Hausen 1976, und Honnegger 1991.
118 Vgl. Humboldt I/2002, S. 365.
119 Vgl. Klinger 1990, S. 103/104.
120 Vgl. Kleinau/Opitz 1996. Eine besondere Ausnahme ist bspw. Betty Gleim, vgl. dazu: Borst 1999.
121 Vgl. Gerhard 1978.

schlecht“, in der der Frage nach den Geschlechterdispositionen eine zentrale Bedeutung zugekommen wäre.[122]

4.2.1.4 Ästhetik und Sprache

Die Bedeutsamkeit der Ästhetik liegt in der grundlegenden und für Humboldt ganz wesentlichen Vorstellung, der Mensch müsse allseits gebildet werden. Nicht nur müssen sich seine intellektuellen Kräfte am Widerstand der äußeren Gegenstände entwickeln, sondern auch das Empfindungsvermögen und die Einbildungskraft bedürfen zu ihrer Verfeinerung eines äußeren Anlasses. Um das freie Spiel der Kräfte im Menschen anzuregen bzw. in Gang zu halten, sei es notwendig, sich auch der Kunst zuzuwenden. Es gehöre zum Wesen der Kunst als solcher, dass sie bildend wirke, und das heißt auch, dass sie ebenso Teil hat an der Selbsttätigkeit und Selbständigkeit des Individuums wie auch an der moralischen Vervollkommnung des Menschengeschlechts. Der echte Dichter, notiert Humboldt daher, ist derjenige, „der uns einen tiefen Blick in uns selbst und die Welt eröfnet“ und „wohlthätig auf den Charakter wirkt.“[123] In diesem Sinne sei es erforderlich, dass der Künstler selbst über einen moralischen Charakter verfüge.[124]

Die besondere Leistung des Künstlers für die Bildung des Individuums liegt in der Tatsache begründet, dass er die Empfindungen vermittelt über das Kunstwerk zu wecken vermag. Das Kunstobjekt ruft die Einbildungskraft hervor, sie erst vermag die sinnliche Form des Gegenstandes darzustellen. Mit dem Erfassen dieser sinnlichen Form geht zugleich ein Gefühl für das Schöne einher, das sich nicht allein durch Verstandeskraft ergründen lässt. Dort nämlich, wo der Verstand nicht mehr ausreicht, einen Gegenstand begrifflich zu erfassen, bedarf es notwendig der Einbildungskraft, um der Mannigfaltigkeit der Anschauungen zur Geltung zu verhelfen. Indes aber die Einseitigkeit der Kräfte zu vermeiden ist, müssen Verstand und Sinnlichkeit miteinander verwoben sein, so dass das Individuum sowohl intellektuell wie auch sinnlich als Mensch freigesetzt wird. Dem Kunstgegenstand kommt daher die Funktion zu, „durch die Art seines sinnlichen Erscheinens den Verstand als Verstand selbst zu reizen, damit dieser sich in das Spiel mit der Einbildungskraft begeben kann.“[125] Erst auf diese Weise ist es Humboldt zufolge möglich, das

[122] Vgl. Humboldt V/2002, S. 94/95.
[123] Humboldt I/2002, S. 511.
[124] Vgl. Humboldt I/2002, S. 511.
[125] Menze 1969, S. 125-150.

Schöne als „Form des Verstandes in der Erscheinung“[126] zu bestimmen. Mit anderen Worten: Die Fähigkeit, unterscheiden und differenzieren, ein Geschmacksurteil abgeben und so etwas wie Schönheit überhaupt erfassen zu können, ist das Resultat einer umfassenden Bildung, die sich nicht nur auf die geistigen und intellektuellen Möglichkeiten beschränkt, sondern auch das unbegreiflich-sinnliche in ihren Horizont aufnimmt. Stets behält Humboldt dabei die Erweiterung der Fähigkeiten im Blick. Durch ein Mehr an Neuem hofft er, die Grenzen der Menschheit erweitern zu können. In der Unabschließbarkeit des menschlichen Geistes eröffnen sich neue Möglichkeiten der Ausdifferenzierung von Welt. So ist ein gebildeter Mensch der „kenntnisvolle Beobachter," der „in einem einzigen Punkt noch eine ganze Welt von Erscheinungen“ zu *unterscheiden* vermag.[127]

Es geht also keinesfalls darum, sich ein ästhetisches Urteil diesseits aller humanitären Erwägungen anzumaßen, etwa als Distinktionsmerkmal gegenüber den unteren Ständen, sondern im Gegenteil bietet eine ästhetische Bildung die Bedingung der Möglichkeit, das Gemüt zu verfeinern und den Charakter zu veredeln, und zwar ganz im Sinne von Humboldts Idee einer im Individuum zur Geltung kommenden Menschheit in ihrer Vollkommenheit. Die ästhetische Bildung ist demnach Voraussetzung dieser Menschlichkeit. Wenig überraschen dürfte es angesichts dessen und mit Blick auf Humboldts Geschlechterlehre, dass den Frauen aufgrund ihres lebhafteren Schönheitssinns und ihrer größeren Rezeptivität eine ausgeprägtere Fähigkeit zur ästhetischen Erfahrung zugestanden wird. Ein „mittlere[s] Schweben zwischen der Wirklichkeit und der reinen Geistigkeit“[128] glaubt Humboldt feststellen zu können, indessen er ihnen freilich kaum die Zeugungskraft des Genies zutraut.

Um aber überhaupt in den Zustand idealer Menschlichkeit zu gelangen, ist der Künstler gehalten, das Alltägliche zu transzendieren, d.h. die Wirklichkeit von allem Zufälligen zu reinigen und auf diese Weise die reine Form, das Ideale zum Ausdruck zu bringen. Der Künstler hebt „die Natur aus den Schranken der Wirklichkeit empor und führt sie in das Land der Ideen über“.[129] Weil im ästhetisch gelungenen Kunstwerk der Funke der Einbildungskraft vom Künstler auf den Anschauenden übergeht, besitzt das Kunstwerk die Kraft, einerseits die Idee der Menschheit zu veranschaulichen. Andererseits ist es in der Lage, eine Stimmung zu erzeugen, die sich dieser Idee der Mensch-

126 Leitzmann, zit. nach Menze 1969, S. 131.
127 Humboldt II/2002, S. 230.
128 Humboldt I/2002, S. 367.
129 Humboldt II/2002, S. 143.

heit öffnet und das Individuum empfänglich für das Schöne macht. Anders als bei der intellektuellen Auseinandersetzung mit der Welt vermag Kunst die Empfindung, also die sinnliche Wahrnehmung von Welt, zu stimulieren, und dies in doppelter Hinsicht: Denn einmal geht die Kunst „durch den Gegenstand auf die Empfindung“[130] über. Da aber Kunst kein Abbild der Wirklichkeit ist, sondern deren Vernichtung und gleichzeitige Wiederherstellung als Produkt der Einbildungskraft, wird das Individuum wiederum vermöge seiner Einbildungskraft dazu gebracht, „den sinnlichen Gegenstand selbst zusammenzusetzen“[131] und ihn sich in seiner Besonderheit anschaulich zu machen. Der Mensch kann vermittels dieser Wechselwirkung das, was das Kunstwerk in ihm auslöst, wieder zurückführen auf das Objekt selbst, das ihm nun in einem anderen Licht erscheint. Das heißt, bildend ist ein solcher Vorgang in dem Moment, indem der sinnliche Ausdruck eines Objekts im Betrachter zur Stärkung und Ausdifferenzierung der Kräfte führt, die ihn schließlich dazu befähigen, das Schöne eines Kunstwerks zu erkennen. Mehr noch sogar: „Die in der Kunst erschaffene Welt ist vollendete Bildungswelt,“ so schreibt Menze, „die das freie Spiel der Kräfte in Bewegung hält, insofern sie die elementaren Strukturen von Welt überhaupt in durchsichtiger Reinheit darstellt, zugleich aber in ihrer Endlichkeit die Unendlichkeit von Welt repräsentiert, ohne die Bildung der Individualität unmöglich ist.“[132]

Die im Kunstwerk erzeugte ideale Individualität, die die Idee der Menschheit schon in sich trägt, ist es dann auch, die die Menschen dazu veranlassen sollte, moralisch zu handeln. Auch wenn es ihnen nicht gelingen sollte, Realität und Ideal in Übereinstimmung zu bringen, so ist es gerade diese Lücke, die die Gestaltung des Lebens im Lichte der Selbstbestimmung und im Hinblick auf eine offene Zukunft ermöglicht. Kunst kann daher weder normativ sein, noch kann sie in irgendeiner Weise Zwang erzeugen. Vielmehr ist sie der Ort der ästhetischen Erfahrung, an dem Freiheit denkbar wird, weil dort die individuellen Kräfte mannigfaltig hervorgerufen werden. Von dieser Position aus kann Humboldt die ästhetische Bildung als eine der Grundvoraussetzungen von Bildung überhaupt darstellen. Der einseitigen Verstandesbildung stellt er somit die ästhetische Bildung zur Seite. Erst in ihrer gegenseitigen Verwobenheit tritt der Mensch unverstellt in Erscheinung.

---

[130] Humboldt V/2002, S. 52
[131] Ebenda.
[132] Menze 1969, S. 142.

Ästhetische Bildung hat aber auch, wie Humboldt am Ende seiner ästhetischen Versuche über Goethes Hermann und Dorothea schreibt, die Funktion der gesellschaftlichen Stabilisierung, um einen revolutionären Umsturz zu verhindern. Die Kunst mit ihrem idealistischen und den damit verbundenen hohen moralischen Ansprüchen sollte zwar das Individuum zur Selbständigkeit führen, zugleich aber erhoffte sich Humboldt eine innere Läuterung, die die Menschen dazu befähigt, sich im sozialen Umgang menschlich zu begegnen: „Die vollständige Ausführung einer solchen Theorie [der Kunst] aber dürfte nie erwünschter, als jetzt erscheinen, da sie die Kunst, sie immer auf den Menschen und sein innres Wesen beziehend, mit der moralischen Bildung in nähere Verbindung zu setzen würde, als bisher geschehen ist, und es nie nöthiger war, die innern Formen des Charakters zu bilden und zu befestigen, als jetzt, wo die äussern der Umstände und der Gewohnheit mit so furchtbarer Gewalt einen allgemeinen Umsturz drohen.“[133] Dabei vertraut er auf die Bildungsfähigkeit der Menschen und darauf, dass sich in einem allmählichen Prozess auch die gesellschaftlichen Verhältnisse zum Besseren wenden werden. Obwohl Humboldt, die nachrevolutionären Gewaltsamkeiten in Frankreich vor Augen, im Medium der ästhetischen Bildung einen gewaltvollen Umsturz der bedrückenden Herrschaftsstrukturen seiner Zeit verhindern zu können glaubt, enthalten seine Aussagen einen Gedanken, der ganz wesentlich für sein Freiheitsverständnis ist und so etwas wie einen politischen Willen auszudrücken vermag. Offenbar nämlich fürchtete er bei einer Revolution das Abgleiten in eine Barbarei mit der Folge, dass sich die Menschen in Unfreiheit begegnen. Um dies zu vermeiden, muss der Mensch den Stand seiner kulturellen Schöpfungen bewahren und zum Besseren weiterentwickeln. Die Kunst bietet dabei die Möglichkeit, sich von der Wirklichkeit zu distanzieren und verändernd auf die Welt einzuwirken, weil gerade sie dazu imstande ist, dass der Menschen sich in seiner (idealen) Totalität wahrnimmt. Dies vorausgesetzt, kann sich das Individuum in Abgleich mit der Wirklichkeit als Mensch und Menschengeschlecht zu einem vollkommeneren entwickeln. Entscheidendes Kriterium für diese Verbesserung ist die Selbstbildung des Menschen im Medium seiner Kunst. Der in diesem Konzept zum Vorschein kommende Idealismus gepaart mit dem strukturellen Wandel der Gesellschaft führte allerdings im 19. Jahrhundert zu einem bildungsbürgerlichen Ästhetizismus, der zum bloßen Kunstgenuss verkam, ohne noch eine Reflexion auf das der Kunst zugedachte Humane.

[133] Humboldt II/2002, S. 356.

Eine Erörterung über Humboldts Bildungstheorie bliebe allerdings unvollständig ohne seine Sprachphilosophie.[134] Erst durch Sprache wird der Mensch zum Menschen, erst in und durch die Sprache kann der Mensch sich seiner selbst vergewissern und der Welt bemächtigen. Sie ist die Voraussetzung für seine Selbstverständigung im Modus der Wechselbeziehung zwischen Ich und Welt. Im Zusammenhang mit seinen bildungstheoretischen Verlautbarungen stellt sich für Humboldt die Frage nach der Funktion von Sprache: Was vermag Sprache mit Blick auf den Welt-Mensch-Bezug zu bewirken und inwiefern ist sie an der Konstitution von Ich und Welt beteiligt? Und welche bildungstheoretische Relevanz kommt ihr zu?

Humboldt gesteht der Sprache mehr zu als nur die Repräsentanz einer scheinbar vorgängigen Wirklichkeit. Auch ist Sprache nicht nur Mittel der Verständigung und des Ausdrucks, sondern sie ist elementarer Bestandteil des Menschseins selbst und dessen existentielle Bedingung. Diese anthropologische Bestimmung von Sprache spiegelt sich in der Auffassung wider, dass sie ebenso wie der Mensch nicht auf bloße Zweckmäßigkeit reduziert werden kann, sondern dass sie gewissermaßen organisch mit dem Individuum verbunden ist, insofern beide – Mensch und Sprache – gleichursprünglich sind: „Der Ursprung der Sprache ist zugleich der Ursprung des Menschen,“[135] weil die Sprache sowohl das Individuum konstituiert wie auch das Individuum die Sprache erst hervorbringt und beide sich derselben unerklärlichen Urkraft verdanken. Wenn aber die Sprache dieser Urkraft entspringt, dann ist sie es auch, die die Menschen zur Individuation befähigt und ihnen die Möglichkeit eröffnet, sich als ein fühlendes, denkendes und handelndes Wesen zu begreifen. Voraussetzung dafür ist für Humboldt allerdings, dass der Sprache eine Energie innewohnt, die niemals stillsteht und in einem unaufhörlichen Schöpfungsprozess das Denken zum Ausdruck bringt. Sprache lässt das Denken erst bewusst werden: „Die Sprache,“ so notiert er, „beginnt daher unmittelbar und sogleich mit dem ersten Act der Reflexion,“[136] wie auch umgekehrt Reflexion ohne Sprache nicht vorstellbar ist. Denken und Sprache sind auf diese Weise unabdingbar aufeinander verwiesen. Denken ist überhaupt erst durch Sprache möglich. Dabei ist die Sprache zwar Produkt und Bedingung der menschli-

[134] Eine systematische Entfaltung von Humboldts Sprachphilosophie ist an dieser Stelle nicht möglich. Die Darstellung beschränkt sich daher auf Erläuterungen im Zusammenhang mit bildungstheoretischen Überlegungen.

[135] Menze 1965, S. 226.

[136] Humboldt V/2002, S. 97.

chen Existenz, ihre genuine Aufgabe sieht Humboldt aber in ihrer Vermittlungsfunktion, und dies in einer *vierfachen* Weise:

Zum einen ist Sprache die Voraussetzung für ein begriffliches Erfassen von Welt. Wir bemächtigen uns der Welt, indem wir sie sprachlich umfassen und ihr eine begriffliche Gestalt verleihen: „Da die Dinge nur sind, insofern sie gedacht und in einem Begriff gefaßt werden, wird die Sprache zur Bedingung der Möglichkeit von Welt.“[137] In diesem konstruktiven Prozess der Welterkenntnis wird das Objekt nicht bloß abgebildet, sondern „die dem Menschen eigene bildende Kraft“ bestimmt „das Bild des Gegenstandes.“[138] Der jeweilige Gegenstand in seiner Besonderheit wäre ohne die Sprache nicht als solcher erkennbar. Demnach existiert keine Welt außerhalb der Sprache. Oder anders noch: Die Sprache stellt das konstituierende Prinzip von Mensch und Welt dar. Ähnlich wie in der ästhetischen Bildung an der Erschaffung des Kunstwerks, so ist der Mensch auf seine je eigentümliche, subjektive Weise an der Erschaffung der Welt beteiligt. Um aber nicht in der unmittelbaren Subjektivität zu verharren, ist jeder Mensch der Möglichkeit nach wiederum dazu befähigt, seine ihm innewohnenden Vorstellungen und Empfindungen sprachlich zu objektivieren: „Die Sprache stellt offenbar unsre ganze geistige Thätigkeit subjectiv […] dar; aber sie erzeugt auch zugleich die Gegenstände, insofern sie Objecte unsres Denkens sind. […] Die Sprache ist daher, wenn nicht überhaupt, doch wenigstens sinnlich das Mittel, durch welches der Mensch zugleich sich selbst und die Welt bildet, oder vielmehr seiner dadurch bewußt wird, daß er eine Welt von sich abscheidet.“ [139] Damit bringt er zweierlei zum Ausdruck. Einerseits verwirklicht sich der Mensch wie auch die durch ihn schon immer mit gesetzte Menschheit auf diese Weise selbst. Andererseits vermag er durch die Sprache eine Welt zu erschaffen und sie als von sich geschieden zu erkennen. Zugleich aber ist die Sprache dasjenige Medium, das ihn in den Stand versetzt, die Welt in sich hineinzuholen: „Das nun ist es, was ich die eigentliche Kraft der Sprache nennen möchte,“ notiert Humboldt, „ihre Fähigkeit, den Trieb und die Kraft zu erhöhen, immerfort […] mehr Welt mit sich zu verknüpfen, oder aus sich zu entwickeln.“[140] Dieses wechselseitige Verhältnis von Weltkonstitution einerseits und Weltverknüpfung andererseits zeigt sich besonders in der Möglichkeit, mit Hilfe der Sprache die Vorstellung eines Gegenstandes im Denken zu objektivieren und dieses Ob-

[137] Menze 1965, S. 234.
[138] Ebenda.
[139] Humboldt V/2002, S. 195/196.
[140] Ebenda, S. 196.

jektive wieder ins Subjekt hineinzuholen, ohne dabei jedoch das spezifisch Subjektive aufzuheben.[141] Im Gegenteil wird das Objektive im Moment seiner Rückführung ins Subjekt schon wieder individuell umgeschaffen und dabei in einer sich ständig verändernden Dynamik belassen. Da es sich dabei um einen unabschließbaren Vorgang handelt, der im Ergebnis zu einer immer ausdifferenzierteren Erfassung der Mannigfaltigkeit von Welt führt, erlangt er bildungstheoretische Bedeutsamkeit, insofern er dazu beiträgt, in der Welterweiterung die Selbsterweiterung zu vollziehen. Dies ist nur mit Hilfe der Sprache möglich, weil der damit verbundene Denkprozess notwendig nur über die Sprache vermittelbar ist und erst durch sie zu Bewusstsein gelangt. Humboldt hat zwar in seiner Theorie der Bildung des Menschen vermocht, den Bildungsprozess als eine Wechselbeziehung von Welt und Ich zu skizzieren, aber erst in seiner Sprachphilosophie ist es ihm gelungen, diesen Vorgang als einen Vermittlungsprozess im Medium der Sprache zu konkretisieren.

Zum Zweiten ist die Sprache von dialogischem Charakter, weil sie nicht nur ermöglicht, die materielle Welt zu erfassen bzw. zu konstituieren, sondern mehr noch stellt sie uns in ein *intersubjektives* Verhältnis zueinander. Die Auseinandersetzung mit der Welt bliebe solipsistisch und einzig auf die individuelle Existenz beschränkt, ermöglichte die Sprache nicht die Transzendierung auf ein Du hin. Im Sprechen selbst ist der oder die Andere jeweils schon mitgemeint, insofern sich der Akt der Selbsterweiterung nur unter den Bedingungen einer sozialen Welt zu erfüllen vermag, die das Ich im Modus des Du einschränkt, die Individualität aber erst als solche in Erscheinung treten lässt. Sprache verbindet den Menschen mit anderen Menschen und wird dabei zum Medium des Verstehens.

Zum Dritten ergibt sich dieses Verstehen nicht von selbst, ist es doch an einen Sprecher gebunden, der stets seine subjektive Sicht mitgibt und sich daher dem Gegenüber nur eingeschränkt verständlich machen kann. Immer also besteht die Gefahr des Missverstehens, weil das je Gemeinte im Gespräch niemals deckungsgleich sein kann. „Verstehen bedeutet, sich in Übereinstimmung mit dem anderen befinden, das von dem anderen Ausgesagte so aufzufassen, wie es auch gemeint war. Hier treten die dem Verstehen gezogenen Schranken deutlich hervor; denn wenn das Sprechen die Leistung des bloß einzelnen ist und das Verstehen nichts anderes als die Reproduktion dieses Sprechens, dann ist offensichtlich, daß der jeweils einzelne das Sprechen nicht auf die Weise des anderen, sondern bloß auf seine Weise in sich produzieren

[141] Vgl. Koller 1999, S. 74.

kann. Folglich kann er ihn nicht in dem, was er endgültig meint, verstehen."[142] Auch wenn wir stets mit der Möglichkeit konfrontiert sind, dass wir durch unseren je subjektiven Zugang zur Welt im Dialog ein deckungsgleiches Verstehen verfehlen, so ist doch die Sprache die Voraussetzung dafür, überhaupt so etwas wie eine Intersubjektivität herstellen und im Modus dieser Differenz die Welt in ihrem Facettenreichtum erfahren zu können.

Zum Vierten liegen dieser Differenz verschiedene Weltansichten zugrunde, die jede für sich wiederum Teil hat an der Totalität der Welt. Schon die Muttersprache befähige den Menschen zu einer Horizonterweiterung, da sie die Vielgestaltigkeit der Welt aufzuschließen vermag und zugleich Teil daran hat, das Selbst stärker auszuprägen, insofern sie niemals festzustellen ist, sondern stets nur eine Annäherung an das Gemeinte bedeutet. In dieser unaufhörlichen Bewegung sei sogar vergeblich zu hoffen, Sprache könne alle menschlichen Regungen abbilden, sie könne sich identisch machen mit Gefühltem und Emotionalem. Weil der Mensch nicht nur Vernunft, sondern immer auch Natur sei, liegt in gewisser Weise ein Verlust in jedem Sprechen: „In den Handlungen und noch mehr in den Gedanken und Empfindungen der Menschen sind Abstufungen, Schattierungen und Feinheiten, für welche die Sprache kaum mehr Zeichen besitzt und die durch die Überlieferung verloren gehen."[143] Für Humboldt spiegelt sich die Mannigfaltigkeit aber insbesondere in der Unterschiedlichkeit der verschiedenen Nationalsprachen wider, insofern jeder Sprache etwas Besonderes anhaftet, das nur in der jeweiligen Nationalsprache zutreffend zu bezeichnen ist. Daher ist für Humboldt auch die Übersetzung von einer Sprache in die andere eine Unmöglichkeit. Übersetzungen verbleiben daher stets im Ungefähren. Zur Vertiefung seiner eigenen Weltsicht wie auch zur Selbstkonstitution bedarf der Mensch demnach eines Sprachstudiums. Dabei kommt es Humboldt nicht etwa auf die Funktionalität im Sinne einer Verständigung an, sondern auf die durch die jeweilige Sprache unterschiedlich gesetzte Perspektive der Wahrnehmung, die den Menschen zu größerer Unabhängigkeit und Selbsttätigkeit befähigt. Sprachunterricht sollte Humboldt zufolge daher auch nicht als bloße Übung verstanden werden, sondern er sollte allererst den Blick auf die Differenziertheit der Menschen und der Welt eröffnen.

Dass sich Humboldt dabei in erster Linie auf die griechische Sprache bezieht, hat u.a. seinen Grund in der idealistischen Vorstellung, das Griechentum

142 Menze 1980a, S. 34.
143 Humboldt II/1904, S. 346.

stehe stellvertretend für die Menschheit als solche, mehr noch: im griechischen Menschen verkörpere sich die Menschheit in ihrer ganzen Reinheit; in ihm sei die Idee der Humanität exemplarisch vorweggenommen. Weder geht es Humboldt um eine exakte historische Rekonstruktion des Griechentums noch um eine „positivistische Gelehrsamkeit“[144] oder gar um einen imitierenden Gebrauch. Vielmehr betrachtet er das Griechentum als eine ideale Existenzweise, die auch für seine eigene Zeit Gültigkeit beanspruchen sollte. Daher verdankt sich das, was Humboldt über das Griechentum schreibt, einem historisch-reflektierenden Verständnis im Hinblick auf die Herausbildung einer idealen, dabei harmonisch-ausgeglichenen Persönlichkeit.

Exkurs: Zum Griechenbild Wilhelm von Humboldts

Was Humboldt an den Griechen interessierte, war die – von ihm unterstellte – starke Ausprägung all dessen, was er selbst in seinen Vorstellungen als notwendiges Rüstzeug für die Bildung des Individuums zum Ausdruck bringt: eine hohe Intellektualität, die Hinwendung zu den Wissenschaften und den Künsten, umfassende moralische Fähigkeiten, eine große Empfänglichkeit für ästhetische Reize und Selbsttätigkeit. Für Humboldt repräsentiert der griechische Mensch, genauer noch der Athener, das ideale Bild einer veredelten Menschheit, die dazu in der Lage ist, sich in einem unaufhörlichen Streben eine vollendete Gestalt zu verleihen. Wesentliches Moment des griechischen Charakters war demgemäß die beispielhafte Verwirklichung der im Menschen angelegten Möglichkeiten. Die Griechen symbolisieren exemplarisch all das, was unter der Idee der Humanität zu verstehen und was in modernen Gesellschaften verloren und erst wieder herzustellen ist: „Humboldts Kerngedanke war, daß die Griechen als ‚eine anfangende Nation’, auch dank ihrer Begabung, die Idee der Humanität besonders rein verwirklichen konnten. Der moderne Mensch, der in eine national, konfessionell, ständisch und beruflich gegliederte Gesellschaft hineingeboren ist, kann durch das Studium der Griechen erfahren, was Menschsein eigentlich bedeutet.“[145] Mitnichten sollte das also heißen, dass das Griechentum in seiner ursprünglichen Form nachgeahmt werden sollte. Das Griechentum gilt ihm eher als ein normatives Muster, insofern es den zur Vervollkommnung begabten und verfeinerten Menschen der Moderne vorwegnimmt, den Menschen also, den es qua Bildung anzustreben gilt. So erklärt Humboldt: „Ihre Kenntnis ist uns nicht bloss angenehm, nütz-

[144] Menze 1965, S. 155.
[145] Blankertz/Matthiessen 1995, S. 419.

lich und nothwendig, nur in ihr finden wir das Ideal dessen, was wir selbst seyn und hervorbringen möchten; wenn jeder andre Theil der Geschichte uns mit menschlicher Klugheit und menschlicher Erfahrung bereichert, so schöpfen wir aus der Betrachtung der Griechen etwas mehr als Irdisches, ja beinah Göttliches."[146] Dieses idealisierte Griechenbild allerdings verhehlt, dass in der griechischen Gesellschaft nur den freien männlichen Bürgern der Polis ein kontemplatives Leben zustand. Gerechtfertigt wird dieser Sachverhalt mit einer Abwägung, die darin gipfelt, dass ihre „menschenfreundlichsten Philosophen" die Sklaverei billigten, um gleichsam „durch ein ungerechtes und barbarisches Mittel einem Theile der Menschheit durch Aufopferung eines andren die höchste Kraft und Schönheit zu sichern."[147] Für seine eigene Zeit dürfte eine solche Auffassung eine Denkunmöglichkeit sein. Menze jedenfalls merkt zu dieser idealistischen Einstellung gegenüber den Griechen lakonisch an: „Was in sein Bild nicht hineinpaßt, läßt er souverän beiseite."[148] Gleichwohl ist zu konzedieren, dass Humboldt zufolge die humanistische Idee einer vollkommenen Menschheit ihren ersten Ausdruck im Griechentum fand. Im Hinblick auf eine humanitäre Gesellschaft ist daher den Menschen das Studium des Griechentums aufgegeben.

4.2.1.5 Bedeutung von Humboldts Bildungstheorie für die Gegenwart

Vor dem Hintergrund der aktuellen Bildungsdebatten um die Beschleunigung und Verkürzung organisierter Bildung und hinsichtlich des zunehmenden Einflusses der Wirtschaft auf die Gestaltung des Bildungssystems im Sinne seiner Optimierung zum Zwecke der Potenzierung des Wirtschaftswachstums stellt sich die Frage nach der Bedeutung von Humboldts Bildungstheorie für die Gegenwart. Die hypertrophe Forderung nach einer allein am Arbeitsmarkt orientierten Ausbildung der dort benötigten Kenntnisse und Fertigkeiten erzeugt eine Einseitigkeit, die schon Humboldt mit dem Hinweis zurückwies, dass jedem Menschen eine allgemeine Bildung angedeihen müsse, die ihn in den Stand versetzt, selbstbestimmt, aber unter Berücksichtigung seiner sozialen Umwelt, gegen seine eigene Funktionalisierung kritisch Position beziehen zu können. Eine Bildung aber, sofern man überhaupt noch von Bildung in diesem Zusammenhang reden kann, die bloß auf wirtschaftliche Verwertbarkeit zielt und in dem entmenschlichenden Begriff des *Humankapitals* zum Ausdruck

[146] Humboldt zit. nach Menze 1965, S. 158/159.
[147] Humboldt I/2002, 77/78.
[148] Menze 1965, S. 156.

kommt, schadet nicht nur dem Individuum, das nur noch in seiner Fragmentierung erhalten bliebe, sondern auch einer Gesellschaft, die ihrem eigenen Selbstverständnis nach auf einer freiheitlich-demokratischen Grundordnung aufruht. Humboldts theoretischer Entwurf greift über eine solche Vereinseitigung hinaus. Weil er davon überzeugt war, dass sich der Mensch erst in dem Moment zu seiner Menschlichkeit freisetzen kann, wenn er über ein Bewusstsein seiner selbst im Modus von *Vernunft, Sinnlichkeit und Einbildungskraft* verfügt, plädierte er für eine Bildung, die jeden dieser drei Aspekte berücksichtigt. Dazu gehört notwendiger Weise eine Auseinandersetzung mit der Welt und dem Wissen über diese Welt, die uns zunächst in ihrer Fremdheit, in ihrer Unfreiheit und Begrenztheit gegenübertritt, um sie in einem immerwährenden, geschichtlichen Prozess umzuschaffen und menschlicher zu gestalten. Das Individuelle ist der Ausgangspunkt für eine Kritik am schlechten Allgemeinen. Es ging ihm daher auch nicht um eine individualistische Verkürzung von Bildung, sondern vielmehr um eine „Einsicht in die Gesellschaftlichkeit des Individuellen“.[149]

Die Bedingung der Möglichkeit zur Mitgestaltung ist allerdings an zwei Faktoren gebunden, die auch für Humboldt wesentliche Bestandteile seiner Bildungstheorie sind: *Erstens* die Überprüfung des Bestehenden im Kontext seiner besonderen historischen Gestalt auf der Grundlage einer zunächst nur vorgestellten besseren Zukunft. *Zweitens* die Entfaltung intellektueller Kräfte, die uns befähigen, über unsere eigene Unmittelbarkeit und unser notwendig beschränktes Dasein hinaus gesellschaftliche Wirksamkeit zu entfalten: „Nicht die schnellste, aber die sicherste und dauerhafteste Verbesserung fängt allein von der Ausbildung des Geistes an,“[150] notiert Humboldt. Damit war nicht die Aneignung und der Besitz von Bildung als eines knappen Gutes gemeint, so wie der Begriff schließlich vom Bürgertum des 19. Jahrhunderts missverstanden wurde. Humboldts Begriff der Bildung sollte vielmehr dazu beitragen, den Menschen unverkürzt zum Vorschein kommen zu lassen, wobei er keinesfalls den Aspekt der Berufsausbildung vernachlässigte. Verzweckung, nicht aber die Notwendigkeit des Lebenserhalts an und für sich wurde von ihm kritisiert.

Humboldt war zwar Idealist, insofern er an eine in ferner Zukunft liegende Vervollkommnung der Menschheit glaubte. Er war aber auch Realist, weil er der gesellschaftlichen Determination und Unfreiheit ein Konzept der Mündigkeit und Selbsttätigkeit entgegenhielt, das einen Widerstand gegen gesell-

[149] Sünker 2001, S. 165.
[150] Humboldt I/2002, S. 389.

schaftliche Zumutungen mit dem Individuum als Repräsentant der Menschheit selbst begründet.[151] Der Überwältigung der Menschen durch gesellschaftliche Zwänge versucht er zu entkommen, indem er das Individuum in die Verantwortung für seinen Geschichtsprozess nimmt, der zumindest die Aussicht auf ein humanes Zusammenleben vorhält und die gleichen Bedingungen für alle Menschen ermöglichen sollte. Diese „ziemliche Gleichheit",[152] von der Humboldt spricht, realisiert sich in dem Augenblick, in dem der Anspruch auf eine allgemeine Bildung für *Alle* verwirklicht ist. Vernachlässigen wir an dieser Stelle die in seiner Bildungstheorie verankerte Geschlechterungleichheit, dann gewinnen zwei Prinzipien an Bedeutung.

Da wäre *zunächst* die ganz wesentliche Frage nach der Widerstandsfähigkeit. Indem Humboldt dezidiert dafür eintritt, die Menschen in ihrer jeweiligen Besonderheit und Eigenständigkeit wahrzunehmen, gesteht er keiner Institution, weder dem Staat noch der Kirche noch der Wirtschaft zu, sich ihrer zu bemächtigen. In dieser Unverfügbarkeit mitgegeben ist eine Kritikfähigkeit, die im Begriff der Mündigkeit und der Urteilskraft zum Ausdruck kommt. Entsprechend wohnt beispielsweise auch für Heinz-Joachim Heydorn Humboldts Bildungsbegriff eine Widerständigkeit inne, die dann zum Erlöschen gebracht werde, wenn Bildung sich einseitig auf die gesellschaftlichen Bedingungen hin ausrichte: „Wo auch immer *ausschließlich* auf diese Welt hin gebildet wird, erhält die Bildung nicht nur den Charakter frühzeitiger sozialer Determination, sondern der Mensch wird über den Prozeß seiner Anpassung intellektuell paralysiert."[153] Für Humboldt gilt daher die kritische Distanz zum politischen Geschäft als *conditio sine qua non* einer Bildung, die mehr ist als nur das oberflächliche Wissen oder Können im Hinblick auf die Notwendigkeit des Lebenserhalts.

Zweitens: Wenn Humboldt schreibt, dass „die sicherste und dauerhafteste Verbesserung" der Welt „allein von der Ausbildung des Geistes"[154] abhängt, so ist damit die Auffassung verbunden, dass wir durch den Geist die Fähigkeit erhalten, denkend „in das Gebiet der Unendlichkeit",[155] also in den Bereich des noch nicht Realisierten, vorzudringen und unserer geschichtlichen Verantwortung inne zu werden. Dies alles sollte im Bewusstsein geschehen, dass das Individuum nicht nur „Bürger seines Staates und seiner Zeit, sondern

[151] Vgl. Sünker 1984, S. 8.
[152] Humboldt IV/2002, S. 189.
[153] Heydorn 2/1995, S. 136.
[154] Humboldt I/2002, S. 389.
[155] Ebenda, S. 388.

zugleich auch ein Bürger der Welt"[156] ist. Dieses *Weltbürgertum* ist für ihn schließlich die Voraussetzung für die spekulative, in die Zukunft verschobene, dabei versöhnliche Aussicht einer zu sich selbst gekommenen Menschheit. Übertragen wir diesen Gedanken auf die heutigen Verhältnisse, die gekennzeichnet sind durch eine neoliberale Wirtschaftsordnung und eine weltweite soziale Ungleichheit, dann gilt, dass das Recht auf Bildung und Wissen jedem ungeachtet des Geschlechts, der Klasse, der Ethnie, der Religion etc. zusteht. Nicht Abrichtung auf einen Zweck hin, sondern die Möglichkeit zu einer umfassenden Bildung für Mädchen und Jungen, für Frauen und Männer unter Anerkennung ihrer je eigenen Würde und der Würde des Anderen sollte Ziel bildungspolitischer Anstrengungen sein. Andernfalls, so prognostizierte schon Humboldt, sind Rohheit, bloße Sentimentalität und Verschrobenheit die Folge,[157] und aus Menschen werden Maschinen.[158] Die Metapher der Maschine gilt dann für diejenigen Menschen, die aus ihrer Unmittelbarkeit heraus und bewusstlos Autoritäten folgen und gesellschaftliche Strukturen affirmativ hinnehmen. Die Maschine war zur Zeit Humboldts das Tote, das Unlebendige, die Antithese zur humanistischen Auslegung des Menschen.[159]

Der hohe Wert von Bildung Humboldtscher Provenienz liegt gerade in dieser Erkenntnis: dass sich nur durch die Herausbildung der *intellektuellen*, der *sinnlichen* und der *kreativen* Potenziale im Zeichen moralischer Verantwortung auf eine Verbesserung der Welt hoffen lässt. Dass dieser Fall zu seiner Zeit noch nicht eingetreten war, veranlasste Humboldt zu der Feststellung, dass unter der Perspektive der Geschichtlichkeit und der darin liegenden Möglichkeit, verändernd auf den Geschichtsverlauf einzuwirken, den Menschen aufgegeben bleibt, ihre jeweilige historische Zeit auf der Folie einer nur negativ vorzustellenden Freiheit zu prüfen. In einem solchen Prozess sind die Widersprüche, die der bürgerlichen Gesellschaft geschuldet sind, wenn auch nicht ausdifferenziert, so doch zumindest *in nuce* mitreflektiert. Nichtsdestotrotz haben sich die gesellschaftlichen Bedingung derart verändert, dass heute zwar noch von Bildung gesprochen wird, zugleich aber über Einflüsse nachgedacht werden muss, die Bildung im Sinne des Neuhumanismus bislang verhindert haben. Weshalb also konnte sich der neuhumanistische Bildungsbegriff nicht durchsetzen? Dies zu beantworten, bleibt den nachfolgenden Kapiteln überlassen.

---

[156] Ebenda.
[157] Vgl. Humboldt IV/2002, S. 189.
[158] Vgl. Humboldt I/2002, S. 72.
[159] Vgl. Meyer-Drawe 1997.

5. Bildungsvorstellungen der geisteswissenschaftlichen Pädagogik

Die geisteswissenschaftliche Pädagogik wird im Allgemeinen als eine Theorie der Erziehung wahrgenommen, weniger häufig als Bildungstheorie. Das mag daran liegen, dass ihre Vertreter selbst eher den Erziehungsaspekt hervorheben und zuweilen Erziehung und Bildung synonym verwenden. So hat beispielsweise Herman Nohl zwar eine *Theorie der Bildung* geschrieben, zugleich aber unter diesem Stichwort ein Strukturmodell der *Erziehung* entwickelt. In seiner anthropologischen Ausgestaltung und im Hinblick auf die Entwicklung des Individuums allerdings geht das Modell über eine bloße Erziehungstheorie hinaus.[1] Im Folgenden gilt die Aufmerksamkeit den Aspekten der Entwicklung des Individuums zu einer Persönlichkeit, so, wie sie sich die geisteswissenschaftlichen Pädagogen vorgestellt haben. Allerdings kann sie nicht in allen Einzelheiten und auch nicht differenziert nach ihren jeweiligen Vertretern dargestellt werden. Vielmehr richtet sich der Fokus auf die Strukturmerkmale der Bildung und wird exemplarisch am Beispiel Herman Nohls als Begründer der geisteswissenschaftlichen Pädagogik rekonstruiert und erläutert.

Ihre prominentesten Vertreter waren neben Hermann Nohl (1879-1960) Eduard Spranger (1882-1963), Theodor Litt (1880-1962), Wilhelm Flitner (1889-1990) und Erich Weniger (1894-1961). Die geisteswissenschaftliche Pädagogik hat sich zwar in Gestalt ihrer unterschiedlichen Vertreter ausdifferenziert, gleichwohl aber bleibt bei aller Weiterentwicklung ein gemeinsamer Kern an Einsichten und Erkenntnissen, die ihren besonderen Charakter der Lebensphilosophie von Wilhelm Dilthey verdanken. Im Anschluss an Diltheys Unterscheidung von Geisteswissenschaften und Naturwissenschaften gelang es der geisteswissenschaftlichen Pädagogik seit den 1920er Jahren, sich als eine Wissenschaft *sui generis* zu verstehen, deren Fragestellungen sich explizit auf den Problemkreis von Erziehung und Bildung konzentrierten und die Erziehungswirklichkeit, also die Praxis pädagogischen Handelns, zum Kern ihrer Überlegungen machten. Pädagogik wurde nun nicht mehr, wie im 19. Jahrhundert noch, der Theologie oder der Philosophie zugeschlagen. Ihren originären Charakter bezog sie aus der Tatsache, dass Erziehung und Bildung zur Reproduktion der Gesellschaft notwendig sind und einer ganz eigenen Betrachtung bedürfen. Die Pädagogik konnte sich aus sich selbst heraus erklären,

---

[1] Vgl. Nohl 1926 und 1988, S. 133-279.

insofern es ihr gelang, ihre Methode und ihren Gegenstand als genuin pädagogisch zu bestimmen. Ihr eigenständiger Status unter den Wissenschaften kommt unter anderem darin zum Ausdruck, dass spezielle Lehrstühle eingerichtet wurden. Damit waren die Voraussetzungen für die Etablierung einer der bedeutendsten Theorien der Pädagogik des 20. Jahrhunderts geschaffen. Bis Ende der 1960er Jahre konnte sie ihre Wirkkraft entfalten. Im Zuge der Auseinandersetzungen um das nicht bearbeitete und subversiv weiterwirkende Erbe des Faschismus in Deutschland aber wurde sie schließlich von einer kritischen Erziehungswissenschaft abgelöst. Wie die folgenden Ausführungen zeigen werden, war die geisteswissenschaftliche Pädagogik aufgrund ihrer theoretischen Ausgangsbedingungen und aufgrund mangelnder Reflexion auf gesellschaftliche Verwerfungen zur Zeit der Weimarer Republik nicht in der Lage, antidemokratische Strukturen zu erkennen und sie zu bekämpfen. Trotz dieser gesellschaftlich-historisch und wissenschaftstheoretisch problematischen Konstellationen ist sie von Relevanz für das erzieherische Handeln, weil sie der Interaktion zwischen Kind und Erzieher besondere Bedeutung zu verleihen vermochte.[2]

Obwohl sie nicht in die Reihe der kritischen Pädagogik gehört, eben weil sie den zu ihrer Zeit herrschenden antidemokratischen und nationalen Strömungen Vorschub leistete und einige ihrer Vertreter sogar seit etwa 1932 eine Nähe zu nationalsozialistischen Ideologien erkennen lassen,[3] muss sie an dieser Stelle zumindest in Umrissen dargestellt werden, um *erstens* zeigen zu können, wie eine Bildungstheorie, die eigentlich seit Wilhelm von Humboldt auf individuelle sowie kollektive Freiheit und Emanzipation ausgeht, konzeptionell in ihr Gegenteil umschlagen kann. *Zweitens* ist es zum Verständnis der Weiterentwicklung der Bildungstheorie im Zuge einer zunehmenden Rezeption der *Kritischen Theorie* seit Ende der 1960er Jahre sinnvoll zu erfahren, inwiefern eine Abgrenzung zur geisteswissenschaftlichen Erziehungs- und Bildungstheorie angesichts des Wissens um die Vernichtung des europäischen Judentums durch die Nationalsozialisten notwendig wurde.[4]

Von besonderem Interesse ist in diesem Zusammenhang ihr Umgang mit und die semantische Ausgestaltung von Begriffen und Vorstellungen, die einerseits Eingang in ihre Bildungstheorie fanden, andererseits aber in der Zeit

[2] Vgl. dazu bspw. Wulf 1983. Dort findet sich auch eine kritische Stellungnahme zu den problematischen Seiten dieser Erziehungstheorie.
[3] Vgl. etwa Zimmer 1995; und Himmelstein 1996.
[4] Vgl. Adorno 1971.

der Weimarer Republik an erstaunlicher Popularität gewannen und für eine politisch konservative Rhetorik sorgten.[5]

Die zentralen Begriffe, von denen aus sich die geisteswissenschaftliche Bildungstheorie erst angemessen erschließen lässt, entstammen zum einen der Lebensphilosophie Wilhelm Diltheys, zum anderen einem konservativen Denken über die deutsche Nation, das mit der Reichsgründung 1870/71 seinen Anfang nahm und sich nach dem verlorenen Krieg 1918 in der Weimarer Republik in Form hegemonialer Diskurse fortsetzte und antidemokratische Strukturen, nicht nur in der Bevölkerung, sondern vor allem in den Reihen der Intellektuellen, befestigte.[6] Antisemitismus, Misogynie und Rassismus waren schließlich diejenigen offen zu Tage tretenden Strömungen, die sich aggressiv gegen demokratische Modelle durchsetzten und zur Konstituierung eines faschistischen Staates beitrugen.

Gemeinschaft, Volk und Nation, Intuition, Gefühl und Trieb, Organismus, Leben und Seele avancierten in dieser Zeit zu Leitbegriffen, die angesichts einer tief empfundenen Krise, ausgelöst durch eine zunehmende Binnendifferenzierung der Gesellschaft in Gestalt der kapitalistischen Produktionsweisen und einer fortschreitenden Technologisierung, zu einer gesellschaftlichen Neuorientierung beitragen sollten. Nicht Differenz, sondern Einheit, nicht Mechanisierung, sondern schöpferisches Leben, nicht Vernunft, sondern Gefühl, nicht Freiheit, sondern Bindung galten als Alternativen zu der als kalt und zersplittert erscheinenden Wirklichkeit. Die geisteswissenschaftlichen Pädagogen bedienten sich dieser Begriffe in zivilisationskritischer Absicht und stellten sie in einen Zusammenhang mit Erziehung und Bildung. In der visionären Hoffnung einen neuen Menschen schaffen zu können, der die Fähigkeit entwickelt, die „einheitliche Gestaltung unserer Kultur“[7] voranzutreiben und das vermeintlich verlorene Ganze wiederherzustellen, sollte es Aufgabe der Pädagogik sein, „die Einheit einer neuen Bildung und die *neue Form des deutschen Menschentums* [zu begründen, E.B.]. Nicht mehr Aufklärung und Wissen, auch nicht mehr Entfaltung aller Kräfte [...], sondern eine neue Vergeistigung unseres Volks und die *Einheit dieses höheren Lebens.* Es ist wirklich niemand da, der der Pädagogik die Vision des neuen Menschen

5 Insbesondere die Vulgarisierung der Lebensphilosophie und ihrer Begriffe in Allianz mit einem nationalchauvinistischen Pathos trugen maßgeblich dazu bei, den Nationalsozialisten den Weg zu ebnen. Vgl. Sontheimer 1992, S. 56-61.

6 Vgl. Sontheimer 1992.

7 Nohl 1926, S. 11.

gibt, *wenn sie nicht den Mut hat, dieses neue Ziel sich selbst aufzugeben,*“[8] so Herman Nohl 1920 in einem Vortrag zur Eröffnung des „Zentralinstituts für Erziehung und Unterricht“ in Essen. Ausgestattet mit diesem Auftrag, machten sich die Vertreter der geisteswissenschaftlichen Pädagogik daran, Bildungsvorstellungen zu entwerfen, die das programmatische Ziel verfolgten, der *Zerteilung des Menschen* die *Ganzheit des Lebens* gegenüberzustellen. Die analytische Wissenschaft und eine fortgeschrittene Technologisierung wurden als etwas dem Menschen Äußerliches aufgefasst und geringschätzig der *Zivilisation* zugerechnet, indessen die Geisteswissenschaften als diejenigen galten, die die *Kultur* repräsentierten und das Seelenvolle, das Lebendige und die Innerlichkeit gegen den vermeintlichen Ungeist der spezialisierten Naturwissenschaften verteidigten.

Vergleichen wir die geisteswissenschaftlichen Bildungsvorstellungen mit denjenigen Wilhelm von Humboldts, so ergeben sich, wie bereits das obige Zitat anzeigt, kategoriale Unterschiede in den Auffassungen. Obwohl zwar beide Positionen die größte Gefahr für den Menschen in seiner Fragmentierung und Funktionalisierung sahen, schlugen sie doch entgegengesetzte Wege zur Lösung dieses Problems ein. Die Unterschiede zeigen sich dort am deutlichsten, wo die geisteswissenschaftlichen Pädagogen von einer an der Aufklärung orientierten Rationalität abrücken und sich einer lebensphilosophisch inspirierten Zivilisationskritik zuwenden, die ihren Ausdruck in antiintellektualistischen Tendenzen findet.

Ausgehend von der Romantik verdichtete und popularisierte sich diese Kritik im letzten Drittel des 19. Jahrhunderts unter dem Eindruck einer streng analytisch-positivistischen Wissenschaft, die, so die Auffassung der Lebensphilosophen, nicht mehr vermochte, das Leben in seiner Einheit zu erfassen und in seiner mitunter rätselhaften Undurchsichtigkeit wahrzunehmen. Für Wilhelm Dilthey war es daher nicht nur wichtig, den Naturwissenschaften als *erklärende*, die Geisteswissenschaften als *verstehende* Wissenschaften gegenüberzustellen und diese zu institutionalisieren, sondern auch die Gefühlszustände des Seelenlebens in ihrer Entwicklungsstruktur zu begreifen. Die zu seiner Zeit vorherrschende sogenannte Empfindungs- und Assoziationspsychologie war seiner Auffassung nach dazu nicht in der Lage. Weil sie die Seele nach einem mechanistischen Kausalprinzip in ihre Einzelteile zerlegte – sie war lediglich „die Lehre von den Formen des psychischen Geschehens“[9] –,

[8] Nohl 1926, S. 5/6. Hervorhebung E.B.
[9] Dilthey 1986, S. 183.

vermochte sie nicht, die Regungen, Gefühle und Triebe als *organisch zusammenhängende Seelenzustände* zu erkennen, denen eine teleologische Entwicklungsstruktur innewohnt und die die Grundlage für das geistige Leben darstellt: „Teleologie, Vollkommenheit und Entwicklung bilden den Charakter der geistigen Welt, in welchem diese sich von der mechanischen Naturordnung unterscheidet. Dieser Charakter ist in den einfachsten Beziehungen der psychologischen Bestandteile aufeinander im Seelenleben angelegt. Er ist schon in dem organischen Naturreich in einer rudimentären Art angelegt. *Daher besteht keine Kluft zwischen Natur und Geist.*“[10] Die Ganzheit des Lebens, der Holismus also von innerer Erfahrung und geistigem Ausdruck, ist Dilthey zufolge in dem „Gesetz der Einheit“ festgelegt, von dem aus er auf ein lebendiges Zusammenspiel von Wahrnehmungen, Empfindungen, Willensabsichten und daraus abgeleiteten Handlungen schließt. Auch wenn die Bedürfnisse und Triebe des Kleinkindes noch partikular sein mögen, so finden sie doch im Laufe der Entwicklung zu einer gesteigerten Vollkommenheit in Auseinandersetzung mit dem unmittelbar Gegebenen, dem Milieu, aus dem es Reize zur „Erhaltung und Vervollkommnung“ seines Organismus empfängt und die es in „Empfindung, Wahrnehmung und Denken“ aufnimmt.[11] Es geht dabei nicht etwa um ein mechanisches Reiz-Reaktions-Schema, sondern der Organismus oder wie es bei Dilthey heißt: „das Eigenleben“[12] passt sich den Lebensbedingungen an oder die Lebensbedingungen dem Eigenleben. Der Intellekt des Individuums bleibt von diesem Anpassungsprozess keineswegs unberührt, eher im Gegenteil ist er es, der „in dem selben Zusammenhang gleichsam das Licht auf dem dunklen Wege beständiger Anpassung von Dingen und Eigenleben aneinander“[13] darstellt und daher eine geistige Integrationsleistung vollbringt. Der Intellekt ist demnach nicht als eine unabhängige Größe zu betrachten. Vielmehr sind ihm stets innere Regungen vorausgesetzt, das heißt, dass diese „Regungen usw. den Verstand, das Denken machen und auch in ihm als Wurzel wirksam sind. Würden im Menschen nicht Triebe über die ratio [sic!] herrschen usw.: dann würde sein Denken sich nicht entwickelt haben“.[14] Das Denken wird hier an seine vorgeblich natürlichen Entstehungsbedingungen unmittelbar zurückgebunden, weshalb Dilthey auch davon sprechen kann, dass es keine Kluft zwischen Natur und Geist gibt.

[10] Ebenda, S. 182. Hervorhebung E.B.
[11] Ebenda, S. 185
[12] Ebenda.
[13] Ebenda.
[14] Ebenda, S. 187.

Diese dem Leben innewohnende Irrationalität versperrt den Menschen den vernünftigen Zugang zu sich selbst, sie macht die Menschen sich selbst zum Rätsel und ist daher auch nicht begrifflich zu fassen: „Nur das, was der Verstand hervorgebracht, ist auch für ihn vollständig sichtbar.“[15] Das heißt, wir können diese inneren Regungen nicht begrifflich darstellen, sie sind uns nur im *Einfühlen* verfügbar. Daher ging es den Lebensphilosophen im Allgemeinen, Dilthey im Besonderen, nicht darum, das Leben theoretisch auszufalten und es in eine begriffliche Ordnung zu bringen, da dies einer Aufsprengung von Zusammengehörigem gleichkäme. Sie beabsichtigten vielmehr in die tieferen Schichten des Lebens vorzudringen, indem sie für sich beanspruchten, hinter den Objektivationen das eigentliche *Wesen* des Lebens entdecken zu können. Zur primären Grundlage des Bewusstseins wurde das *Erleben*, nicht mehr das Denken. Und so ließ das allen Lebensorganismen unterstellte Prinzip der gesetz- und zweckmäßigen Entwicklung des Seelenlebens Dilthey zu der Erkenntnis kommen, dass schon im Prozess eines nachvollziehenden Einfühlens die Möglichkeit liegt, hinter den wechselnden, individuell variierenden Erscheinungen das Wesen der von Menschen gelebten Leben zu erkennen und schließlich zu verstehen: „Wir verstehen einen Menschen nur, indem wir mit ihm fühlen, seine Regungen in uns nachleben; wir verstehen nur durch Liebe [...]. Alles Raisonnement tritt nur als sekundär hinzu.“[16] Das heißt, die vernünftige Beurteilung wird als zweitrangig zurückgestellt, weil Verstehen nur unter den Bedingungen *affektiver Anteilnahme* gelingen kann. Entsprechend werden auch die intellektuellen Fähigkeiten des Einzelnen unter den Primat des Lebens gestellt, insofern sie ihren Zweck in der Erkenntnis einer Wirklichkeit gewinnen, in der seine je eigenen Bedürfnisse zum Ausdruck kommen. Erkenntnis bedeutet dann „eine den Bedürfnissen angepaßte *Erkenntnis*“, wie sie im „teleologischen Zusammenhang des Seelenlebens“[17] erfahren werden und sich in der schöpferischen Potenz des Lebens materialisieren. In anderen Worten: Zwischen dem unmittelbaren Leben, dem Denken und Fühlen gibt es kaum eine Differenz.

Spricht Dilthey von Bildung, dann meint er eben diese zweckgerichtete Formung des Seelenlebens zu seiner Vollkommenheit, die ihm aber immer schon mitgegeben ist: „Bilden ist jede Tätigkeit, welche die Vollkommenheit der Vorgänge in einer Seele erwirkt.“[18] Insofern dem Seelenleben also eine

[15] Ebenda.
[16] Ebenda, S. 201.
[17] Ebenda, S. 205. Hervorhebung im Original.
[18] Ebenda, S. 191.

gesetzmäßige Entwicklungsstruktur unterstellt wird, insofern hat es stets schon sein Ziel, im vorliegenden Fall die Vollkommenheit, in sich selbst. Dieses entelechische Muster bringt ihn schließlich dahin festzustellen, dass das „Maß der Ausbildung von Bestandteilen und Vorgängen [des intellektuellen Lebens, E.B.]“ nur darin liegt, „daß die über das Bedürfnis hinausgehende intellektuelle Ausbildung für das Individuum nicht erfordert ist, ja ausgeschlossen werden kann im Interesse eines Gleichgewichts seelischer Kräfte“.[19] Da dem Denken diese seelischen Kräfte voraus liegen, dabei aber unhintergehbar in enger Verbindung zum Denken stehen, sind sie es auch, die an erster Stelle dazu bestimmt sind, entsprechend des ihnen eingeschriebenen Gesetzes von der Zweckmäßigkeit und der Vollkommenheit, harmonisch ausgebildet zu werden. Diese Vorrangstellung des Lebens im Horizont von Bildung hat den Lebensphilosophen, ihren Rezipienten und Epigonen zu Recht den Vorwurf eingetragen, dass sie anti-intellektualistisch argumentierten und einer nur formalen Bildung das Wort redeten, ohne noch die am Begrifflichen geschulte Rationalität zu berücksichtigen. Es geht um die Arbeit am eigenen Leben, demgegenüber die intellektuelle Auseinandersetzung und die damit notwendig einhergehende Distanz zum Unmittelbaren in den Hintergrund treten. Leben und Erleben liegen demnach jedem theoretischen Denken voraus. Sie sind es auch, die in ihrer begrifflichen Unbestimmtheit der Theorie erst Gestalt verleihen, mehr noch: Jede Theorie erwächst aus der Erkenntnis des Lebens, dessen signifikantes Kennzeichen das Widerspruchsvolle und Irrationale ist, das keine Theorie vollständig und in all seinen Verästelungen zu analysieren vermag.

Bei Humboldt ist die produktive Entfremdung und das Erfassen des außerhalb Liegenden als zunächst Fremdes Voraussetzung und integraler Bestandteil des Bildungsprozesses. Die lebensphilosophisch orientierten geisteswissenschaftlichen Pädagogen indes konzedierten dem als eine seelisch und geistige Einheit vorgestellten Leben eine integrierende Kraft, die in der Feststellung Nohls aus dem Jahr 1920 gipfelt, „nicht mehr Aufklärung und Wissen, auch nicht mehr Entfaltung aller Kräfte [...], sondern eine neue Vergeistigung unseres Volks und die *Einheit dieses höheren Lebens*“ seien die Grundvoraussetzungen zur Gestaltung einer Lebenswirklichkeit, an die der Einzelne immer schon gebunden ist und die er nur eingedenk dieser Verbundenheit formend verändern kann. Im Anschluss an Dilthey formuliert Nohl denn auch die Aufgabe der Pädagogik als „die Gestaltentwicklung im Fluß des Lebens,

[19] Ebenda, S. 205.

die Bildung der inneren Form der Seele als eines einheitlichen Ganzen“[20] im Hinblick auf eine „gehaltvolle[.] Wirklichkeit“.[21] Eine solche Anschauung ist dem Strukturmodell eines organisch zusammenhängenden Ganzen von Lebenswirklichkeit und Seelenleben verpflichtet, das bei Nohl aber, anders als bei Dilthey, eine *mythische Überhöhung* erfährt. Denn im gleichen Maße, wie er nicht den objektiven Geist, sondern das subjektive Leben zum Ausgangspunkt von Bildung macht, im gleichen Maße verklärt er Bildung zu einem ganz und gar *erhabenen Ereignis*. Erhabenheit meint in diesem Zusammenhang die Transzendenz ins Unendliche. Denn nur dort, „wo die ‚Bildung' nicht als ein Fremdes gegenüber dem Leben von oben oder von außen kommt – aus den Büchern – sondern nur Klärung, Formung und Heiligung von eigener Erfahrung und Erlebnis ist, [...] kann der „Riß zwischen der höheren Welt und dem Alltag [...] aufgehoben werden.“[22] Dabei markiert die höhere Welt das „Wesen eines Volkes“ und „seinen Glauben“, ohne den es „verwest“.[23] Diese Vorstellung verbindet sich mit der Auffassung, dass sich der Gegensatz der Klassen in einer Volksgemeinschaft aufheben und „an die Stelle des Kampfes der Interessen eine innere Bindung“,[24] vermittelt durch höhere Gefühle, treten könne. Eine so verstandene Bildung soll der Zersplitterung des deutschen Volkes Einhalt gebieten.

Bildung sollte also nicht der wissenschaftlichen Analyse und einem kritischen Bewusstsein dienen, sie steht vor allem als Garant für die geistige und kulturelle Einheit in Form „innerer Deutschheit“, die mit „einer nationalen geistigen Welt als eines höheren Lebensganzen“ legitimiert wird.[25] Innerhalb dieses Gefüges erscheint es auch nicht mehr sinnvoll, sich mit dem Fremden, dem draußen Liegenden zu beschäftigen, auch nicht mit der englischen oder französischen Kultur oder der Antike, wie Nohl schreibt. Wesentlicher ist jetzt eine Bewusstheit für das *deutsche Wesen*, das sich dort manifestiert, wo im Spiegel einer gemeinsamen Vergangenheit jeder Einzelne als Glied einer Reihe und als deren Erbe für eine anbrechende Zukunft die Hoffnung für die Nation darstellt und eine *affektive Einstellung* zu dieser Aufgabe gewinnt.[26] Dieses Aufgehen des Individuums in einer nationalen Gemeinschaft setzt allerdings eine Bildung voraus, deren Bedeutung darin liegt, dass sie sich als die

[20] Nohl 1988, S. 150.
[21] Ebenda, S. 149.
[22] Nohl 1926, S. 23.
[23] Ebenda, S. 16.
[24] Ebenda, S. 19.
[25] Nohl 1926, S. 21; vgl. auch Nohl 1988, S. 188/189.
[26] Vgl. Nohl 1926, S. 21.

„subjektive Seinsweise der Kultur“ darstellt, die zwar als auseinanderfasernd wahrgenommen wird, sich aber im Individuum zu einer Einheit zusammenschließt: „Je zerspaltener das öffentliche Leben wird, um so entscheidender wird die Aufgabe der Pädagogik, solch einheitlich geformtes Leben in den Individuen zu erreichen.“[27] Nach der Konzeption von Nohl kann dies freilich nur gelingen, wenn die objektiven Bildungsgüter so aufgenommen werden, dass sie die inneren Kräfte im Modus dieser vorausgesetzten Einheitlichkeit stärken. Nur dann, wenn Bildungsgut und innerer Zustand sich in der vorgestellten Weise zu assimilieren vermögen, kann davon ausgegangen werden, dass sich das Gesetz der Einheit erfüllt. Der Bildungs*gehalt* entspringt dann einerseits den im Individuum liegenden „ursprünglich gestaltenden Kräfte“,[28] andererseits wird er stets wieder auf das Individuum zurückgeführt, so dass Ursache und Wirkung gleichursprünglich sind. Ganz wesentlich bleibt, dass die Bildungs*güter* über einen entsprechenden Bildungs*gehalt* verfügen. Es kommt also weniger darauf an, welches Wissen ich mir in welcher Absicht aneigne, als vielmehr darauf, welche Gehalte günstig sind, um zum gestaltenden Gesetz der inneren Kraft zu werden: „Nur so wird er [der Bildungsgehalt, E.B.] leben und lebt das Individuum in ihm, und umgekehrt sind so nicht bloß richtungslose Kräfte im Individuum geweckt, sondern *sie haben ihr Gesetz gefunden*, indem sie sich an dem Gehalt gestalten.“[29]

Diese holistische Betrachtungsweise begegnet uns nicht nur im Hinblick auf die Bildung des Individuums, sondern in Verbindung mit einer werdenden Gemeinschaft. Der Telos der Geschichte, d. i. die Einheit, verwirklicht sich erst dann, wenn sich das Individuum in den Dienst der Gemeinschaft zu stellen vermag: „Ich wachse nicht nur durch Wissenschaft und Kunst, sondern ich wachse auch hinauf zur Wissenschaft und Kunst, ich verlange nicht nur einen abstrakt freien Willen, sondern einen gehaltvollen, der nur entsteht durch *Einordnung in die objektive Gemeinschaft.*“[30] Der *abstrakte freie Wille* ist also von einem *gehaltvollen*, oder man könnte auch sagen von einem *konkreten Willen* zu unterscheiden. Bei Humboldt war eine theoretisch vorgestellte absolute Freiheit der Maßstab, an dem sich die Freiheitsgrade einer Gesellschaft zu messen hatten. Für ihn stehen daher individuelle und kollektive Freiheit in einer Korrespondenz. Die eine ist ohne die andere nicht denkbar, sie bedingen sich gegenseitig. Bei Nohl wird die Einheit der Gemeinschaft als unbedingtes

---

27 Nohl 1988, S. 178.
28 Ebenda, S. 182.
29 Ebenda. Hervorhebung E.B.
30 Nohl 1988, S. 182. Hervorhebung E.B.

Ziel gesetzt, ohne freilich noch zu fragen, wie viel Freiheit diese Gemeinschaft ihren Mitgliedern gewährt. Die individuelle Freiheit verkommt dann zu deren Derivat, nicht aber kann sie eine Freiheit sein, die die Bedingung der Möglichkeit ist, die Gemeinschaft zu bezweifeln, zu kritisieren oder gar zu verneinen. Gemeinschaft bleibt zwar inhaltlich unbestimmt und tritt mitunter als Lebensgemeinschaft, häufig als Volksgemeinschaft, zuweilen als Bildungsgemeinschaft auf. Trotz dieser Unbestimmtheit aber gilt, dass es sich um eine nationale Einheit handelt, die im Unterschied zum Begriff der „Gesellschaft“ als organisch gewachsene, affektive Verbindung aufgefasst werden muss und sich nicht durch Fremdheit, sondern durch Ähnlichkeit ihrer Mitglieder konstituiert und daher deutlich Grenzen nach außen zieht. Die Gesellschaft ist demgegenüber utilitaristisch, funktional ausgerichtet, durch Vertragswerke geregelt und wurde mit der Unpersönlichkeit und der sozialen Kälte der Großstadt identifiziert.[31] Gemeinschaft indessen repräsentiert Erdnähe, und im Sinne des organologischen Grundprinzips wird Heimat als „geistig-leibliche Einheit“[32] imaginiert. Ruhte der Gemeinschaftsbegriff in der programmatischen Schrift „Gemeinschaft und Gesellschaft“ von Ferdinand Tönnies aus dem Jahr 1887 noch auf den Gedanken des Sozialismus auf und ging zurück auf die Gedanken von Karl Marx, so verkam er in der geisteswissenschaftlichen Pädagogik zu einer nationalkonservativen Vokabel.[33] Bildung avancierte angesichts dessen zur Integrationsformel, die dazu dienen sollte, die empfundene Disparität der Gesellschaft in der Ordnung der deutschen Gemeinschaft wesenhaft aufzuheben.

Die inhaltliche Unbestimmtheit der Gemeinschaft resultiert aber auch aus der Tatsache, dass alles einem Werden unterworfen ist, das Individuum ebenso wie die Gemeinschaft sowie deren kulturelle Werte und Normen, und sie sich angesichts dieser geschichtlichen Dynamik einem fortlaufenden Wandlungsprozess ausgesetzt sieht. Dieser zweite Aspekt der Geschichtlichkeit, die Dilthey zum Ausgangspunkt seiner Kritik an einer allgemeingültigen Pädagogik mit dem Hinweis macht, dass die Vorstellung überzeitlicher Phänomene dem Entwicklungsgesetz widersprechen, erfordert gleichwohl die Bestimmung einer Struktur, die den Bewegungsgesetzen immanent ist und den geisteswissenschaftlichen Bildungsvorstellungen ihre Bedeutung verleiht. Denn bei aller historischen Bedingtheit des Aufwachsens in einer sich beständig

31 Zum Unterschied zwischen Gemeinschaft und Gesellschaft vgl. Tönnies 1991; Plessner 1972; und besonders: Steinhaus 1998, S. 166/167.

32 Nohl 1926, S. 23.

33 Vgl. dazu insbesondere Kluge 2008.

wandelnden Kultur, die Einfluss gewinnt auf die Gestalt des Individuums selbst, bleibt doch festzuhalten, dass die besonderen Strukturmerkmale durch eine gleichzeitig behauptete Gesetzmäßigkeit unhistorisch sind, insofern die individuellen Entwicklungsgesetze als Phänomene gelten, die sich zu jeder Zeit auf die gleiche Weise zeigen und dabei ihr Ziel schon immer in sich selbst haben. Sie folgen also einer Teleologie, deren Ursprung dunkel bleibt. Heißt dieses Ziel „Einheit alles Lebendigen", so dürfte dieses Streben nach Einheit auch dort zu finden sein, wo Nohl von den Antinomien des Pädagogischen spricht und ein Spannungsverhältnis zwischen *Individuum und Allgemeinheit*, *Berufsbildung und Allgemeinbildung*, *Leistung und Menschentum* sowie *materialer und formaler Bildung* feststellt. Es handelt sich dabei um Gegenüberstellungen, die auch schon Humboldt zu den Kategorien seiner zentralen Frage zählte: Auf welche Weise können wir es bewerkstelligen, dass trotz der darin zum Ausdruck kommenden Polarität die Pluralität der Welt und die Mannigfaltigkeit der Individuen im Namen einer allgemeinen Menschlichkeit, nicht etwa eines Menschentums, und im Modus individueller Selbstbestimmung in Erscheinung treten können? Nohls Frage indessen zielt in eine ganz andere Richtung. Ihn interessiert es zu ergründen, in welcher Weise Individualität, Berufsbildung, Leistung und materiale Bildung in den Dienst der Ganzheitlichkeit des Lebens genommen, wie also die darin zum Ausdruck kommenden Widersprüche in einer Einheit aufgehoben werden können. Und er rechtfertigt diese Frage mit einem genuin pädagogischen Interesse, das darauf ausgeht, die Seele als „aktive geistige Einheit"[34] im Hinblick auf die unmittelbare Lebenswirklichkeit und die Gemeinschaft zu formen. Damit behauptet er aber nicht, dass diese Aspekte für die Entwicklung von Individuum und Gemeinschaft unwichtig wären, er unterwirft sie nur dem Gesetz der Einheit. Berufsbildung, Leistung und materiale Bildung besitzen nach diesem Modell keine „selbständige Objektivität", die dem Subjekt als etwas Fremdes gegenübertreten und in einem mühevollen intellektuellen Bildungsprozess angeeignet werden müssten. Im Gegenteil handele es sich in diesem Fall um „falsche Objektivierung", die das eigentliche Wesen der Bildung verkenne, da sie sich vom Leben entferne.[35] Dahinter steht die Vorstellung, dass alles darauf ausgerichtet sein muss, die seelischen Kräfte zu stärken. So muss etwa der Beruf „als die Bedingung zur Vollendung des persönlichen Lebens erkannt werden",[36] die Leistung erhält ihren „Wert als Wachstumsreiz",[37] nicht als

[34] Nohl 1988, S. 146.
[35] Ebenda, S. 178/179.
[36] Ebenda, S. 179.

Leistung an sich, und materiale Bildung muss „Bildungsmittel der Kräfte"[38] sein. Ihre Erfüllung finden diese Gedanken in der „eschatologischen Erwartung von einer zukünftigen Ordnung und Form der Menschheit",[39] die ihren Sinn aus sich selbst schöpft und sich letztlich im Volksleben verwirklicht: „*Nur in einem gebildeten Volksleben kommt auch der Einzelne zur Einheit seiner Bildung und jener selbstverständlichen Form, die ihr Resultat ist.*"[40] Löst sich indes Bildung vom Leben des Individuums ab, so kann sie Nohl zufolge zerstörerische Wirkung entfalten, weil sie das Subjekt dem eigenen Leben entfremdet. Ein souveräner Geist, so seine Befürchtung, vermag den „Zerfall[.] der Persönlichkeit" herbeizuführen. Entsprechend konstatiert er, dass die „Begierde nach *jeder* Weite des Geistes" einer „Gegenkraft" bedarf, die er im „Gliedbewußtsein" und im „nationalen Ethos des eigenen Volkes"[41] sowie im Instinkt und im „fruchtbaren Dunkel der Erlebnisse" findet.[42]

Dass sich diese innere Formung auch in der formalen Bildung der Geschlechter widerspiegelt, dürfte angesichts des bisher Gesagten keine Verwunderung hervorrufen. Nohl folgt einem dichotomen Geschlechtermodell, das auf biologischen Vorannahmen aufruht und das er – an die seelisch-geistige Entwicklung zurückgebunden – in den Zusammenhang einer nationalen Bewegung stellt.[43] Ungeachtet der historisch veränderbaren Kulturaufgaben sieht insbesondere Nohl den entscheidenden Impuls für die Herausbildung der Geschlechter in der unhintergehbaren Tatsache ihrer physiologischen Konstitution: „Die physiologischen Eigenschaften sind also in den Grundlagen angeboren und die mit ihnen verbundenen seelischen Eigenschaften ebenfalls, wenn sie vielleicht auch stark durch die Lebenslage beeinflussbar sind."[44] Das *zeitlose Wesen* der Geschlechter zeigt sich insbesondere dort, wo sich *Instinkt*[45] mit „geistiger Mütterlichkeit" und „geistiger Ritterlichkeit" verbindet und so der „ tiefe[n] natürliche[n] Gliederung des Lebens"[46] entspricht. Den Instinkt der Ritterlichkeit und den Instinkt der Mütterlichkeit, wie sie sich in der Seele abbilden, fasst Nohl in Analogie zu den geschlechtsspezifischen

[37] Ebenda, S. 180.
[38] Ebenda, S. 181.
[39] Ebenda, S. 215.
[40] Ebenda, S. 189. Hervorhebung im Original.
[41] Ebenda, S. 271.
[42] Ebenda, S. 224; vgl. auch S. 271.
[43] Besonders interessant in diesem Zusammenhang Himmelstein 1994.
[44] Nohl 1947, S. 129.
[45] Helmuth Plessner bezeichnet diese Reduktion auf den Instinkt in einem Aufsatz von 1971 als „Zoologisierung von Moral und Politik" (Plessner 1983, S. 375).
[46] Nohl 1947, S. 134.

Aufgaben innerhalb der Gesellschaft. So pflegt und bewahrt die Mutter „aus dem Instinkt ihres Geschlechts vom ersten Atemzug des Kindes an leidenschaftlich sein eigenes Leben",[47] indes der Vater „kraft seines Geschlechtsinstinktes vor allem ein[steht] für die Gruppe und damit für einen Standpunkt, der über das Individuum hinausreicht, Leistung und Beruf von ihm verlangt und unter Umständen im Interesse der Gruppe sich nicht scheut, es zu opfern oder fallen zu lassen. Er verteidigt und führt das Kind, aber er fordert auch von ihm und vertritt ihm gegenüber Ordnung und Gesetz und die Macht der Durchsetzung."[48] Die gesellschaftlich unterschiedlichen Erwartungen an die zwei Geschlechter finden ihren Ausdruck in der schon immer in der Seele eingelassenen geschlechtlich codifizierten Instinkte, wie auch umgekehrt die Instinkte die geschlechtlich codifizierte Gesellschaftsform immer schon zur Voraussetzung haben.

Diese zirkuläre Struktur wird auch dort nicht unterbrochen, wo Nohl aus erziehungstheoretischer Perspektive das Eigenrecht der Heranwachsenden jenseits von Politik, Wirtschaft und Kirche betont und darauf hinweist, dass jedem Augenblick im Leben eines Kindes Achtung gebührt, weil es nur auf diese Weise Selbstachtung erlangen könne und zu einem autonomen Willen, zu Selbsttätigkeit und Mündigkeit fähig werde. So wichtig dieses Moment für den Bildungs- und Erziehungsprozess auch ist und bis heute nicht an Gültigkeit verloren hat, es wird dann relativiert, wenn dahinter die Aufforderung steht, „den Eigenwillen abzugeben und höheren Willen, den Willen der Gemeinschaft in sich aufzunehmen".[49] An die Stelle einer durchaus sinnvollen Konstellation im Interesse des Kindes tritt ganz unvermittelt eine Gemeinschaftsideologie, die in den Dienst einer Nationalpädagogik genommen wird. Das entscheidende Kriterium zur Beurteilung einer zur Selbstbestimmung entbundenen Persönlichkeit wird dann die Frage, inwieweit sie in der Gemeinschaft verwurzelt und inwieweit sie die geistigen Objektivationen dieser Gemeinschaft in ihr Inneres aufzunehmen bereit ist, um gestaltend auf das Leben zurückzuwirken. Eine zum gemeinsamen nationalen Besitz stilisierte Geschichte ist dabei die Bedingung. In diesem Zusammenhang wird ein Denken in abstrakten Konfigurationen randständig, weil dies eine notwendige Distanz und Fremdheit zum unmittelbar Gegebenen zur Voraussetzung hätte. Da die geisteswissenschaftlichen Bildungsvorstellungen *strukturell* nicht an der Andersheit, sondern an der Ähnlichkeit orientiert bleiben, erlauben sie daher Kri-

[47] Nohl 1988, S. 162.
[48] Ebenda, S. 163.
[49] Ebenda, S. 245.

tik nur jeweils im Hinblick auf eine Ähnlichkeit, die wiederum im Gesetz der Einheit festgelegt ist. Kritik aber wird erst bedeutsam, wenn sie den Kritiker oder die Kritikerin in die Lage versetzt, einen Unterschied zu machen und dieser Unterschied zum Merkmal der Kritik aufrückt. Unter den beschriebenen Umständen ist aber das, was der *Kritik in Gestalt der Vereinheitlichung* anheim fällt, genau das, was den Unterschied hätte konstituieren können, nämlich die gesellschaftlich erzeugten Widersprüche, die sich bis in das Individuum hinein fortsetzen und sich dort unreflektiert sedimentieren.

Da sich die von Nohl programmatisch in Szene gesetzten Antinomien bar jeder Reflexion auf gesellschaftliche oder politische Zusammenhänge begründen, taugen sie auch nicht zu deren Analyse, zumal ihre jeweilige Gewichtung von den historischen Notwendigkeiten abhängig gemacht werden: „Auf welchem Pol dieser Spannungen jeweils der Ton zu liegen hat, das bestimmt die geschichtliche Stunde,“[50] ohne freilich darauf zu achten, ob diese „geschichtliche Stunde“ Freiheit verspricht oder in eine Diktatur drängt. Aus dieser Position heraus scheint es auch ein Leichtes zu sein, den Nationalsozialismus zu begrüßen und sein eigenes Wirken in dessen Dienst zu stellen: „Jedenfalls hat der nationalsozialistische Staat die Überzeugung der pädagogischen Bewegung hinter sich, wenn er hier radikal zugreift und die Ganzheit oberhalb aller dieser Grundsätze herausarbeitet.“[51] Und an anderer Stelle heißt es: „Wenn unser Staat *mit gutem Grund* sein erstes und entscheidendes Mittel in einer *diktatorischen Massenführung* hat, die auch den Letzten noch national erweckt und bewusst macht und unserem Volk die Einheit seines Gefüges wiedergibt, *wobei dann ganz neue pädagogische Aufgaben und Möglichkeiten erscheinen,* so werden die wahren Einsichten der pädagogischen Bewegung in irgendeiner Gestalt doch in diese Arbeit eingehen müssen.“[52]

Ungeachtet der Tatsache, dass Nohl trotz dieser Anbiederung an den Nationalsozialismus 1937 zwangsemeritiert wurde, reiht er sich wie auch beispielsweise Spranger in ein Denken ein, das nicht nur anti-modernistische Züge trägt, sondern mehr noch zu einer national-konservativen, dabei antidemokratischen Sinnstiftung beiträgt und strukturell in seiner Bildungskonzeption angelegt ist. „Mit dem Ende der liberalen Ära,“ die Georg Bollenbeck auf die Zeit um 1873-1879 datiert, „wandelt sich der Nationalismus von einer ‚linken' in eine ‚rechte' Integrationsideologie. Vom Vormärz bis zur Reichsgründung

50 Ebenda, S. 278.
51 Ebenda, S. 287.
52 Nohl 1988, Vorwort. Hervorhebung E.B.

bleibt er auf Einheit [angesichts der deutschen Vielstaaterei, E.B.] und Freiheit ausgerichtet, und das gegen den Adel als Vertreter partikularstaatlicher Zersplitterung. Für diesen liberal-emanzipatorischen Nationalismus ist der Nationalbürger auch *Weltbürger*. Er geht, konzeptionell durchaus internationalistisch, von der Pluralität des jeweils national Individuellen aus".[53]

Die ideologische Verengung der geisteswissenschaftlichen Pädagogik auf die deutsche Nation offenbart sich besonders im Vergleich mit Humboldts Bildungstheorie. Einer der bemerkenswertesten Unterschiede ist vielleicht der, dass Humboldt gegen die Gewaltherrschaft des Feudalismus anschrieb, während die geisteswissenschaftlichen Pädagogen formal jene demokratischen Strukturen in Ansätzen bereits vorfanden, die Humboldt ersehnte. Der politische Hintergrund für die Konzeption einer Theorie, die den demokratischen Gedanken aufgreift und ihn bildungstheoretisch ausformuliert, war in der Weimarer Republik daher so günstig wie niemals zuvor. Gleichwohl aber distanzierten sich die geisteswissenschaftlichen Pädagogen von einer *rational aufgeklärten Mündigkeit* als Kriterium zur Beurteilung einer immer komplexer werdenden Industriegesellschaft und favorisierten stattdessen eine Mündigkeit im Rahmen eines gemeinschaftlichen Willens, der der Unmittelbarkeit des Lebens entspringt. Ging Humboldt noch von der anthropologischen Grundannahme aus, dass der Mensch prinzipiell qua seiner Vernunft zur Freiheit bestimmt ist und er diese Freiheit nur erhalten kann, wenn er selbsttätig und selbstbestimmt unter der Voraussetzung seiner sittlichen Verantwortung Geschichte im Sinne dieser Freiheit gestaltet, so entschieden sich die geisteswissenschaftlichen Pädagogen gegen eine solche Vorstellung zugunsten einer Bindung an eine emotional stark aufgeladene Gemeinschaft. Antizipierte Humboldt noch die Vervollkommnung des Menschen in seiner Besonderheit und der menschlichen Lebensverhältnisse in ihrer Allgemeinheit unter dem Signum einer vorausgesetzten Menschlichkeit, die, in die Zukunft verschoben und mit einem noch uneingelösten Emanzipationsversprechen verbunden, als realistische Alternative zur Gewaltherrschaft des Feudaladels erschien, so imaginierten sich die geisteswissenschaftlichen Pädagogen den neuen Menschen nicht mehr als einen vernünftigen Kritiker der Gesellschaft, sondern als einen, der ungeachtet der politischen und gesellschaftlichen Bedingungen zu sich selbst in einem gemeinschaftlichen Geist kommen sollte. War Humboldts Bildungstheorie orientiert an Vernunft, Humanismus, einem liberal-demokratischen Staat und an einer kosmopolitischen Identität, an einem Welt-

[53] Bollenbeck 1996, S. 234. Hervorhebung E.B.

bürgertum also, so ging es den geisteswissenschaftlichen Pädagogen um Gefühl, Intuition und um die Entwicklung einer deutsch-nationalen Identität.

Die virulenten Widersprüche, die das aufbrechende industrielle Zeitalter mit sich brachte, von Humboldt wenn auch noch nicht in ihrer ganzen Tragweite erkannt, so doch wenigstens geahnt, wurden angesichts einer zunehmenden Ausdifferenzierung der Gesellschaft und im Zuge einer sich ausbreitenden nationalen Euphorie nivelliert und bildungstheoretisch verschleiert. Bildung avancierte im Spätbürgertum des beginnenden 20. Jahrhunderts zur Chiffre der Anpassung an die gesellschaftlichen Bedingungen im Namen eines Kulturbegriffs, der verengt war auf die Geistes- und Ideengeschichte des deutschen Volkes.[54] Dieser Kulturbegriff lag nicht etwa auf der Linie der Aufklärung, sondern er nahm die gegenaufklärerische Positionen der Romantik in sich auf und tradierte diese. Die Huldigung der romantischen Irrationalität spiegelte sich in dem Versuch wider, dem Leben oder man könnte auch sagen: dem Unmittelbaren, dem Vitalen ein so großes Gewicht zu verleihen, dass dahinter alle Bemühungen um eine rationale Erfassung der Welt in ihren pluralen Erscheinungsformen zurücktritt. Statt sich mit der unabweisbaren Tatsache einer kapitalistisch formierten Gesellschaft und dem steten Anwachsen technologischer Neuerungen kritisch auseinanderzusetzen, beschwor man ein anachronistisches Bild von Heimat und Erdverbundenheit und beklagte einen Bildungsnotstand, der sich scheinbar dort offenbarte, wo Bildung sich fremden und noch unbekannten Inhalten und Wissensbeständen öffnet: Eine materiale Bildung, so Eduard Spranger, lähme die geistigen Kräfte mehr als sie zu fördern.[55] Ihre pädagogische Legitimation erhält Bildung demnach erst dann, wenn sie dem Inneren der Heranwachsenden entsprechend der historischen Kulturanforderung eine Form zu verleihen vermag.

Prinzipiell liegt der lebensphilosophischen Betrachtungsweise die Annahme zugrunde, dass alle positivistische Wissenschaft und jede rationale Analyse dort an ihre Grenzen stoßen, wo es unleugbar um den Menschen in seiner Unverfügbarkeit geht. Die geisteswissenschaftlichen Pädagogen waren sich dessen bewusst, wie anders auch hätten sie Kinder und Jugendlichen ein Recht auf ihre eigentümliche Individualität zugestehen können. Statt aber konzeptionell davon auszugehen, dass diese Subjektivität in letzter Konsequenz notwendig verborgen bleibt und darin die Bedingung der Möglichkeit

[54] Eduard Spranger beispielsweise identifiziert Bildung mit gelungener Lebensbewältigung im Rahmen einer von der Kultur geforderten Anpassung zum „dienende[n] Glied der Gesellschaft,“ und sein Zentrum erhält dieses Ideal in der deutschen Kultur und Geschichte (Spranger 1965, S. 40).

[55] Vgl. Spranger 1965, S. 33.

von individueller Freiheit und eigensinnigem Denken liegt, banden sie das Individuum an eine Gemeinschaft, die von vornherein die geistige Entwicklung im Sinne einer immer schon vorgegebenen politischen Wirklichkeit kanalisiert. Die Idee, die jede Bildungstheorie fundieren sollte, nämlich die Selbständigkeit des Denkens im Lichte kritischer Urteilskraft, wird damit konterkariert. Die starke Konzentration auf das spezifisch Deutsche, das zu sich selbst kommen soll in einer deutschen Identität und im Namen einer ins Mythische überhöhten Überlieferung bietet nicht den Stoff für eigenständige Reflexion und Selbstreflexion. Sie bringt allenfalls eine Ideologie hervor, die über jeden Zweifel erhaben zu sein scheint und Ausschlüsse produziert, wo doch eigentlich die Weite des Blicks über die Vielfalt der menschlichen Möglichkeiten gefordert wäre.

Dem unpolitischen Gestus der geisteswissenschaftlichen Pädagogen ist eine politische Stellungnahme schon immer inhärent, insofern sich jede theoretische Äußerung, wenn auch zuweilen unausgesprochen und unreflektiert, auf eine gesellschaftliche Wirklichkeit bezieht und diese kommentiert, sei es durch Verleugnung dieser Wirklichkeit oder durch ein Engagement für diese Wirklichkeit. Sie kann dem nicht entkommen, weil sich in jedem Theoriemodell zugleich ein bestimmtes Interesse artikuliert. Theorie ist nie unpolitisch. Auch wenn sie das behauptet, so ist in ihr eine politische Kraft dialektisch aufgehoben, die den eigenen Standpunkt zwar zuweilen zu verschleiern, ihn aber nicht zu tilgen vermag. Der Rückzug in die Innerlichkeit oder in die als quasi privatistisch vorgestellte Gemeinschaft unterschätzt daher auf eine dramatische Weise den immanenten Zusammenhang von Theorie und Gesellschaft. Diese gesellschaftstheoretische Blindheit der geisteswissenschaftlichen Pädagogen verstellte ihnen auch den Blick auf die politisch höchst problematischen Konstellationen am Vorabend des Nationalsozialismus.

6. Kritische Theorie und Bildung

Obwohl die geisteswissenschaftliche Pädagogik bedenkenswerte Aspekte auch für die heutige Zeit formulierte und sie der Pädagogik als Wissenschaft zu Ansehen verhalf, diskreditierte sie sich spätestens in dem Moment, in dem sie blind für die politischen und gesellschaftlichen Veränderungen im Vorfeld der nationalsozialistischen Machtergreifung wurde. Weil sie von ihrem Ansatz her die Mündigkeit des Individuums von den gesellschaftlich vorfindbaren Bedingungen isolierte, war sie offen für eine nationalkonservative Gesellschaftsordnung. Das heißt: Mündigkeit bedeutete nicht etwa Emanzipation von gesellschaftlicher Bedrückung und die Bedingung der Möglichkeit von Widerstand gegen Herrschaft und Gewalt, so wie sie im Nationalsozialismus in ihrer ganzen Perversion zum Ausdruck kamen und sich im Holocaust realisierten. Mündigkeit wurde konzeptionell zum Zeichen einer Persönlichkeit, die die zeitgenössischen kulturellen Werte im Sinne selbständiger Lebensführung verinnerlicht hat, die Verfasstheit der jeweiligen Gesellschaft, mag sie nun demokratisch oder diktatorisch sein, aber akzeptiert. Dieses Modell von Mündigkeit ist vollständig abgekoppelt von einer gesellschaftlichen Mündigkeit, d.h. von einer kollektiven Mündigkeit als erste Voraussetzung für die Mündigkeit des Individuums selbst.[1]

Wie keine andere Theorie hat in den 1970er Jahren die Kritische Theorie der Frankfurter Schule die erziehungswissenschaftlichen Diskussionen beeinflusst, weil sie die Verantwortung für die nationalsozialistische Gewaltherrschaft nicht nur einer faschistischen Politik, sondern auch einer Praxis zuschreibt, die Kinder und Jugendliche, Mädchen und Jungen in einer zutiefst autoritären Geste an Führerpersönlichkeiten und an eine Gemeinschaft bindet, die sie der Möglichkeit zum mündigen Handeln beraubt und einer herrschaftlichen Fremdbestimmung ausliefert. In einer groß angelegten Studie zur autoritären Persönlichkeit untersuchten 1950 Theodor W. Adorno, Else Frenkel-Brunswick, Daniel J. Levinson und R. Nevitt Sanford als Antwort auf den Holocaust die psychologischen Grundlagen antisemitischer Vorurteile.[2] Damit legten sie nicht nur den Finger auf die entzündlichste Stelle einer Wunde, die in der bundesdeutschen Wirklichkeit der Nachkriegszeit nicht öffentlich zur Kenntnis genommen wurde. Sie setzten auch einen Prozess in Gang, in dessen Verlauf die Auseinandersetzungen mit den Verbrechen der Nationalsozialisten

1 Vgl. Bernhard 2003, S. 12/13.
2 Die Untersuchung liegt bis heute nur zum Teil in deutscher Übersetzung vor (vgl. Adorno 1995).

in der Forderung nach einer antiautoritären Erziehung mündete, die Ort der freien Entfaltung der Persönlichkeit in gesellschaftlicher Verantwortung sein sollte.

Antiautoritär heißt in diesem Sinne nicht etwa laissez-faire, sondern im Gegenteil geht es darum, in einer möglichst angstfreien Atmosphäre Mädchen und Jungen in ihren Bedürfnissen ernst zu nehmen und sie zu sich selbst kommen zu lassen. Aufgabe der Pädagogik ist es, Fremdbestimmung zu minimieren, das Handlungsspektrum von Heranwachsenden aufzubauen und allmählich zu erweitern und sie so „systematisch an die Schwelle zur Mündigkeit zu *führen*".[3] Dazu gehört auch zu lernen, die Welt in ihrer Differenziertheit wahrzunehmen, um Ideologien, Dogmatismen und Demagogien als allzu einfache Lösungen für komplexe Probleme als solche aufzudecken. Nicht umsonst betont Adorno in seinen Schriften zur Pädagogik immer wieder die Notwendigkeit, selbstbewusstes und eigenständiges Denken zu fördern, um Fremdbestimmung zu entgehen. „Weil Mündigkeit erst so an Gestalt gewinnt, wird man mir", so merkt Adorno an, „deshalb nicht verleugnen dürfen, daß anders als durch Denken, und zwar durch unbeirrbares und insistentes Denken, so etwas wie die Bestimmung dessen, was zu tun richtig sei, richtige Praxis überhaupt, nicht vollziehbar ist."[4] Mündig werden kann aber nur derjenige, der zugleich in einer freien Gesellschaft lebt. Oder umgekehrt: Die Voraussetzung zur Mündigkeit überhaupt ist ein *Bewusstsein* für die Unfreiheit der Gesellschaft und eine Reflexion auf ihre immanenten Widersprüche, die sich jeweils historisch konkretisieren. Weil sich die gesellschaftlich-historischen Bedingungen ändern, kann Mündigkeit ebenso wie Bildung niemals abgeschlossen sein. Es handelt sich vielmehr um einen äußerst dynamischen Prozess, der ein kritisches Nachdenken zur Bedingung und ein Bewusstsein für Macht- und Herrschaftsprozesse zur Voraussetzung hat.[5]

Ohne die geisteswissenschaftlichen Pädagogen ausdrücklich zu nennen, aber angesichts der Verantwortung der Pädagogik für die Entwicklung und Entfaltung des Individuums, führt Adorno die wesentlichen Verfehlungen im Hinblick auf den Zivilisationsbruch der Nationalsozialisten auf die Unfähigkeit der bürgerlichen Pädagogen zurück, ihre Analysen und die daraus folgenden Konsequenzen in den Kontext einer sich dramatisch verändernden Gesellschaft zu stellen: „Isolierte pädagogische Reformen allein [...] helfen nicht.

---

3 Bernhard 2006, S. 32. Hervorhebung im Original.
4 Adorno 1971, S. 137.
5 Zum Begriff der „Mündigkeit" vgl. Gamm 1997.

Zuweilen mögen sie, im Nachlassen des geistigen Anspruchs an die zu Erziehenden, auch in argloser Unbekümmertheit gegenüber der Macht der *außerpädagogischen Realität* über jene, eher die Krise zu verstärken.“[6] Wenn die Pädagogik nicht die von Gesellschaft und Sozialisation verursachten Zwänge und ihren Einfluss auf die heranwachsenden Mädchen und Jungen kritisch reflektiert, dann steht sie in der Gefahr, diese Einflüsse zu verschärfen. Oder anders ausgedrückt: Solange die Pädagogik sich weigert, gesellschaftliche und politische Voraussetzungen als Konstitutionsmerkmal ihrer eigenen Disziplin und Profession wahrzunehmen, anzuerkennen und sich kritisch mit ihnen auseinanderzusetzen, solange wird sie die jeweils aktuelle Gesellschaftsordnung in ihren Handlungsvollzügen nicht nur stabilisieren, sondern auch die in ihr vorhandenen Herrschaftsmechanismen fördern oder gar vertiefen.

Von dieser gesellschaftstheoretischen bzw. gesellschaftskritischen Position aus unternehmen Theodor W. Adorno und Max Horkheimer den Versuch, das, was aus der klassischen Bildungsidee im Verlauf des 19. und zu Beginn des 20. Jahrhunderts wurde, unter einer kritischen Perspektive zu untersuchen. Akzentuiert haben sie diejenigen Aspekte herausgearbeitet, die zu ihrem beispiellosen Verfall beitrugen. Dabei gilt ihnen als Kulminationspunkt für den Verfall von Bildung die Vernichtung der europäischen Juden.[7] Der Holocaust als zentrales Merkmal absoluter Inhumanität in Gestalt von Auschwitz dürfe sich, so Adorno, nicht wiederholen. Wenn er freilich davon spricht, dass „Auschwitz nicht noch einmal sei“,[8] so ist Auschwitz als eine Metapher für die Barbarei zu verstehen: Sie kann zu jeder Zeit in verwandelter Form an anderen Orten wieder auftreten. Auch heute noch.

Neben den historisch-gesellschaftlichen Bedingungen allerdings, die den Weg nach Auschwitz geebnet haben und die zu untersuchen er für notwendig hält, ist Adorno der Auffassung, dass darüber hinaus auch das Individuum in die Verantwortung zu nehmen ist. Daraus resultiert sein kritischer Blick auf die Subjektkonstitution selbst: „Versuche, der Wiederholung entgegenzuarbeiten [sind],“ wie er schreibt, „notwendig auf die subjektive Seite abgedrängt.“[9] Er will also die Mechanismen ergründen, die Menschen dazu veranlassen, sich dem Ungeheuerlichen zu verschreiben. Insofern er unter anderem auch der bürgerlichen Pädagogik ein Versagen im Hinblick auf ihre eigenen Versprechungen vorwirft, ist es gerechtfertigt, dass er Erziehung und Bildung die

6 Adorno 8/1998, S. 93. Hervorhebung E.B.
7 Vgl. Hilberg 1999.
8 Vgl. Adorno 1971, S. 88.
9 Ebenda, S. 89.

Aufgabe zuweist, Kinder und Jugendliche schon beizeiten darin zu befähigen, sich nicht blind einer Autorität anzuvertrauen. Allerdings sind Erziehung und Bildung schon immer in die sozialen, gesellschaftlichen und politischen Strukturen verstrickt, die eine kritische Bildungstheorie erst zu kritisieren hat. Erziehung und Bildung sind demnach nicht als solche schon Garant für ein humanes Zusammenleben. Unter Berücksichtigung eines kritischen Rekurses auf ihre eigenen Entstehungsvoraussetzungen können sie aber immerhin die Bedingung der Möglichkeit zu einem menschlichen Miteinander schaffen.

Zunächst ist zu sagen, dass die Vertreter der Kritischen Theorie nicht eigentlich eine Bildungs*theorie* entwickelt haben. Viel eher könnte man davon sprechen, dass sie der Frage nachgehen, in welcher Weise sich der Bildungsbegriff unter der Prämisse einer kapitalistischen Gesellschaft verändert hat und inwiefern er dazu taugt, das zu verwirklichen, was er einstmals versprach und im neuhumanistischen Bildungsgedanken noch von entscheidender Bedeutung war: Den Menschen unentfremdet zu sich selbst kommen zu lassen und ihn als ein Wesen eigenen Rechts anzuerkennen. Die Kritische Theorie ist für bildungstheoretische Einsichten aber auch deshalb wichtig, weil sie über die Wandlungsprozesse, die die klassische Bildung durchlaufen hat, aufklärt; mehr noch: Sie vermag die historisch-gesellschaftlichen Zusammenhänge auszuleuchten, die dazu führten, dass Bildung zum Privileg sich veränderte und darin sich als indolent gegen alles Menschliche verhielt.

Insbesondere in dem 1959 veröffentlichten Text zur *Theorie der Halbbildung* stellt Adorno die Frage, warum Bildung nicht vermochte, die Menschen aus ihrer selbst verschuldeten Unmündigkeit zu befreien, sondern sie im Gegenteil noch tiefer darin zu verstricken. Er kommt zu dem Ergebnis, dass ursächlich verantwortlich für dieses Scheitern von Bildung die politischen und ökonomischen Strukturen der bürgerlich-kapitalistischen Gesellschaft selbst seien. Damit formuliert er einen Widerspruch, der seit je dem Bildungsbegriff eignet. War nämlich Bildung zu Zeiten des Neuhumanismus der Idee nach noch Mittel der Befreiung von Feudalstaat und Kirche und insofern ein Instrument der politischen Emanzipation des Bürgertums, so realisierte sie sich im gleichen Moment schon als Distinktionsmerkmal gegenüber den unteren Klassen und wurde zum Zeichen eines die Eigeninteressen bewahrenden bürgerlichen, dabei männlichen Individuums. Stets aufs äußerste darauf bedacht, Bildung als Privileg zu befestigen und zur Aufrechterhaltung der Standes- und Geschlechtergrenzen zu nutzen, setzte sich allmählich eine Auffassung durch, die den Bildungsbegriff seiner emanzipatorischen Potenziale beraubte und ihn zu einem sinnfälligen Zeichen von Staus und Hierarchie werden ließ. Das im neuhumanistischen Ideal noch deutlich zu Tage tretende Bekenntnis, den Menschen im Vertrauen auf seine Bildsamkeit zu wahrer Menschlichkeit freizusetzen und ihn im wechselseitigen Verhältnis zur Welt selbstbestimmt handeln zu sehen, wich einem bloß äußerlich zur Schau getragenen Kulturverständnis, das sich über den Besitz von Kulturgütern legitimierte. Bildung verkommt zum *Bildungsmonopol* der bürgerlichen Klasse, die es verstand, ihre politische und ökonomische Vormachtstellung zu befestigen und Bauern, Proletarier und zu einem großen Teil auch Frauen die Partizipation an gesellschaftlichen Gestaltungsprozessen zu versagen.

Andererseits modifizierte sich Bildung allein zur *Geisteskultur*, die das reale Leben und die gesellschaftliche Wirklichkeit aus ihrem Wahrnehmungshorizont verbannte. So zur Grundlage einer Gesellschaft geworden, die es nicht verstand zu artikulieren, was es heißt, Gerechtigkeit walten zu lassen, gerann Bildung zum puren Besitz, der gegen Widerstände von außen verteidigt wurde. Bildung degenerierte seit etwa Mitte des 19. Jahrhunderts zu dem, was sie ihrem aufklärerischen Selbstverständnis nach niemals war: Ein Statussymbol des männlichen Bildungs- und Besitzbürgertums, das die Möglichkeit ausschöpfte, sich sowohl gegen die nachdrängenden unteren Klassen wie auch gegen die Ansprüche von Frauen abzugrenzen. In diesem Augenblick traten Bildung und Humanität auseinander. Dass dies nicht unwidersprochen geblieben ist, lässt sich an den vielfältigen Initiativen gegen Ende des 19. Jahrhunderts zur Arbeiter- und Frauenbildung ablesen, die genau zu dem Zeitpunkt das Recht auf Bildung reklamierten, zu dem sie nur noch der Besitzstandswahrung des Bürgertums diente.[10]

Adornos Frage nach dem, was Bildung bedeutet, entzündet sich genau an diesem Auseinanderfallen von Bildung und Humanität und dem bis dahin nicht eingelösten Versprechen nach Freiheit und Autonomie für jeden Menschen. Am deutlichsten kommt Adorno zufolge das, was aus bürgerlicher Bildung wurde, in den Vernichtungslagern der Nationalsozialisten zum Ausdruck: „[...] daß Menschen, die zuweilen mit Passion und Verständnis an den sogenannten Kulturgütern partizipierten, unangefochten der Mordpraxis der Nationalsozialisten sich verschreiben konnten," notiert er, ist „nicht nur ein Index fortschreitend gespaltenen Bewußtseins, sondern straft objektiv den Gehalt jener Kulturgüter, Humanität und alles, was ihr innewohnt, Lügen, wofern sie nichts sind als Kulturgüter. Ihr eigener Sinn kann nicht getrennt werden

[10] Vgl. beispielsweise Kleinau/Opitz 1996; und Feidel-Mertz 1968.

von der Einrichtung der menschlichen Dinge."[11] Wenn Bildung sich darin erschöpft, an Kulturgütern zu partizipieren, ohne noch an ihr dereinstiges humanistisches Postulat anzuschließen, dann ist Bildung ihrem Begriff nach zur Halbbildung geworden. Halbbildung geht daher nicht der Bildung voran, wie der Begriff vielleicht suggerieren mag, Halbbildung ist Ausdruck der Entfremdung des Menschen von sich selbst und der Menschen untereinander.

Wenn Adorno nun schreibt, dass der Bildungssinn nicht getrennt werden könne von der „Einrichtung der menschlichen Dinge", so meint er damit nicht nur die in Bildung aufgehobenen humanitären Potenziale. Er meint überdies, dass jegliche Bildung, die nicht auf die Zwangsmechanismen der gesellschaftlichen Wirklichkeit kritisch reflektiert, nicht im eigentlichen Sinne Bildung genannt werden kann. Damit schließt er zwar an das humanistische Bildungsideal an, er verleiht ihm aber eine materialistische Basis. Im Anschluss an die Kritik der politischen Okonomie von Karl Marx gilt es für ihn als ausgemacht, dass der Mensch im Kapitalismus systematisch und hocheffizient sich seiner selbst entfremdet: Der Mensch muss um seines Überlebens willen seine Arbeitskraft auf dem Arbeitsmarkt verkaufen und mit anderen Bewerbern in Konkurrenz treten. Auf diese Weise degeneriert er selbst zur Ware, er wird zu einem Ding, er verdinglicht. Insofern er sich in seiner Arbeit vergegenständlicht und nur noch als Ware zirkuliert, büßt er seine menschliche Würde ein. Da die Produktionsmittel in den Händen weniger liegen, sind sie es auch, die von dem System zumindest in ökonomischer Hinsicht profitieren, während die Masse der Arbeitenden funktional ausgebeutet wird. „Die entfesselte Marktwirtschaft war zugleich die aktuelle Gestalt der Vernunft und die Macht, an der Vernunft zuschanden wurde."[12] Zuschanden wurde die Vernunft im Kapitalismus durch seine ihm immer schon eingeschriebene Maxime der höchst möglichen Profitausschöpfung ohne Rücksicht auf ethisch-moralische Bedenken und ohne Wertschätzung des Individuums in seiner Besonderheit. Diese Gleichgültigkeit ist in das Individuum selbst eingelassen, insofern es in „Verfolgung des je eigenen Interesses gegen die Interessen aller anderen"[13] kalt bleibt. „Das erste wäre darum," fährt Adorno fort, „der Kälte zum Bewußtsein ihrer selbst zu verhelfen, der Gründe, warum sie wurde."[14] Die Vergleichgültigung der Menschen im Modus der Entfremdung ist Adorno und Horkheimer zufolge Resultat der Aufklärung und der ihr innewohnenden Technologisie-

[11] Adorno 8/1998, S. 95.
[12] Horkheimer/Adorno 3/1998, S. 109.
[13] Adorno 1971, S. 103.
[14] Ebenda.

rung der Welt. Es handelt sich dabei aber um eine Aufklärung, die ihr Gegenteil schon immer in sich trägt, dieses aber verdrängt und damit unsichtbar macht.

6.1 Dialektik der Aufklärung

In dem zusammen mit Max Horkheimer 1944 geschriebenen und in Deutschland zum ersten Mal 1969 erschienen Text *Dialektik der Aufklärung* beschreiben die beiden Autoren die Aufklärung als den Versuch, sich in einem unaufhörlichen Prozess der Rationalisierung im Sinne einer rastlosen technologischen Weiterentwicklung die natürlichen Grundlagen der menschlichen Existenz zu erklären und anzueignen, mehr noch, sie zu beherrschen. Programmatisch für die Aufklärung sei es gewesen, die Welt zu entzaubern, die Mythen aufzulösen und die Einbildung durch Wissen zu stürzen.[15] In Form von Mathematisierung, Klassifizierung und Kategorisierung wurde alles vereinheitlicht, die Zahl wurde zum Kanon, und alles, was dem „Maß von Berechenbarkeit und Nützlichkeit sich nicht fügen will, gilt der Aufklärung für verdächtig".[16] Die Aufklärung sei gekennzeichnet von dem Versuch der Anähnelung alles Lebendigen und der Unterordnung unter ein allgemein Gültiges. „Die bürgerliche Gesellschaft," so schreiben Horkheimer und Adorno, „ist beherrscht vom Äquivalent. Sie macht Ungleichnamiges komparabel, indem sie es auf eine abstrakte Größe reduziert"[17] und damit dem Imperativ der Identität unterwirft. Dem Besonderen, etwa in Gestalt von Geschlecht, Religion, Ethnie, Klassenzugehörigkeit u.v.m., wird angesichts dessen keinerlei Beachtung geschenkt. Es wird entweder stigmatisiert, ausgeschlossen, verdrängt oder assimiliert und als etwas dem Allgemeingültigen gegenüber Fremdes deklariert, dem sich anzunähern nur in der Form der Vereinnahmung gelingt, nicht aber in Respekt und Anerkennung.

Hintergrund dieser Diagnose ist die Erkenntnis, dass die Aufklärung darum bemüht war, eine neue, rationale Ordnung in Wissenschaft und Gesellschaft zu errichten, die getragen ist von der Vorstellung, das Irrationale, das Chaotische, das Naturhafte und der Zufall als die dunkle Seite der Vernunft könne gleichsam eliminiert und auf diese Weise eine aufgeklärte, d.h. gerechte und freie Gesellschaft geschaffen werden. Der darin zum Ausdruck kommende *Dualismus* von Vernunft und Unvernunft, von Kultur und Natur, von Rati-

15 Vgl. Adorno/Horkheimer 3/1998, S. 19
16 Ebenda, S. 22.
17 Ebenda, S. 23/24.

onalität und Irrationalität, von Ordnung und Unordnung, von Wildheit und Zivilisiertheit erzeugt allerdings ein Strukturmuster, in dem das Andere, das Besondere als das Disparate erscheint. Das Merkmal der Abweichung markiert dabei deutlich den Unterschied zwischen dem vermeintlich Normalen und dem Unnormalen und hat Konsequenzen für den aufklärerischen Gedanken selbst, denn die gesellschaftliche Umsetzung dieses Strukturmusters produziert unausweichlich einen Zwang zur Konformität. Die einstmals beschworene Freiheit des Individuums in seiner Mannigfaltigkeit (Humboldt) endet dort, wo sich die menschliche Existenz in ihrer Eigenheit nicht mehr zeigen kann, weil sie dem Identitätszwang unterstellt wird. Konsequenterweise soll sich der Mensch nicht in seiner Besonderheit wahrnehmen, sondern er soll sich dem abstrakten Allgemeinen unterwerfen und an die von ihm selbst geschaffene rationale, dabei berechenbare Ordnung anpassen.

All dies kann nur geschehen, weil der bürgerliche Mensch das Leben und zugleich die Gesellschaft nach strikt rationalen Prinzipien zu organisieren versucht und dabei die Natur in einem nie gekannten Ausmaß bezwungen hat. Die Entfremdung von der Natur, etwa in Form einer rasanten Ausdifferenzierung der Naturwissenschaften und der damit einhergehenden technologischen Entwicklung, betrifft auch den einzelnen Menschen selbst, der seine *innere Natur* unter das Diktat des Rationalisierungsprozesses stellt. Die Macht über die Natur aber hat ihren Preis. Denn die „Menschen bezahlen die Vermehrung ihrer Macht mit der Entfremdung von dem, worüber sie Macht ausüben. Die Aufklärung verhält sich zu den Dingen wie der Diktator zu den Menschen. Er kennt sie, insofern er sie manipulieren kann“.[18] Durch die unaufhaltsame Rationalisierung der Welt und der gleichzeitigen Abspaltung all dessen, was der Rationalität nicht entspricht, gewinnt der Mensch ein herrschaftliches Wissen über sich und die Dinge. Er setzt sich selbst als Schöpfer ein und verfällt dem irrationalen Glauben, alles ohne Unterschied in sein durch und durch rationales Regelwerk einordnen zu können: „Der Mann der Wissenschaft kennt die Dinge, insofern er sie machen kann.“[19]

Die darin zum Ausdruck kommende *instrumentelle Vernunft* trägt allerdings den Keim zur Selbstzerstörung in sich. Denn in dem Maße, in dem der Mensch die äußere Natur bezwingt, in dem Maße bezwingt er auch seine innere Natur. Der *Prozess der Zivilisation*[20] nimmt ihn gleichsam in Besitz, inso-

[18] Ebenda, S. 25.
[19] Ebenda.
[20] Vgl. auch Elias 1997.

fern er sich zunehmend strengere Regeln des sozialen Miteinanders auferlegt und die ihm eigentümlichen Triebe unterdrückt. Die Vorstellung aber, das Unberechenbare im Zaum halten, es berechenbar und zugleich beherrschbar machen zu können, stellt sich als eine Illusion heraus. Ist es doch nur das Andere der Vernunft, mit der es unaufhebbar verwoben bleibt.

Weil die für irrational gehaltene innere Natur nicht der Vernunft bipolar entgegengesetzt, sondern immer schon in ihr dialektisch aufgehoben ist, lässt sie sich Adorno und Horkheimer zufolge auch nicht so ohne weiteres als das Abweichende oder das Fremde stigmatisieren. Vielmehr schlägt sie desto schlimmer zurück, je mehr der Mensch darum bemüht ist, sich von seiner inneren Natur zu befreien und sie dem Diktat der Vernunft zu unterwerfen. Naturbeherrschung und Naturverfallenheit korrespondieren: „Jeder Versuch, den Naturzwang zu brechen, indem Natur gebrochen wird, gerät nur um so tiefer in den Naturzwang hinein. So ist die Bahn der europäischen Zivilisation verlaufen,“[21] mit dem Ergebnis, dass Auschwitz möglich wurde. Auschwitz repräsentiert die instrumentelle Vernunft in ihrer unbarmherzigsten Form: Der Fortschritt der Technologien mündet in einen Irrationalismus, der das Andere der Vernunft in Form einer unvergleichlichen Zerstörungskraft zum Vorschein kommen lässt: „Gleichgültigkeit gegen den Schmerz schlechthin“.[22] Diese Gefühllosigkeit entspringt der Triebhemmung in Gestalt einer Abspaltung der Rationalität von ihren natürlichen Grundlagen. Gehörte die Bildung der Sinnlichkeit, des Gefühls und der Vorstellungskraft in der klassischen Bildungsidee noch zum Bestand aller Bildung, so verkommt sie unter dem Diktat der Vernunft zum Mittel der Naturbeherrschung. Natur entäußert sich in absolute Rationalität und Abstraktheit. So attestiert auch Adorno der neuhumanistischen Bildungsidee, dass sie „natürliches Dasein bewahrend formen“ wollte. Sie hatte noch beides gemeint, „Bändigung der animalischen Menschen durch ihre Anpassung aneinander und Rettung des Natürlichen im Widerstand gegen der Druck der hinfälligen, von Menschen gemachten Ordnung.“[23] Was hier zum Ausdruck kommt, ist die notwendige Spannung zwischen der Anpassung an die bestehende Gesellschaft und einer geistigen Souveränität.

Jedes Denken, das diese Dialektik nicht berücksichtigt, tut der Vernunft Gewalt an. Unumgänglich sind Vernunft und das Andere der Vernunft wechselseitig aufeinander bezogen. Wer dies nicht in seinen Reflexionshorizont

21 Horkheimer/Adorno 3/1998, S. 29.
22 Adorno 1971, S. 96.
23 Adorno 8/1998, S. 95.

aufnimmt und den Anteil der Triebhemmung bei der Konstitution von Gesellschaft nicht berücksichtigt, reproduziert eine *instrumentelle Vernunft*, die sich unversehens und gewaltvoll gegen die Gesellschaft selbst oder gegen einen Teil ihrer Mitglieder wendet. Die Individuen sind in einem solchen Fall im Dienste gesellschaftlicher Herrschaftsansprüche totalisiert und schließen sich in einem affektiven, anti-intellektuellen Impuls gegen Minderheiten zusammen. Wie das im Einzelnen vor sich geht, beschreibt Sigmund Freud in seiner Schrift „Massenpsychologie und Ich-Analyse“,[24] auf die sich Adorno und Horkheimer u. a. beziehen. Freud skizziert dort den Mechanismus der affektiven Bindung an eine Autorität in der Masse. Und er zeigt zugleich, dass das allseitig vernünftige Subjekt der Aufklärung, das frei und unabhängig von Autoritäten seiner Urteilskraft vertraut, *so* nicht existiert. Immer sind auch die Triebe im Spiel, die uns zu unbewussten Handlungen veranlassen. Wollen wir sie indessen nicht in eine ungebremste Aggression ausarten lassen, so müssen wir auf sie reflektieren und in dieser Reflexion sie „bewahrend formen“. Insofern sind Freud ebenso wie Adorno und Horkheimer zwar Kritiker der Aufklärung. Gleichwohl aber sind sie der Aufklärung verpflichtet, weil es ihnen ganz wesentlich darauf ankommt, diese Mechanismen ins Bewusstsein zu heben.

Diese unhintergehbaren Konstellationen lassen Horkheimer und Adorno zu dem Schluss kommen, dass nur in der reflektierten Auseinandersetzung mit den stets dialektisch verbundenen Elementen der Vernunft, also Kultur *und* Natur, Intellekt *und* Affekt, sich eine auf Humanität projektierte Gesellschaft denken lässt. Geschieht dies nicht, wendet sich Vernunft gegen die menschliche Existenz selbst, weil sie in ihrer instrumentellen Gestalt zur reinen Technologie verkommt und den einzelnen Menschen zu einem bloß funktionalen Wesen degradiert, das dazu verurteilt ist, sich an das, was ist, anzupassen. Die Verzweckung des Menschen im Dienst einer Verwertungslogik entspricht dabei dem Prinzip einer kapitalistischen Wirtschaftsordnung.

6.2 Kulturindustrie

Die Funktionalisierbarkeit und Manipulierbarkeit des Menschen zeigt sich auch dort, wo man es zunächst gar nicht vermutet, nämlich in der Kunst und Kultur, die ja nach herkömmlichen Vorstellungen als Ausdruck von unverkürzter Kreativität und Spontaneität die ästhetische Wahrnehmung in ihrer sinnlichen Mannigfaltigkeit zur Darstellung bringen sollte. Unter dem Vorzei-

---

[24] Vgl. Freud 1999.

chen des Kapitalismus allerdings verkommt Kultur zur *Kulturindustrie*. Die Kulturindustrie ist gewissermaßen Effekt des Kapitalismus. Sie bringt massenhaft vorgefertigte Produkte hervor und erzeugt eine Formierung und Standardisierung von Kunst, jeweils angepasst an einen vermeintlichen Publikumsgeschmack, der aber selbst wiederum Ergebnis von Manipulation und Propaganda ist. Kunstwerke sinken durch ihre technische Reproduzierbarkeit auf das Niveau das puren Amüsements herab, sie verlieren ihren Sinn, werden geschliffen und getrimmt. Sie werden uniformiert. Einzig noch bleibt ein Unterschied in der, wie Adorno und Horkheimer schreiben, „Hierarchie von Serienqualität",[25] die aber doch nur quantifiziert, denn je mehr Menschen in diesen Prozess als Konsumenten eingebunden sind, um so profitabler das Geschäft und um so besser die Kontrolle: „Für den Konsumenten gibt es nichts mehr zu klassifizieren, was nicht selbst im Schematismus der Produktion vorweggenommen wäre."[26] Und etwas später heißt es: Die Produkte, etwa die Rundfunk- und Fernsehprogramme, die Schlager, Seifenopern und Samples klassischer Musik, „sind so angelegt, daß ihre adäquate Auffassung zwar Promptheit, Beobachtungsgabe, Versiertheit erheischt, daß sie aber *die denkende Aktivität des Betrachters geradezu verbieten*, wenn er nicht die vorbeihuschenden Fakten versäumen will."[27]

Schnelllebigkeit und oberflächliche Informiertheit sind Ergebnis einer Kulturindustrie, in der das Individuum zur Illusion wird und Subjektivität abgeschafft ist. Allein in der Anpassung an durch Reklame künstlich erzeugte Bedürfnisse noch erhält das Individuum den Anschein seiner selbst, wo es aber schon längst zum bewusstlosen Abziehbild eines jeden Anderen herabgesunken ist. Die Daseinsweise des Einzelnen entspricht derjenigen aller Anderen. In dieser Entdifferenzierung oder man könnte auch sagen in dieser durch die Kulturindustrie hervorgebrachten Zwangsidentität ist das Denken versperrt und erlahmt jeder Widerstand. Weil sie es vermag, den Menschen zu suggerieren, sie seien glücklich, ist sie auch so erfolgreich im Vermitteln von Werturteilen, die, schon im Augenblick des Aussprechens, ihren Wert Lügen strafen. Sie gerinnt mithin zur Herrschaftsgeste, die darin zum Ausdruck kommt, dass jede Art der individuellen Sonderung nicht geduldet wird. So kommen auch Adorno und Horkheimer zu dem Schluss: „Die Kulturindustrie hat den Menschen als Gattungswesen hämisch verwirklicht. Jeder ist nur noch, wodurch er jeden anderen ersetzen kann: fungibel, ein Exemplar. Er selbst, als Indivi-

[25] Horkheimer/Adorno 3/1998, S. 144.
[26] Ebenda, S. 146.
[27] Ebenda, S. 148. Hervorhebung E.B.

duum, ist das absolut Ersetzbare, das reine Nichts, und eben das bekommt er zu spüren, wenn er mit der Zeit der Ähnlichkeit verlustig geht."[28]

Hinter dem Versuch, die Menschen unter Abziehung jeglicher Eigenheit zu formalisieren und zu maschinisieren,[29] sie ihrer Besonderheit durch die Verpflichtung auf den gesellschaftlichen Verwertungsprozess zu berauben und sie auf diese Weise quantitativ vergleichbar zu machen, steckt der unverhohlene Wunsch, sie kontrollieren zu können. Das Individuelle erscheint nur noch im Modus seiner Nützlichkeit, dem ein Zwang zur Identität mit allen anderen immanent ist. Das nützliche Individuum, das des Selbsterhalts wegen dem Druck der Gesellschaft nachgibt, verliert sein Selbst schon im Akt seiner Konstitution, denn die gesellschaftlich produzierte Warenform wird Teil seiner Subjektivität und höhlt sie aus. Das Subjekt ist nur noch leere Formel, nichts weiter, als erschöpfte Abstraktion, die alles Lebendige unter ihre Herrschaft nimmt: „Unterm Apriori der Verkäuflichkeit hat das Lebendige als Lebendiges sich selbst zum Ding gemacht",[30] notiert Adorno, und: „Selbsterhaltung annulliert Leben an der Subjektivität".[31] Und in der *Theorie der Halbbildung* heißt es: „Der Halbgebildete betreibt Selbsterhaltung ohne Selbst."[32] Wie wir uns begegnen, wie wir uns gegenseitig wahrnehmen und uns verhalten, ist ganz wesentlich durchsetzt von dieser Warenförmigkeit, die letztlich in reine Konkurrenz aufgeht und Individualität nur noch im Maßstab ihrer Vergleichbarkeit, gleichsam als Äquivalent zur Ware, zulässt. Dieser Identitätszwang scheidet dasjenige, das sich ihm nicht beugen will, aus: das *Nichtidentische*, das sich jeglicher quantitativen Erfassung versperrt, sich begrifflicher Abstraktion verweigert und Lebendigkeit behauptet: „Das Individuum geht im Begriff, den es von sich selbst gewinnt, niemals auf, sondern verweist in seiner Besonderheit auf das Nichtidentische, das der abstrakte Begriff notwendig abschneidet."[33] Das, was den Autoren der Dialektik der Aufklärung vorschwebt, ist eine „Identität des Selbst, das sich in der Identifizierung mit anderen nicht verlieren kann"[34] und sich daher als das Besondere in der Allgemeinheit erhält. Anders ausgedrückt: In einer tatsächlich emanzipierten Gesellschaft muss es möglich sein, einen Zustand zu denken, „in dem man ohne

[28] Ebenda, S. 168.
[29] Vgl. Pongratz 1986, S. 183f.
[30] Adorno 4/1998, S. 263.
[31] Ebenda, S. 262.
[32] Adorno 8/1998, S. 115.
[33] Pongratz 1986, S. 175.
[34] Horkheimer/Adorno 3/1998, S. 26.

Angst verschieden sein kann."[35] Wer also der „Ähnlichkeit verlustig" geht, setzt sich des Verdachts aus, er könne gegen diese Zumutungen aufbegehren, gar Widerstand gegen sie leisten, der Kontrolle entgleiten.

Die Kulturindustrie trägt nicht zur Aufklärung bei. Sie ist das Gegenteil dessen, was sie vorgibt. Daher geht es in der Kulturindustrie auch nicht um die Demokratisierung von Bildung. Die Tatsache, dass alle vom Kulturellen erreicht werden, entspricht lediglich einer „pseudodemokratischen Verkäuferideologie,"[36] wie Adorno betont. Der der Kultur innewohnende industrielle Charakter und die damit verbundene Verschleifung jeglichen Bildungsinhaltes weist sie als bloße Unterhaltung zum Zwecke der „Verdummung"[37] aus. Das Versprechen nach Glück und Zufriedenheit geht im puren Vergnügen, im *Event* auf. Allerdings sorgt die Unterhaltungsindustrie dafür, dass das, was sie präsentiert, stets den Anschein des Wertvollen und Besonderen hat.[38] In Wirklichkeit aber ist sie der bloße Abglanz dessen, was Kunst und Kultur einstmals waren: die Bedingung der Möglichkeit den Sinn des Lebens zweckfrei und in naiver Anschauung im Wechselspiel von Verstand und Gefühl ergründen und jedes Kunstwerk in seiner einzigartigen Singularität würdigen zu können.[39] Dass dies nicht mehr in dieser Art geschieht, ist nicht zuletzt einem technologischen Fortschritt geschuldet, der es erlaubt, Kunstwerke unendlich zu reproduzieren und sie einem Massenpublikum zugänglich zu machen, zugleich aber verwandeln sie sich zur konsumierbaren, dabei austauschbaren Ware, mit immer derselben Botschaft: Dass allein schon der Kauf den Käufer nobilitiert, ihn glücklich[40] macht und ihn im Glauben lässt, durch den Erwerb sein eigenes Ego zu stabilisieren, wo es ihn doch nur um das selbstbewusste Selbst betrügt und seinen Eigensinn, besser vielleicht sogar: seinen eigenen Sinn, tilgt.

Der Konsument und die Konsumentin werden durch die Kulturindustrie gleichsam überwältigt, sie werden diszipliniert und ihr Geschmack je nach Laune des Absatzmarktes gesteuert. Sie werden manipulierbar. Geschäft und Kunst gehen so eine Allianz ein, die weder die Einzigartigkeit des Kunstwerkes noch die des Betrachters oder der Betrachterin in irgendeiner Weise wertschätzt: „Sie [die Menschen] sind so sehr bloßes Material, daß die Verfügenden einen in ihren Himmel aufnehmen und wieder fortwerfen können. [...] Die

[35] Adorno 4/1998, S. 116.
[36] Adorno 8/1998, S. 110.
[37] Horkheimer/Adorno 3/1998, S. 167
[38] Vgl. ebenda, S. 166 ff.
[39] Vgl. Benjamin 1996.
[40] Vgl. Adorno 4/1998, S. 69/70.

Industrie ist an den Menschen bloß als an ihren Kunden und Angestellten interessiert und hat in der Tat die Menschheit als ganze wie jedes ihrer Elemente auf diese erschöpfende Formel gebracht."[41] Hinter dieser ernüchternden Diagnose steht die Überzeugung, dass die Vergesellschaftung der Menschen soweit fortgeschritten ist, dass sie sich nahezu lückenlos und im Modus eines erdrückenden Konformitätszwangs vollzieht. Adorno konstatiert daher auch, dass der „Druck des herrschenden Allgemeinen auf alles Besondere, die einzelnen Menschen und die einzelnen Institutionen" die Tendenz hat, „das Besondere und das Einzelne samt seiner Widerstandskraft zu zertrümmern."[42] Die Anpassung an das Gegebene ereigne sich dabei wie von selbst und bewusstlos.

6.3 Zum Bildungsbegriff

Die Sozialisation erfasst den Menschen in einem Ausmaß, das ihm kaum noch die Möglichkeit lässt, ihr zu entrinnen. Gleichwohl aber gehen weder Horkheimer noch Adorno so weit zu behaupten, es handele sich dabei um einen Vorgang der vollständigen Determination. Gingen sie davon aus, würden sie ihre eigenen theoretischen Überlegungen hintertreiben, die ja immer schon, insondere bei Adorno, von der Hoffnung leben, es gebe noch etwas, das sich nicht fügt und das bei allem Zwang in den Ausfaserungen und Rissen der Identität zum Vorschein kommt: die Nichtidentität in Form des Nicht-Vergesellschafteten. Worauf es ihnen allerdings ganz wesentlich ankommt ist, auf die fundamentale Macht gesellschaftlicher Einflüsse aufmerksam zu machen, die sich bis in das Individuum hinein fortsetzen und die Form der bürgerlichen Kälte in Gestalt der Entfremdung und Verdinglichung annehmen. Die „Entmenschlichung des Denkens"[43] hat demnach ihren tiefsten Grund in der Kultur und der Zivilisation selbst: „Die grundlegenden Ideale und Begriffe der rationalistischen Metaphysik," schreibt Horkheimer, „waren verwurzelt im Begriff des allgemein Menschlichen, der Menschheit, und ihre Formalisierung impliziert, daß sie von ihrem menschlichen Inhalt abgelöst worden sind."[44] Das bedeutet *erstens*, dass sich der Glaube, Rationalisierung und Technologisierung könnten den Menschen zu seiner Menschlichkeit freisetzen, als trügerisch erwies. Aufklärung schlägt dabei in Mythologie um.[45] Sie wird selbst

---

[41] Horkheimer/Adorno 3/1998, S. 169.
[42] Adorno 1971, S. 91.
[43] Horkheimer 2007, S. 39.
[44] Ebenda.
[45] Vgl. Horkheimer/Adorno 3/1998, S. 16.

irrational, weil sie aller Menschlichkeit entrât und nur noch der Regelhaftigkeit einer gleichsam automatisierten Rationalität gehorcht, die dem Irrglauben verfällt, sie könne alles ohne Ausnahme in ihr mathematisierbares System integrieren: „Das Prinzip der Anpassung wird als selbstverständlich angenommen".[46]

So ist auch *zweitens* Humboldts Vorstellung von der befreienden Kraft des Individuums durch Bildung in dem Moment illusionär geworden, in dem die Widersprüche innerhalb des gesellschaftlichen Gefüges durch eine sich allmählich entfaltende kapitalistische Wirtschaftsordnung im Gefolge der Konstituierung des Bürgertums offen zu Tage traten. Innerhalb dieser Konstellation ist das Individuum selbst zum Teil der heteronomen Strukturen geworden, die sich unreflektiert in seiner Psyche verankern und ihm auf eine gewisse Weise Denkhemmungen auferlegen, insofern sie bloß unkritische Anpassung abverlangen. Von dieser Abhängigkeit allerdings kann sich das Individuum durch ein kritisches Bewusstsein emanzipieren. So geht auch der Appell Adornos 1959 dahin, „an Bildung festzuhalten, nachdem die Gesellschaft ihr die Basis entzog."[47]

6.3.1 Begriff der Bildung (1952/53)

Im Wintersemester 1952/53 hält Horkheimer einen Vortrag vor den neu immatrikulierten Studenten und Studentinnen der Universität Frankfurt über den *Begriff der Bildung*,[48] für den Adorno das Manuskript geschrieben hat.[49] Die Argumentationsstruktur Adornos schließt unmittelbar an die Dialektik der Aufklärung an und kann gewissermaßen als Vorarbeit zu der 1959 erschienen *Theorie der Halbbildung* gelesen werden. Der nur knapp neun Seiten umfassende Text gibt in aller Kürze wieder, was Adorno später detaillierter entfaltet. Daher wird im Zentrum der folgenden Darstellung die Theorie der Halbbildung stehen. Gleichwohl aber ist es erforderlich darauf hinzuweisen, dass Horkheimer für den Vortrag das Manuskript in einzelnen Passagen abgeändert und dem Begriff der Bildung einen über Adornos Deutung hinausgehenden Sinn unterlegt hat. Zwar schließt er sich Adornos Gesellschaftsdiagnose an, er hält aber weit mehr, als Adorno zu konzedieren bereit gewesen wäre, das Studium an der Universität für geeignet, kritische Subjekte zu bilden, ausgestattet

46 Horkheimer 2007, S. 23. Hervorhebung im Original.
47 Adorno 8/1998, S. 121.
48 Horkheimer 1972a, S. 163-172.
49 Vgl. Paffrath 1994, S. 69-79.

mit „Zivilcourage und Widerstandskraft, mit innerer Unabhängigkeit [...], die nicht wie die manipulierten Massen überall auf brausende Worte und Führerrufe reagieren, sondern – in der Welt des Gegengeistes – geistige Menschen sind.“[50] Damit setzt er all seine Hoffnung auf die Universität als einer Bildungsanstalt, der es noch gelingen könne, den *Gegengeist* zu konstituieren. In den Studierenden sieht er entsprechend die zukünftigen Intellektuellen, die, wenn sie sich mit Engagement einer Sache widmen, sich ihr ganz hingeben, dazu in der Lage sein werden, sich gegen den Zeitgeist kritisch zu verhalten und sich mit Mut und Verantwortung an der Gestaltung der Gesellschaft zu beteiligen. Schon in seiner Immatrikulationsrede vom Sommersemester 1952 – die auch auf einen Entwurf von Adorno zurückgeht – zeigt er sich überzeugt davon, dass die Bestimmung der Universität „dem inhumanen Betrieb der Massengesellschaft genau entgegengesetzt“[51] ist. Nicht in der „Vergötzung des sich selbst genügenden Ichs“,[52] nicht in der Spezialisierung auf einen Beruf hin liege die eigentliche Aufgabe der Universität, sondern in der Möglichkeit, durch Erkenntnis, durch Aufklärung und intellektuelle Auseinandersetzung zum Bewusstsein seiner selbst zu kommen. „So jedoch allein erhalten sie Inhalt und Substanz und gewinnen sich als Menschen zurück“, schreibt er und besteht darauf, dass mit dieser Erkenntnis ebenso die Einsicht in die Inhumanität der Gesellschaft verbunden sein muss. Gegen die Zwänge der Gesellschaft gibt es kein anderes Mittel, und darin gibt ihm Adorno sicher recht, als die Erkenntnis: „Die Universität ist der Ort, an dem die Erinnerung ans Menschliche bewahrt und das Menschliche mit allen Möglichkeiten lebendig erhalten werden soll. Sie ist der Ort, an dem die Individuen gebildet werden, die den Prozeß reflektieren und mithelfen können, daß er dennoch zum Guten führt. Indem Sie als Studenten aus freien Stücken es über sich bringen, der wissenschaftlichen Sache gerecht zu werden, ihr in alle Schattierungen zu folgen, als Forschende hingegeben und aufgeschlossen zu sein, bilden Sie sich zu denkenden, aktiven Menschen, die der Welt, wie sie ist, Widerstand leisten können. Nur wer denkt, wer ein gewisses Maß gewollter Passivität sich nicht verkümmern lässt, kann aktiv sein; das bloße Tun bleibt immer lediglich eine Funktion bestehender, vorgegebener Verhältnisse. Im Wunsch nach Bildung aber steckt eben dieser Wille, seiner selbst mächtig zu werden, nicht abhängig zu sein von blinden Mächten, von scheinhaften Vorstellungen, überholten Be-

[50] Horkheimer 1972a, S. 171/172.
[51] Ebenda, S. 158.
[52] Ebenda, S. 168.

griffen, abgetanenen Ansichten und Einbildungen.“[53] Die „gewollte Passivität“ beschreibt dabei das für den Denkprozess unabweisbare Moment des Innehaltens allen Tuns. Sich diesen kontemplativen Augenblicken nicht hinzugeben, ruft in letzter Konsequenz ein gewaltvolles Verhältnis zu den Menschen und den Dingen hervor: „[D]er Sache, der ich Zeit schenke, schenke ich Liebe; die Gewalt ist rasch.“[54]

Horkheimers Hoffnung wird von Adorno *so* nicht geteilt. Er ist weitaus skeptischer und gibt seinem Argwohn im Begriff der *sozialisierten* Halbbildung Ausdruck. Zwar gesteht er zu, dass von Halbbildung in erster Linie die „Schicht der mittleren Angestellten“[55] betroffen sei, tendenziell aber niemand sich ihr entziehen könne. Gleichwohl aber ist auch Adorno der Ansicht, dass auf Aufklärung nicht verzichtet werden kann und dass „die Freiheit in der Gesellschaft vom aufklärenden Denken unabtrennbar ist,“[56] obwohl sie schon immer auch den Keim zu ihrer Zerstörung in sich trägt. Auf dieses rückläufige Moment sei zu reflektieren.

6.3.2 Theorie der Halbbildung (1959)

Eines der auffälligsten Kennzeichen der Halbbildung ist, dass sie nicht der Bewusstseinsbildung dient, sondern zu deren Verschleierung. Daher spricht Adorno auch von *sozialisierter Halbbildung*. Halbbildung ist demnach nicht Ergebnis der Assimilation von neuen Bewusstseinsinhalten an bereits bestehende im Akt der Bildung zur Erweiterung des Reflexionshorizonts als Mittel der Selbstbestimmung. Halbbildung geschieht bewusstlos im Verlauf der Sozialisation und nimmt nur jene Kulturelemente auf, die gesellschaftlich zugelassen sind, mehr noch: die durch die Kulturindustrie zum Konsum aufbereitet wurden: „Inbegriff eines der Selbstbestimmung entäußerten Bewußtseins, klammert sie sich [die Halbbildung] unabdingbar an approbierte Kulturelemente. Aber unter ihrem Bann gravitieren sie, als Verwesende, zum Barbarischen.“[57] Barbarisch werden die Kulturelemente in dem Moment, in dem sie völlig losgelöst von menschlichen Inhalten allein auf die Seite der Geisteskultur abgedrängt und blind für das reale Leben werden, dabei unverbindlich und ihrem eigentlichen Sinn nach unverstanden bleiben. Darin zeige sich nicht nur

[53] Ebenda, S. 159/160.
[54] Horkheimer 1972a, S. 166.
[55] Adorno 8/1998, S. 102
[56] Horkheimer/Adorno 3/1998, S. 13.
[57] Adorno 8/1998, S. 93/94.

die Kapitulation vor der einstmals beschworenen Emanzipation der Menschen aus ihrer selbstverschuldeten Unmüdigkeit während der Aufklärung. Vielmehr noch zeuge der bürgerliche Kulturbegriff von einer beispiellosen Mitleidlosigkeit, die zwar in den Vernichtungslagern der Nationalsozialisten ihre roheste Form angenommen habe. Gleichwohl aber sei sie ein charakteristisches Merkmal der bürgerlichen Gesellschaft als solcher, insofern sich die Individuen nur noch in Konkurrenz zueinander begegnen, die vom einzelnen eine Anpassung an das „survival of the fittest“ fordere.[58] Bildung wird einzig noch zum Mittel der Integration in das bestehende Gesellschaftssystem, nicht aber kann sie aufklären und ein kritisches Bewusstsein konstituieren. Der Widerspruch zwischen Bildung und Gesellschaft offenbart sich also dort, wo Bildung nur noch in ihrer verstümmelten Form sich zeigt.[59] War Bildung in ihrer traditionellen Gestalt noch der Idee nach getragen von einem kritischen Impetus, der in Gestalt des Individuellen die Gesellschaft auf ihre immanenten Unterdrückungsmechanismen hin prüft, so degeneriert sie im Spätkapitalismus zum Bildungs-Ersatz für die schon immer aus Bildung Ausgeschlossenen: „Halbbildung ist der manipulierte Geist der Ausgeschlossenen.“[60] Das geistig Selbständige, das seinem Verständnis nach noch zur Kritik Fähige, gerät unter den Bann gesellschaftlicher Nützlichkeit, die sich darin zeigt, dass sich alle geistigen Gehalte in Konsumgüter verwandeln. Sie garantieren einzig noch die „ephemere Informiertheit“, die schnell veraltet und nach neuen Impulsen giert. Unter diesen Voraussetzungen wird Kritik erniedrigt „zur puren Schlauheit [...], die sich nichts vormachen läßt und den Kontrahenten drankriegt, ein Mittel des Vorwärtskommens.“[61] Das sich darin ausdrückende konkurrierende Verhalten der Menschen gegeneinander, die nur noch als „entleerte Träger von abgespaltenen Eigenschaften miteinander in Beziehung treten“,[62] ist Resultat der „Entmenschlichung durch den kapitalistischen Produktionsprozess“.[63] Für Adorno zeigt sich die Verkommenheit der Kultur gerade in dieser Vergesellschaftung zum Wettbewerb: „Der Gebrauch von Ellenbogen ist ohne Frage ein

[58] Ebenda, S. 96. Wie aktuell dieser Sozialdarwinismus heute wieder ist, zeigt eine Zusammenkunft von Studierenden der sogenannten Elitehochschule „European Business School“ in Oestrich-Winkel unter dem öffentlich zur Schau gestellten Motto „Survival of the fittest?“ (Friedrichs 2008, S. 20).

[59] Vgl. Adorno 8/1998, S. 99. Interessant ist, dass Heinz-Joachim Heydorn die Wendung vom „Widerspruch zwischen Bildung und Gesellschaft“ abgewandelt hat in „Über den Widerspruch von Bildung und Herrschaft“(vgl. dazu Heydorn 3/1995).

[60] Adorno 8/1998, S. 576.

[61] Ebenda, S. 115

[62] Pongratz 1986, S. 184.

[63] Adorno 8/1998, S. 99.

Ausdruck von Barbarei," so Adorno, und ein „im Grunde einer humanen Erziehung entgegengesetztes Prinzip."[64]

Trotz der sowohl im Individuum wie auch in der Gesellschaft verankerten Unfreiheit, lassen sich Spuren der Humanität in Bezirken der Identität auffinden, die noch nicht endgültig der Manipulation anheim gefallen und von der propagandistischen Kulturindustrie übertölpelt sind. Auch wenn tatsächlich die Vergesellschaftung weit ausgreift und wir ohne Ausnahme in einer „automatisierten Gesellschaft"[65] leben, in der das Verhalten der Menschen statt in lebendiger Spontaneität nur noch in einen widerstandslosen Reflex mündet, so macht eine kritische Theorie der Bildung wenig Sinn, wenn sie sich einzig auf diese Momente konzentriert. Viel zu sehr wäre sie in einem solchen Fall eingefangen von dem, was sie kritisiert. Sie würde affirmativ, weil sie den gesellschaftlichen Verfall in seiner Rekonstruktion zwar noch melancholisch beklagen könnte, ihn aber zugleich arretieren würde. Der Zustand der Welt als einer vollständig zum Stillstand gekommenen Dialektik hieße dann, sich an seiner eigenen Verkommenheit und derjenigen der Welt gütlich zu halten. Dies würde ganz elementar einer *negativen Dialektik*, die nicht sogleich aus der Negation des Negativen – des Gegebenen also – ein Positives gewinnt, widersprechen. Das heißt: Wenn wir mit Adorno und Horkheimer davon ausgehen, dass die gesellschaftlichen Verhältnisse im Spätkapitalismus die Subjekte mit Unfreiheit affiziert haben, so bedeutet das noch lange nicht, dass dieser Unfreiheit eine irgendwie geartete Utopie entgegen zu setzen ist, komme sie auch noch so menschenfreundlich daher. Jedes Positive enthält zugleich sein Negativ, oder anders ausgedrückt: Jeder auch noch so freundlich gemeinte Versuch, eine positive Utopie zu entwerfen, scheitert an seiner eigenen Dialektik, die dort zum Vorschein kommt, wo sie notwendiger Weise auf ihr Gegenteil verweist. Weil jeder positive Entwurf eine Identifikation mit seinen ihm innewohnenden und stets vorausgesetzten Identitäten abverlangt, drückt sich in ihr schon wieder Zwang aus. Sie wird totalitär. Der Stalinismus und der Nationalsozialismus sind Beispiele für eine Utopie, die an ihren eigenen Widersprüchen zum Preis des Todes von Millionen von Menschen gescheitert ist. Skepsis ist demnach angebracht, wenn jemand diesen Erkenntnissen zum Trotz ein Gesellschaftsmodell entwirft, das aller schlechten Verhältnissen enträt und Gutes verspricht, so, wie sich neuerdings der Neoliberalismus als das Modell der Befreiung geriert und dabei die alte Unfreiheit fort-

[64] Adorno 1971, S. 126/127.
[65] Horkheimer 1972b, S. 147.

schreibt. Braucht er doch zu seinem Funktionieren genau die Subjekte, die eigentlich keine mehr sind und denen widerständiges Denken und Handeln abhanden gekommen ist, wenn sie denn jemals über ein solches verfügen durften. Eine restlos befreite Gesellschaft, so würden Adorno und Horkheimer antworten, gibt es nicht, weil jedes Individuum von den herrschenden Zwangsmechanismen durchdrungen ist. Sozialisation in diesem Sinne ist denn auch in ihrer negativsten Form zu verstehen: in der Zurichtung auf die Reproduktion der kapitalistischen Verhältnisse, die nichts anderes mehr zulassen als den ökonomischen Selbsterhalt des Individuums, ohne dass noch von Kultur im Modus einer ihr mitgegebenen Humanität die Rede sein kann: „Die ungebrochene Rede von Kultur ist weltfremd und ideologisch angesichts der objektiv und über alle Grenzen der politischen Systeme hinweg sich manifestierenden Tendenz zu ihrer Liquidation."[66]

Wenn Adorno nun diagnostiziert, dass im Begriff der sozialisierten Halbbildung ein selbstgefälliger Anti-Intellektualismus zum Ausdruck kommt,[67] so beschreibt er damit zwar den geistigen Zustand der gegenwärtigen Gesellschaft. Dem liegt aber eine historische Analyse von dem zugrunde, was Bildung hätte sein können, unter den veränderten spätkapitalistischen Verhältnissen aber niemals sein kann. Sein *erstes* Argument zielt darauf festzuhalten, was klassische Bildung ihrer Idee nach wollte, nämlich die Menschheit in einem Zustand von Freiheit und Gleichheit zu versetzen: „Fraglos," so schreibt er, „ist in der Idee der Bildung notwendig die eines Zustands der Menschheit ohne Status und Übervorteilung postuliert."[68] Sein *zweites* Argument geht dahin zu konstatieren, dass dem klassischen Bildungsgedanken noch die *formende Bewahrung der Natur* im Widerstand zur gesellschaftlichen Ordnung eigen war. Das heißt, dass Bildung zwar zu einem Teil repressiv im Hinblick auf eine entfesselte Triebenergie war. Diese sollte aber im Akt der Bildung keinesfalls verstümmelt, verdrängt oder entstellt werden, sondern geformt und auf diese Weise erhalten bleiben.[69] Das „Eingedenken der Natur im Subjekt"[70] bedeutet denn auch die Reflexion auf die innere Natur im Hinblick auf die leibhaftige Erfahrung mit der sinnlichen Welt, die mehr ist als nur das, was wir in abstrakten Begriffen zu fassen vermögen. *Drittens* weist er

[66] Adorno 8/1998, S. 119.
[67] Vgl. ebenda, S. 118.
[68] Ebenda, S. 97.
[69] Vgl. ebenda, S. 95.
[70] Horkheimer/Adorno 3/1998, S. 58

im Anschluss an Humboldt und Schleiermacher auf die dem idealistischen Bildungsbegriff mitgegebene Zweckfreiheit hin.[71]

Freiheit und Gleichheit, Rettung der Natur im Individuum und die Zweckfreiheit stehen der sozialisierten Halbbildung antithetisch gegenüber. Sie bilden die maßgebende Folie, auf der Adorno seine Analyse aufbaut, weil der traditionelle Bildungsbegriff all das in sich zusammenschließt, was eigentlich erstrebenswert wäre, würde es nicht stets schon von den herrschenden gesellschaftlichen Verhältnissen dementiert: „Taugt jedoch als Antithese zur sozialisierten Halbbildung kein anderer als der traditionelle Bildungsbegriff, der selber zur Kritik steht, so drückt das die Not einer Situation aus, die über kein besseres Kriterium verfügt als jenes fragwürdige, weil sie ihre Möglichkeit versäumte. Weder wird die Restitution des Vergangenen gewünscht, noch die Kritik daran im mindesten gemildert."[72] Die Besinnung auf einen älteren Begriff von Bildung ist ihm Richtschnur, weil ihr noch so etwas wie eine Rückkehr aus dem entfremdenden Dasein zumindest konzeptuell zugrunde liegt. Zugleich jedoch ist sie auch Anlass für Kritik, weil sie sich dem „neuen Schlechten"[73] gegenüber, das ist die konkrete Wirklichkeit der entmenschlichenden Produktionsverhältnisse, nicht hat bewähren können. Adorno nun formuliert im Rekurs auf das, was im Prozess der Zivilisation verloren ging, einen möglichen Ausweg, den er freilich im gleichen Atemzug schon wieder in Frage stellt, weil ihm die gesellschaftlichen Verhältnisse entgegen stehen.

Halbbildung hat nicht nur Einfluss auf die intellektuellen Fähigkeiten, sondern sie dehnt sich auch auf das sinnliche Leben aus. Sie nimmt es in Regie und beraubt es so jeglicher Spontaneität und Kreativität. Wenn die Herrschaft über die Natur als Quelle der Unterdrückung gilt, dann liegt dort auch ihr Gegenteil verborgen: die *lebendige, unreglementierte Erfahrung*, die uns zwar im Modus der Zwangsidentität und im Dienste einer Verwertungslogik gleichsam abgeschnitten wird, gleichwohl aber – dialektisch gesprochen niemals völlig getilgt werden kann. Deshalb kommt Adorno zu dem Schluss, dass Bildung den „Schutz vorm Andrängen der Außenwelt, eine gewisse Schonung des Einzelsubjekts, vielleicht sogar die Lückenhaftigkeit der Vergesellschaftung"[74] braucht, um überhaupt der Erfahrung, der stets ein Moment des Unwillkürlichen und des Spontanen anhaftet, zum Vorschein zu verhelfen. Hier allein ist die Möglichkeit gegeben, jene stereotype Schicht der immer

[71] Vgl. Adorno 8/1998, S. 106.
[72] Ebenda, S. 102.
[73] Ebenda.
[74] Ebenda, S. 106.

schon vorgefertigten Denkschemata zu überwinden und affektiv mit anderen in Beziehung zu treten. Das würde aber voraussetzen, dass das Subjekt die Möglichkeit zu einer unreglementierten Erfahrung hat, in der es sich selbst erhalten und zugleich noch auf das reflektieren kann, was es selber nicht ist. Das Wahrnehmen des Anderen in seinem lebendigen So-Sein ist also die ganz wesentliche Bedingung eines Bildungsprozesses, der darauf ausgeht, die (schlechte) Realität und deren Inhalt in den eigenen Reflexionshorizont aufzunehmen. „Ohne Erfahrungsfähigkeit," so formulierte es einmal Hellmut Becker in Übereinstimmung mit Adorno, „gibt es kein eigentlich qualifiziertes Reflexionsniveau."[75] Erfahrung wird hier gleichsam zur Vermittlungsinstanz zwischen den vielfältigen Bildungsinhalten, die sich das Subjekt zueignet, und seinen inneren Strukturen. Sie ist mehr als nur das rationale Vermögen zum abstrakten Denken. Sie umfasst die Bereiche der Sinnlichkeit und der Wahrnehmungsfähigkeit, der Affekte und der Emotionen, die, ins Bewusstsein gehoben, uns dazu befähigen, das Leiden an der Unfreiheit zum Ausdruck kommen zu lassen. Erfahrung und begriffliches Denken sind auf diese Weise wechselseitig aufeinander bezogen. Ja, der menschliche Körper bzw. das somatische Empfinden wird zur Voraussetzung des Denkens,[76] ohne sogleich in Geistiges transzendiert zu werden: „Irreduzibel ist das somatische Moment als das nicht rein cognitive an der Erkenntnis."[77] Das heißt, körperliches Empfinden kann nicht völlig reflexiv werden, immer bleibt ein Rest von Gefühltem, das gleichwohl einen Teil der Erkenntnis darstellt: „Als körperliche Sensationen sind sie [die Empfindungen, E.B.] konstitutiv für Erkenntnis und als somatische Momente nicht reduzierbar auf den intelligiblen Charakter des Bewusstseins."[78] Wo begriffliches Denken gänzlich abgekoppelt wird von dem, was es nicht ist, wo also Erfahrung nicht mehr möglich ist, wird das Denken kalt gegen andere. Das Bewusstsein wird gefühls- und empfindungslos. Es schneidet die Fähigkeit zum Fühlen und Mitfühlen ab.

Der phänomenologische Bezug zur Wirklichkeit bedeutet freilich nicht, im Unmittelbaren zu verharren. Erfahrung bedarf der Distanz, sie braucht die positive Entfremdung vom eigenen Selbst, um überhaupt anderes Wahrnehmen zu können. Erfahrung ist demnach dasjenige Moment, das die „Kontinuität des Bewußtseins, in der das Nichtgegenwärtige" dauert, also gerade das

75 Adorno 1971, S. 115; vgl. auch Schäfer 2004b, S. 118.
76 Zur Auseinandersetzung mit Körper und Bildung im Kontext von Arbeit, Vernunft und Natur und im Rahmen einer kritischen Theorie vgl. Rießland 2003, S. 168-200.
77 Adorno 6/1998, S. 194.
78 Becker-Schmidt 2004, S. 75/76.

Nicht-Unmittelbare, und das „in der Übung und Assoziation im je Einzelnen Tradition stiftet".[79] Damit ist gemeint, dass die Erfahrung *erstens* wesentlich dazu beiträgt, die kulturellen und sozialen Elemente einer Gesellschaft sich so zuzueignen, dass sie im Gedächtnis verbleiben, abrufbar sind und wir auf deren Hintergrund Urteilsfähigkeit entwickeln können. In anderen Worten: Bildungsinhalte müssen assimiliert werden, wollen sie nicht sogleich wieder verloren gehen. *Zweitens* bedeutet Adorno uns damit, dass Bildung Zeit braucht. Deshalb ist die forcierte Beschleunigung in Form des schnellen Aufnehmens und wieder Verwerfens, das dem warenförmigen Reproduktionsprozess der Gesellschaft entspricht, der Bildung feindlich gesinnt. Wir können uns zwar stets neue Dinge aneignen, sie sozusagen in Besitz nehmen – schon das Wort der Aneignung ist verräterisch und entspringt einem aggressiven Akt[80] – verarbeitet sind sie damit aber noch nicht. Daher hat Halbbildung Adorno zufolge „eine Schwäche zur Zeit, zur Erinnerung, durch welche allein jene Synthesis des Erfahrenen im Bewußtsein geriet, welche einmal Bildung war."[81]

Die Voraussetzungen für Bildung sind also denkbar schlecht, und hier setzt Adornos Kritik an, denn der *Mangel an Erfahrung* ist den in der Gesellschaft und den Individuen tief eingelagerten Entfremdungsphänomenen geschuldet. Die ideologischen Vorstellungen schieben sich zwischen das Subjekt und die Realität und filtern die Realität ganz im Sinne der Ideologien, die den Schein einer vernünftigen Ordnung erzeugen, wo diese aber in Wirklichkeit schon der Irrationalität verfallen ist, da sie die Menschen der Verdinglichung preisgibt. Halbbildung entspricht der widerspruchslosen Integration in dieses System. Sie ist defensiv und „weicht den Berührungen aus, die etwas von ihrer Fragwürdigkeit zutage fördern könnten."[82] Unter diesem Vorbehalt steht Bildung in einer Gesellschaft, die zwar noch Freiheit beschwört, dabei aber das Heteronome hervorbringt. Aber gerade diese „hinfällige Ordnung [ist es], an der allein" das Subjekt „sich zu bilden vermag."[83] Dieser Aporie freilich ist nur beizukommen, wenn das Subjekt in die Lage versetzt wird, ein Bewusstsein über die widersprüchlichen Prozesse, in die es selbst miteinbezogen ist, zu erlangen: „Die Herstellung der Erfahrungsfähigkeit bestünde sehr wesentlich im Bewußtmachen und damit im Abbau dieser Verdrängungsmechanismen und Reaktionsbildungen, die in den Menschen selber ihre Erfahrungsfä-

[79] Adorno 8/1998, S. 115.
[80] Zum Unterschied zwischen Zueignung und Aneignung siehe auch Bernhard 2006, S. 75.
[81] Adorno 8/1998, S. 116; vgl. auch Horkheimer 1972a, S. 166.
[82] Adorno 8/1998, S. 117.
[83] Ebenda, S. 104.

higkeit verkrüppeln. Es geht also nicht einfach um die Absenz von Bildung, sondern um die Feindschaft dagegen, um die Rancune gegen das, was ihnen versagt ist."[84] Es geht genau genommen darum, den Menschen die *Gründe* für die Abwesenheit von Bildung in der Hoffnung bewusst zu machen, dass es ihnen gelingen möge, Widerstand zu entwickeln und Aufklärung zu fordern: „Das Individuum [...] überlebt heute nur als Kraftzentrum des Widerstandes."[85]

In einer Erziehung zur Erfahrungsfähigkeit bzw. zur Phantasie erblickt Adorno daher auch die Bedingung der Möglichkeit zu einem Denken, das sich auf die Realität und deren Inhalte richtet. Insofern ist „Denken und geistige Erfahrungen machen [...] ein und dasselbe."[86] Mehr noch sogar ist *Erziehung zur Erfahrung* identisch mit der *Erziehung zur Mündigkeit*. Das überschießende Potenzial der Erfahrung oder der Phantasie ist die Voraussetzung, der Anpassung zu widerstehen. Erfahrung ist insofern ein kritischer Begriff. Bildung, so das Fazit Adornos, hat „keine andere Möglichkeit des Überlebens als die kritische Selbstreflexion auf die Halbbildung, zu der sie notwendig wurde."[87] Obwohl Bildung ideologisch anfällig ist, gibt sie gleichwohl der Idee nach einer Erfahrung Raum, die zum immanenten „Stachel gegen die totalisierenden Tendenzen des Systems"[88] zu werden vermag.

Exkurs: Kritische Theorie und Geschlechterverhältnis[89]

Adorno und Horkheimer nehmen zwar Anstoß an den hierarchischen Geschlechterverhältnissen, sie beziehen sie aber nicht systematisch in ihre Analysen mit ein und verstricken sich in Widersprüche, indem sie ungewollt patriarchale Muster der Weiblichkeit reproduzieren. Die Entstehung der abendländischen Subjektivität im Prozess der Zivilisation ist, wie wir gesehen haben, an die Beherrschung der inneren menschlichen Natur gebunden, um die unkontrollierbaren Naturkräfte, die Triebe und das Begehren zu kanalisieren. Dieser Analyse liegt die Annahme zugrunde, dass sich die Hervorbringung

84 Adorno 1971, S. 115.
85 Ebenda, S. 118.
86 Ebenda, S. 116.
87 Adorno 8/1998, S. 121.
88 Schäfer 2004a, S. 316.
89 Es können hier nur ansatzweise Horkheimers und Adornos Gedanken zum Geschlechterverhältnis dargestellt werden. Zum Weiterlesen und Weiterdenken empfehle ich daher: Rumpf 1989 (Horkheimer); Kolesch 1998 (Adorno); Becker-Schmidt 2004 (Adorno). Dort werden die Aporien und Widersprüche in der Argumentationsstruktur der beiden offen gelegt und einer kritischen Analyse unterzogen.

des neuzeitlichen Subjekts einer Naturbeherrschung, genauer noch sogar einer Selbstbeherrschung verdankt, die in ihr Gegenteil umschlagen kann, der Naturverfallenheit. Naturbeherrschung und Naturverfallenheit sind dialektisch aufeinander bezogen. In der Aufklärung freilich verschwand der Blick auf das Andere der Vernunft, es wurde gewaltvoll aus dem Reflexionshorizont verbannt. Vernunft wurde einseitig, sie wurde instrumentell, insofern sie ihr Anderes vollständig zu verleugnen trachtete. Aufgabe der Bildung ist es nun, auf dieses rückläufige Moment der Vernunft zu reflektieren und es im Modus der lebendigen Erfahrung als das Verdrängte in den Wahrnehmungshorizont zu heben. Man sollte meinen, dass dies für Frauen und Männer gleichermaßen zutrifft.

Den beiden Autoren geht aber bei der Rekonstruktion der Entstehung der Geschlechterdifferenz dieses dialektische Moment verloren, weil sie das Weibliche mit Natur identifizieren und die Unterdrückung der Frauen alleine auf die Unterdrückung der Natur zurückführen. Damit reduzieren sie Frauen auf eine universale Kategorie, indem sie sie zu einer geschlossenen Gruppe homogenisieren und wiederholen so das Muster der sich im 18. Jahrhundert herausbildenden Geschlechterdifferenz. In dieser Wiederholung selbst liegt ein konservatives Moment, denn Adorno und Horkheimer kommen über eine Darstellung dessen, was war, nicht hinaus und schreiben fort, was eigentlich zu kritisieren wäre. Besonders deutlich wird ihre Sichtweise an folgendem Zitat: „Die Sorge ums vernunftlose Tier aber ist dem Vernünftigen müßig. Die westliche Zivilisation hat sie den Frauen überlassen. Diese haben keinen selbständigen Anteil an der Tüchtigkeit, aus welcher Zivilisation hervorging. Der Mann muß hinaus ins feindliche Leben, muß wirken und streben. *Die Frau ist nicht Subjekt.* Sie produziert nicht, sondern pflegt die Produzierenden, ein lebendiges Denkmal längst entschwundener Zeiten der geschlossenen Hauswirtschaft. Ihr war die erzwungene Arbeitsteilung wenig günstig. Sie wurde zur Verkörperung der biologischen Funktion, zum Bild der Natur, in deren Unterdrückung der Ruhmestitel dieser Zivilisation bestand. Grenzenlos Natur zu beherrschen, den Kosmos in ein unendliches Jagdgebiet zu verwandeln, war der Wunschtraum der Jahrtausende. Darauf war die Idee des Menschen in der Männergesellschaft abgestimmt. Das war der Sinn der Vernunft, mit der er sich brüstete. Die Frau war kleiner und schwächer, zwischen ihr und dem Mann bestand ein Unterschied, den sie nicht überwinden konnte, ein von Natur gesetzter Unterschied, das Beschämendste, Erniedrigendste, was in der Männergesellschaft möglich ist. Wo Beherrschung der Natur das wahre Ziel ist, bleibt *biologische Unterlegenheit das Stigma schlechthin*, die von Natur geprägte Schwäche zur Gewalttat herausforderndes Mal."[90] Der Prozess der männlichen Subjektkonstitution geht dergestalt mit einer Nicht-Anerkennung von Frauen und deren Handlungsoptionen einher.

Die Beschreibung trifft zwar zu und ist durchaus kritisch gemeint, die ihr zugrunde gelegten Motive für die Unterdrückung der Frauen allerdings sind problematisch, weil sie auf jene biologische Unterlegenheit zurückzuführen sind, die schon den Aufklärern zur Legitimation der Geschlechterdifferenz diente. Gleichwohl aber ist bei aller Kritik zu konzedieren, dass Adorno und Horkheimer eine scharfe Analyse der Geschlechterordnung vornehmen. Während der Mann nämlich sein Subjektivität durch Selbstbeherrschung modelliert, ist die Knechtschaft der Frau Resultat ihrer Unterdrückung, die sich in ihr Inneres verlängert und zur Affirmation der bestehenden Verhältnisse führt: „die Frau schien die Niederlage frei auf sich zu nehmen."[91] Aber nicht nur, dass sie sich freiwillig unterwirft, sondern auch, dass in dieser Unterwerfung das Prinzip der Warenförmigkeit zum Vorschein kommt, ist das eigentliche Skandalon am bürgerlichen Geschlechterentwurf. Denn dem weiblichen Charakter wird die „männliche Eigentumsordnung"[92] auferlegt und die die Ehe konstituierende Liebe gerät einzig zum Mittel der Reproduktion. Noch die intimsten Verhältnisse sind vom ökonomisch determinierten System"[93] durchsetzt: „Unter der großen Industrie wird die Liebe kassiert."[94]

Gleichursprünglich ist die Naturalisierung der Frau mit ihrer Verdinglichung. Der gesellschaftliche Antagonismus in Gestalt der kapitalistischen Eigentumsverhältnisse kommt auch dort zum Vorschein, wo sich das Bürgertum versöhnt zeigt: in der emotionalen Atmosphäre der Familie. Die geschlechtsspezifische Arbeitsteilung war nämlich schon im Moment ihrer Entstehung äußerst funktional für den reibungslosen Ablauf der frühbürgerlichen Industriegesellschaft. Daher weist Adorno darauf hin, dass „der weibliche Charakter und das Ideal der Weiblichkeit, nach dem er modelliert ist", Produkte der männlichen Gesellschaft sind, welche dort, „wo sie human zu sein vorgibt, [...] sie in den Frauen souverän ihr eigenes Korrektiv" züchtet, allerdings in

90 Horkheimer, Adorno 3/1998, S. 285. Hervorhebung E.B.
91 Ebenda, S. 127
92 Ebenda.
93 Adorno 4/1998, S. 195.
94 Horkheimer, Adorno 3/1998, S. 127.

Form der entstellten und verstümmelten Natur:[95] „Der weibliche Charakter ist ein Abdruck des Positivs der Herrschaft. Damit aber so schlecht wie diese."[96]

Frauen bleiben an ihre Geschlechtlichkeit und damit an ihre vorgebliche Natur gebunden. Sie werden zum „Geschlechtsobjekt", wie Horkheimer schreibt, und zur „häuslichen Leibeigenen" degradiert.[97] Bei Horkheimer stellt die Familie gemäß der bürgerlichen Ideologie das Pendant zur kalten Rationalität der kapitalistischen Verwertungslogik dar. Der Frau als Personifizierung des familialen Glücks fällt dabei die Aufgabe zu, unter Absehung eigener Bedürfnisse mit Liebe und Aufmerksamkeit die männlichen Erwartungen zu erfüllen. Die Entfaltung der Frau wird durch ihre Abhängigkeit von der männlichen Macht dauerhaft gehemmt, so dass sie stets nur Objekt, niemals aber selbstbestimmt sein kann. Der Zerstörungskraft einer von Männern gesetzten Gesellschaft, in der alles unter einer menschenverachtenden Verwertungslogik steht, stellt Horkheimer das antagonistische Prinzip der Liebe oppositionell entgegen. Zwar charakterisiert er die bestehenden Familienstrukturen im Kontext der kapitalistischen Gesellschaft als funktional und damit als durch und durch verdinglicht. Zugleich aber beschwört er den Mythos der Mütterlichkeit, deren Verlust er mit dem Aufkommen des Patriarchats gleichsetzt. Damit aber rekurriert er auf das, was eigentlich zu kritisieren wäre: die fortdauernde Gleichsetzung der Frauen mit Liebe und Emotionalität.

Die Tatsache, dass Frauen historisch gezwungen waren, sich in eine Gesellschaft zu fügen, die ihnen kaum eine Chance zur *eigenständigen* Subjektentwicklung zugestand, hängt auch mit den mangelnden die Möglichkeiten der Bildung zusammen. Wenn Adorno nun schreibt: „Der Mann als Herrscher versagt der Frau die Ehre, sie zu individuieren,"[98] dann tut er dies unter der Voraussetzung, dass Bildung ein Privileg war, das nicht jeder und jedem zustand. Insofern ist es tatsächlich richtig, dass Frauen auf die Hilfe von solchen Männern angewiesen waren, die die Macht zur Veränderung des staatlichen Bildungssystems hatten. Andererseits aber verkennt er das Moment der Eigenständigkeit und Selbstbestimmung von Frauen fundamental, wenn er sie weiter in die Abhängigkeit von Männern stellt, die ihnen die Ehre der Individuierung gewähren. Mit Sicherheit ist dieser Satz einer Ironie geschuldet. Weil aber jeder Ironie zugleich eine Wahrheit zugrunde liegt, enthält er auch ein Moment der Selbstüberhebung. Emanzipation von einer Autorität bedarf der

95 Adorno 4/1998, S. 107.
96 Ebenda.
97 Horkheimer 2005, S. 191.
98 Adorno 3/1998, S. 132.

Kraft der Unterdrückten selbst, die ihr Leid zum Ausdruck kommen lassen und so Widerstand provozieren. Wenn Erkenntnis, das Denken, die Vernunft, wie Adorno in *Negative Dialektik* schreibt, an den Körper als Voraussetzung gebunden sind und das psychische und physische Leid gewissermaßen „Motor des dialektischen Gedankens"[99] in Form der Veränderung, mehr noch der Verbesserung der realen Lebensverhältnisse ist, dann sind Frauen allemal dazu befähigt, sich selbst zu individuieren, und das heißt, sich zu emanzipieren, ohne sogleich auf männliche Hilfe angewiesen zu sein.

6.4 Zur Aktualität der Theorie der Halbbildung

Adorno entfaltet in seinem Text Stück für Stück die Mechanismen, die zum Verfall der humanistischen Bildung geführt haben. So entsteht gleichsam ein Lehrstück über das kritische Denken, das sich stets kritisch auf sich selbst zurückführen lassen muss, will es sich als kritisches erweisen.[100] Daher kann auch nicht die Rede davon sein, dass die Kritische Theorie einmal war und nun andere Konzepte an ihre Stelle getreten seien, wie zuweilen aus einer bestimmten wissenschaftlichen Richtung, der Politik oder den Medien zu vernehmen ist. Kritik im Sinne der Kritischen Theorie ist keine Epochenerscheinung, sondern ein Instrument der Bewusstseinsbildung und in diesem Sinne niemals überholt. Sie ist „Teil und Ausdruck einer kulturellen Praxis".[101] Schlechtestenfalls wird sie aus herrschafts- und machtpolitischen Überlegungen heraus ignoriert und verleugnet. Damit erweist sie sich aber als umso dringlicher. Sie erhält ihre Rechtfertigung gerade aus dieser einseitigen Rhetorik, die das Ende aller Widersprüche verkündet und aktuell damit beginnt, die ausgeklügelten und hoch ausdifferenzierten Apparate zur Kontrolle der Menschen zu legitimieren. Damit wird die Formalisierung auf die Spitze getrieben und Frauen und Männer einer perennierenden Überwachung unterworfen. Weil sich die fortgesetzte und alle Lebensbereiche erfassende Ökonomisierung an Modellen aus der Betriebswirtschaft orientiert, die aus wirtschaftlichem Kalkül jeden Fehler schon vor seiner Entstehung vermeiden wollen, wird jegliche Möglichkeit zu einer lebendigen Erfahrung von vornherein blockiert. Ständige Evaluationen und Qualitätskontrollen, davon ist auszugehen, verfolgen ebendiesen präventiven Zweck der Fehlervermeidung und stellen das still, was unverzichtbare Voraussetzung jeglicher Bildung ist: Lernen

[99] Adorno 6/1998, S. 200.
[100] Vgl. Euler 2000, S. 8.
[101] Ebenda, S. 11.

durch Irrtum und Irritation. Bildung nämlich braucht nicht nur Zeit, sie bedarf auch der verschlungenen Wege, um „ungedeckte Gedanken"[102] zu denken. Denken aber ist riskant, weil es sich stets wieder auf sich selbst kritisch zurück beziehen muss. Oder wie es Hannah Arendt einmal formulierte: „Es gibt keine gefährlichen Gedanken; das Denken selbst ist gefährlich."[103] Nicht-Denken verführe indes zur moralischen Indifferenz.

In Zeiten, in denen sich die Politik mit den Interessen der Wirtschaft gemein macht, gehört zum Reflexionshintergrund eines jeglichen kritischen Bewusstseins ein Wissen darüber, wie die Wirtschaft funktioniert. Bildung bedeutet dann, sich über die Mechanismen, die unser Leben sowohl in psychischer wie auch in physischer Hinsicht so einschneidend beeinflussen, Klarheit zu verschaffen und auf die sozialisierte Halbbildung, die uns zu dem macht, was wir sind, kritisch zu reflektieren. Das ist das, was Adorno meint, wenn er davon spricht, dass an Bildung festzuhalten sei, „nachdem die Gesellschaft ihr die Basis entzog. Sie hat [...] keine andere Möglichkeit des Überlebens als die kritische Selbstreflexion auf die Halbbildung, zu der sie notwendig wurde."[104]

102 Adorno 1971, S. 135.

103 Arendt 1994, S. 144. Übrigens spricht auch Arendt von der lebendigen Erfahrung, ohne die jedes Denken bloß abstrakt und starr bleibt (vgl. dazu Borst 2007b).

104 Adorno 8/1998, S. 121.

7. Kategoriale Bildung und kritisch- konstruktive Erziehungswissenschaft: Zum Bildungsverständnis von Wolfgang Klafki

In einem Aufsatz von 1990 äußerte Wolfgang Klafki die Befürchtung, dass angesichts neuerer wissenschaftstheoretischer Debatten und angesichts einer veränderten Gesellschaftsstruktur im Modus der Pluralisierung und Individualisierung ein *Abschied von der Aufklärung* eingeleitet sei. Insbesondere sieht er das Konzept der „reflexiven Rationalität“[1] bedroht, die im Anschluss an Kant für ein kritisches Bewusstsein einsteht und die universalistische Grundidee der Menschenrechte im Zusammenhang mit „einer freiheitlichen und sozialen Demokratie“[2] zu bewahren vermag. Die reflexive Rationalität entspringt dabei der Vernunft eines jeden Menschen, die ihn erst in die Lage versetzt, „instrumentell-technisches, administratives oder politisch-strategisches Handeln“[3] auf seine Berechtigung im Hinblick auf die Gesellschaft im Allgemeinen und das Individuum im Besonderen hin zu befragen. Aus dieser Verantwortung für eine freiheitliche Gesellschaft, die ein Leben in Würde und in Selbstbestimmung zu garantieren hat, will er niemanden entlassen. Damit vertritt er einen ethisch-moralischen Standpunkt, der seine Wurzeln in der Aufklärung hat und keinesfalls aufgegeben werden darf. Auch wenn deren Forderungen noch nicht im Entferntesten eingelöst seien, so sei es doch von außerordentlicher Wichtigkeit, dass sie, wie er schreibt, „weiter*gedacht* und weiter*verfolgt* werden müssen“.[4] Schon 1986 hob er die Bedeutung der klassischen Bildungstheorien für ein zeitgemäßes Konzept allgemeiner Bildung hervor und positioniert sich so deutlich in der Tradition der Aufklärung.[5] Damit beharrt er explizit auf einen Begriff der Bildung, der als „Ziel- und Orientierungskategorie pädagogischer Bemühungen verwendet“[6] werden kann, insofern ihm seiner ursprünglichen historischen Semantik entsprechend stets ein Moment der Kritik immanent ist. So schreibt Klafki etwa, „daß die Entfaltung der Vernunftfähigkeit in jedem Menschen zugleich die Möglichkeit eröffnet, daß die Menschen im vernunftgemäßen Miteinander-Sprechen und -Diskutieren und im reflexiven Verarbeiten ihrer Erfahrungen eine fortschreitende Humanisierung ihrer gemeinsamen Lebensbedingungen und eine vernünftige

---

1 Klafki 1990, S. 91.
2 Ebenda.
3 Ebenda.
4 Ebenda. Hervorhebung im Original.
5 Vgl. Klafki 1986.
6 Klafki 1985, S. 12.

Gestaltung ihrer gesellschaftlich-politischen Verhältnisse erreichen, unbegründete Herrschaft abbauen und ihre Freiheitsspielräume vergrößern können".[7] Im Anschluss an Heinz-Joachim Heydorn ist ihm Bildung der Möglichkeit nach Instrument zur Freisetzung aus Macht- und Herrschaftsverhältnissen.[8]

Neben Heinz-Joachim Heydorn, von dem im nächsten Kapitel die Rede sein wird, hat Wolfgang Klafki als einer der wenigen Erziehungswissenschaftler der Nachkriegszeit eine eigenständige Bildungstheorie hervorgebracht, die im Begriff der „Kategorialen Bildung" (1959) zum Ausdruck kommt und noch eng der geisteswissenschaftlichen Pädagogik verhaftet ist. Sie vernachlässigt nämlich gesellschaftstheoretische Fragen ebenso wie sie auch auf Reflexionen über unbewusste Strukturen im Subjekt verzichtet, wie dies etwa Adorno in seiner Theorie der Halbbildung realisiert hat. Weder werden gesellschaftskritische noch psychoanalytische Problemkonstellationen aufgegriffen oder historisch-systematische Analysen ausgefaltet, wie dies Heydorn in seinem Entwurf zur kritischen Bildungstheorie gelingt. Genau genommen handelt es sich bei der Theorie der kategorialen Bildung lediglich um ein Strukturkonzept, das erst mit der Rezeption der kritischen Gesellschaftstheorie der Frankfurter Schule und unter dem Einfluss der „realistischen Wendung"[9] in der Pädagogik, eingeleitet durch Heinrich Roth 1962, thematisch Anschluss findet an eine kritisch-konstruktive Theorie. Zentrales Element der kritisch-konstruktiven Theorie bleibt nach wie vor der Bildungsbegriff, der, nun in den Kontext einer Theorie der allgemeinen Bildung bzw. Allgemeinbildung eingerückt, zwei wesentliche Grundgedanken zusammenzubringen vermag: Er verbindet nämlich die Seite des Lernens und des Wissenserwerbs im Kontext des gesellschaftlich Geforderten mit einem subjektiven Bewusstsein, das, durchaus in ideologiekritischer Absicht, in der Lage ist, partikulare Macht- und Herrschaftsinteressen und die daraus resultierenden Zwänge und Zumutungen aufzudecken und ihnen möglicherweise zu entraten. Er verdankt sich also einem emanzipatorischen Erkenntnisinteresse. Gleichwohl aber hat die Theorie der kategorialen Bildung weiterhin Gültigkeit,[10] denn sie ist es, die die beiden Seiten der Bildung, das Materiale und das Formale, in ihrer wechselseitigen Dynamik abbilden kann. Dabei knüpft Klafki, wenn auch nicht explizit so doch recht deutlich, an Wilhelm von Humboldts Theorie der Bildung an. Die Refe-

---

7 Ebenda, S. 14.
8 Vgl. ebenda.
9 Vgl. Roth 1962.
10 Vgl. Klafki 1985, S. 26, Anm. 13.

renz wird dort evident, wo es um eine Bildung geht, die dazu befähigt, das Spannungsfeld von Welt und Selbst auszumessen und beide Dimensionen in Korrespondenz zueinander zu bringen; sie also nicht zu vereinseitigen, sondern die Subjektwerdung an den Erwerb von Bildungsinhalten zu koppeln.

7.1 Theorie der kategorialen Bildung

Das zentrale Problem im Zusammenhang mit dem Entwurf einer Theorie der kategorialen Bildung sieht Klafki im einseitigen Umgang herkömmlicher Bildungstheorien mit der materialen und der formalen Bildung. Während *materiale Bildung* durch die Inhalte des Wissens charakterisiert ist, also des Materials, das es zu vermitteln und anzueignen gilt, bezeichnet die *formale Bildung* die Hervorbringung subjektiver Eigenschaften, Fähigkeiten und Kompetenzen. Formale Bildung bezieht sich also, wie schon der Name sagt, auf die individuelle Formung der Persönlichkeit. Durch die Überbetonung einer der beiden qualitativ voneinander zu unterscheidenden Dimensionen von Bildung kommt es zu einer Vernachlässigung entweder der materialen oder der formalen Bildung. Im ersten Fall, also der Vernachlässigung von Wissensinhalten, spricht man von einem Anti-Intellektualismus, wie er etwa in großen Teilen der bürgerlichen Reformpädagogik der 1920/30er Jahre zum Ausdruck gekommen ist.[11] Im zweiten Fall, also der Vernachlässigung der Persönlichkeit und ihren Ausdrucksformen, spricht man von Funktionalisierung, und zwar im Interesse Dritter, etwa im Hinblick auf den Arbeitsmarkt. Sowohl Anti-Intellektualismus wie auch Funktionalismus führen zu einer Fragmentierung des Subjekts, dessen Totalität im Modus seiner ihm potenziell mitgegebenen intellektuellen, sinnlichen sowie kreativen Vermögen und deren Verschränkung in Frage gestellt wäre. Demgegenüber ist es für Klafki von entscheidender Bedeutung, materiale und formale Bildung so miteinander zu verbinden, dass sie dem Subjekt vielfältige Möglichkeiten zu einer rationalen Erschließung der Welt schaffen, das Subjekt aber auch umgekehrt dazu befähigt werden muss, sich selbst zu erschließen. Das heißt, Welterschließung und Selbsterschließung erfolgen in einem wechselseitigen Prozess, insofern materiale und formale Bildung dialektisch aufeinander bezogen sind und sich gegenseitig bedingen.

Unbeantwortet bleibt dabei aber weiterhin die Frage nach den Inhalten, denn nicht jeder Wissensinhalt zeitigt Auswirkungen auf die formalen Fähigkeiten der Individuen. Deshalb unterscheidet Klafki zwischen bloßen *Wissens-*

[11] Vgl. Borst 1997.

inhalten, die in einer großen Fülle dargebracht werden können, und *Bildungs*inhalten. Wissen ist nicht Bildung. Während Wissensinhalte quantitativ abgefragt werden können, ist dies bei Bildung nicht möglich, weil sich Bildung stets an der Schnittstelle von objektiven Wissensbeständen und subjektiver Verarbeitung dieser Wissensbestände abspielt. Das heißt, und da geht er konform mit Humboldt, mit der Aufnahme und der subjektiven Verarbeitung von Wissensinhalten bildet sich ein Individuum heraus, das wiederum auf die Welt zurückwirkt, und zwar in einer ihm ganz eigenen Weise. Insofern nämlich die Heranwachsenden variierenden Sozialisations- und Erziehungsprozessen ausgesetzt sind und daher durchaus unterschiedliche Fähigkeiten erwerben, insofern verfügen sie auch über unterschiedliche Ausgangsbedingungen, die eine jeweils differierende Art des Umgangs mit dem dargebotenen Stoff erzeugen und zur Ausbildung individueller Eigenheiten beitragen. Da es sich dabei um einen Bildungsprozess handelt, der unter anderem auf Individualität, Eigensinn und Selbstbestimmung verweist, ist er auch quantitativ nicht zu erfassen.

Wie werden nun aber aus Wissensinhalten Bildungsinhalte? Denn Wissen soll ja nicht nur additiv angeeignet und reproduziert werden. Weil Wissen in einem solchen Fall lediglich als Mittel zu einem bestimmten Zweck diente, könnte es infolgedessen auch kaum denkend bzw. bildend zugeeignet werden, das heißt: es könnte nicht an schon bestehende Bildungsinhalte assimiliert und im Individuum selbst gleichsam lebendig werden, sondern es hätte nur solange Gültigkeit, solange es nützlich zur Erfüllung eines Zweckes ist.[12] Es wird ephemer und kann bei Bedarf auch wieder vergessen werden.

Zur Beantwortung der oben genannten Frage ist es zunächst überaus wichtig zu betonen, dass Klafki dezidiert von der Idee einer im Individuum schlummerten Kraft, die nur eines äußeren Anstoßes bedarf, um sich zu entfalten, abrückt. Diese bis weit ins 20. Jahrhundert diskutierte These hält er für rein hypothetisch, da niemand wirklich sagen könne, ob das, was äußerlich in Erscheinung tritt und sich zum Ausdruck bringt, tatsächlich inneren Kräften entspringt, oder ob nicht etwa umgekehrt der „ursprünglich an Möglichkeiten unbestimmbar reiche individuelle ‚Geist'" sich erst in der Begegnung mit den Inhalten strukturiert. Dass also die äußeren Kräfte in Form von Bildungsinhalten, denen ein bestimmter Bildungs*wert* eignet, das Individuelle zum Besonderen formen: Die „Bildungsinhalte selbst sind das, was man allenfalls, wenn sie in einer bestimmten Weise Eingang in den individuellen Geist gefunden haben, in einem übertragenen Sinn ‚Kräfte' nennen könnte. Dem noch undif-

[12] Vgl. zum Unterschied zwischen Aneignung und Zueignung Kapitel 6.3.2 „Theorie der Halbbildung".

ferenzierten Geiste eine Struktur, eine Gliederung zu geben, dazu wären sie nicht in der Lage, käme ihnen nicht als solchen (und nicht nur als ‚Mitteln') ein *Wert* zu."[13] Es kommt demnach auf die Inhalte an, denen ein bestimmter Wert anhaftet. Die Kräfte vermitteln sich also über die Inhalte, sie sind nicht von vornherein schon da. Anders noch: die sogenannten Kräfte „sind ‚Wirkungen' der dem Menschen begegnenden Inhalte".[14] Die Fähigkeiten zu Phantasie, Kreativität, Intellektualität und Sinnlichkeit sind zwar in ungerichteter Form irgendwie im Individuum vorhanden, man darf sie aber nicht als voneinander abgegrenzt voraussetzen. Sie erhalten ihre Struktur erst über einen Lern- und Bildungsprozess, wobei sie sich nicht notwendig alle in gleicher Weise ausbilden. Es handelt sich demzufolge um Fähigkeiten, die entwickelt werden müssen.

Wenn Klafki in diesem Zusammenhang von Wert spricht, so darf er nicht dahingehend missverstanden werden, dass er diesen Wert im Kontext einer Moral oder einer Ethik gebraucht. Wert bezeichnet vielmehr die Bedingung der Möglichkeit, über einen spezifisch dargebrachten Inhalt hinaus andere spezifische Fälle ähnlicher Art zu verstehen, einzuordnen und darüber nachzudenken, kurz: sie sich selbständig zu erschließen. Zuweilen spricht Klafki daher auch statt vom Wert eines Bildungsinhaltes vom Bildungs*gehalt*. Der Bildungsgehalt ist dabei keinesfalls zu verwechseln mit dem Bildungsinhalt: „Jeder besondere Bildungs*inhalt* birgt in sich [...] einen allgemeinen Bildungs*gehalt*,"[15] der das Individuum dazu befähigt, das Allgemeine im Besonderen zu erkennen und Kategorien der Erkenntnis zu schaffen, die wiederum ihm selbst Gestalt verleihen: „Solche Erschließung, solches Offen-machen für Inhalte und Werte können die sogen. [sic!] Bildungsinhalte nur leisten, weil ihnen ein besonderes Wesenmerkmal eigen ist: Es charakterisiert einen Bildungsinhalt, daß er als einzelner Inhalt immer stellvertretend für viele Kulturinhalte steht."[16] Bildungsinhalt und der ihm implizite Bildungsgehalt sind dabei stets nur im Hinblick auf die jeweilige Situation von bestimmten Kindern und Jugendlichen und im Kontext der jeweiligen historischen Bedingungen zu beurteilen.[17]

---

13 Klafki 1964b, S. 35. Hervorhebung E.B.

14 Ebenda.

15 Klafki 1971, S. 134. Hervorhebung im Original. Wesentlich für Klafkis Gedanken zum Bildungsgehalt sind die Ausführungen von Otto Willmann 1957.

16 Ebenda.

17 Vgl. ebenda, S. 132.

Angesichts der Fülle von sachbezogenen Inhalten ist es also notwendig, an wenigen, dafür aber *exemplarischen* Fällen Sachverhalte so nachzuvollziehen, dass sie auf ähnlich gelagerte Fälle übertragen werden können. Dieses Exemplarische ist auf das Elementare, auf das „Überzeugend-Einfache[.]“, auf das „Vorbildlich-Charakteristische[.]“[18] reduziert, damit überhaupt eine Übertragung möglich wird. Dahinter steht die Forderung, dass Heranwachsende zu „höchstmöglicher geistiger Selbsttätigkeit“ angeregt werden, weil sich nur so „Wege zur selbständigen Bewältigung konkreter Probleme“[19] eröffnen. Neben das *Exemplarische*, das auf die „bildende[.] Aneignung geistiger Inhalte“[20] zielt, stellt Klafki das *Fundamentale*. Die Bedeutung des Fundamentalen liegt in dem elementaren Erlebnis, ein besonderes Interesse für eine Sache entdeckt zu haben, etwa für die Naturwissenschaften, für eine Sprache, für Geschichte, Philosophie, Kunst u.v.m.

Beide Momente entspringen einem didaktischen Prinzip, das Klafki in seiner „didaktischen Analyse“[21] entwickelt. Die didaktische Analyse soll, um es kurz zu sagen, den jeweiligen Bildungsgehalt für die jeweilige Unterrichtssituation systematisch ermitteln. Dabei sind die folgenden beiden Komponenten zu berücksichtigen: *Erstens*, dass Inhalte nur dann verstanden werden können, wenn sie in selbständiger Arbeit erschlossen werden und „Lebensbedeutung besitzen“.[22] Mit anderen Worten heißt das: Ausgangs- und Bezugspunkt sind die Heranwachsenden selbst mit ihren in einer spezifischen Umwelt erlebten individuellen Erfahrungen. Daher kann nur der Inhalt lebensbedeutend werden, der in eine unmittelbare Verbindung zu dieser Erfahrung gebracht und reflexiv verarbeitet wird. Bildungsinhalte können deshalb auch nicht vorgegeben werden, weil sie von unterschiedlichem Wert für die Heranwachsenden sind. Sie können allenfalls in Form des Elementaren exemplarisch einen Bildungsprozess in Gang setzen, der schließlich in Selbsttätigkeit mündet. Der Bildungsinhalt muss unter diesen Voraussetzungen vom Subjekt selbst entdeckt werden.[23] *Zweitens* bringt sich in diesem Erlebnis eine weitergehende Aufgeschlossenheit für bestimmte Sachgebiete in Form des Fundamentalen zum Ausdruck. Kritisch anzumerken bleibt freilich, dass sich das Fundamentale nicht automatisch aus dem Exemplarischen ableiten lässt. Es

[18] Klafki 1964b, S. 40.
[19] Ebenda, S. 41.
[20] Ebenda.
[21] Zur didaktischen Analyse vgl. Klafki 1971, S. 135-153.
[22] Klafki 1964b, S. 40.
[23] Vgl. Ebert 1986, S. 55.

handelt sich dabei eher um eine vage Hoffnung, die einem pädagogischen Optimismus entspringt.

Klafki stellt nun das Exemplarische und das Fundamentale in einen unmittelbaren Zusammenhang mit seiner Theorie der Bildung, denn es sind diejenigen Dimensionen im Bildungsgeschehen, die uns dazu veranlassen, Kategorien zu erschaffen. Der Begriff des Kategorialen bezeichnet dabei „eine Korrespondenz bzw. Korrelation eines objektiv-gegenständlichen und eines subjektiv-formalen Momentes“.[24] Die Wirklichkeit tritt kategorial dann in Erscheinung, wenn wir uns selbst erschließen für diese Wirklichkeit. Oder anders ausgedrückt: Der Vorgang kategorialer Bildung tritt in dem Moment ein, in dem wir durch exemplarisches Lernen objektiver Sachverhalte kategoriale Einsichten in diese Objektivität gewinnen und dabei individuelle Kompetenzen entwickeln, die wiederum zu einer intensiven Auseinandersetzung mit den Bildungsinhalten befähigen, „so daß Bildung [...] als Vorgang wechselseitiger Anreicherung von Bildungsstoff und Bildungssubjekt begriffen werden kann“.[25] Ohne diese strukturierenden Inhalte hat das Individuum kaum Möglichkeiten, sich in seiner Totalität zu erfahren. Nur anhand der Inhalte wird es in die Lage versetzt, seine Fähigkeiten im Modus von Intellektualität, Sinnlichkeit und Kreativität kennen zu lernen, sie zu entfalten und sich in ein entsprechendes Verhältnis zur Welt und zum Anderen zu setzen. Es ist dieses Ganze, das für den Begriff der Bildung steht: „‚Bildung‘ ist immer ein Ganzes,“ schreibt Klafki, „nicht die Zusammenfügung von ‚Teilbildungen‘.“[26] Das heißt: Die materiale und die formale Bildung sind stets dialektisch ineinander aufgehoben, sie bedingen sich gegenseitig.

Dieses abstrakte Strukturmodell von Bildung behält Klafki auch später bei. Er entwickelt es aber unter Berücksichtigung der *realistischen Wendung* in der pädagogischen Forschung weiter und nimmt insbesondere die Forderungen der kritischen Theorie nach Emanzipation von gesellschaftlich verursachten Missständen und Zwängen produktiv auf, um sie schließlich in sein Konzept der Allgemeinbildung zu integrieren. Obwohl er der geisteswissenschaftlichen Pädagogik nach wie vor verhaftet bleibt, modifiziert er sie auf diese Weise. Darüber hinaus gelingt es ihm, ein Bezugssystem zu entwickeln, das es einerseits erlaubt, die gesellschaftlichen Verhältnisse kritisch auf ihre Konstitutionsbedingungen zu untersuchen. Andererseits vermag er mit diesem

---

24 Klafki 1964a [1959], S. 9.
25 Bernhard 1997, S. 68.
26 Klafki 1964b, S. 38.

Bezugssystem die Aufgaben, die den Generationen im Sinne einer aufgeklärten und freien Gesellschaft aufgegeben sein sollten, zu skizzieren. Mit seiner kritisch-konstruktiven Wende in den 1970er Jahren, die im Begriff der Allgemeinbildung ihren Ausdruck findet, gewinnt er einen ideologiekritischen Zugang zu Fragen- und Problemstellungen, die sich auch in seiner bildungstheoretischen Didaktik niederschlagen. Didaktische Einsichten und Notwendigkeiten werden allerdings an dieser Stelle nicht behandelt. Der Blick bleibt auf Klafkis Bildungskonzept gerichtet.

7.2 Zum Konzept der Allgemeinbildung

Die *realistische Wendung* in der pädagogischen Forschung geht auf den Erziehungswissenschaftler Heinrich Roth zurück, der 1962 mit der Forderung nach Öffnung für sozialwissenschaftliche Forschungsmethoden die geisteswissenschaftliche Begrenzung der Pädagogik aufgehoben, dabei aber niemals genuin pädagogische Fragen aus den Augen verloren hat. Roth plädiert zwar für eine empirische Erforschung der Erziehungswirklichkeit, zugleich aber ist es ihm wichtig zu betonen, dass sich Pädagogik auch an bildungs- und erziehungsphilosophischen sowie ethischen Problemstellungen orientieren muss, will sie ihren originären Gegenstand der Erziehung und Bildung im traditionellen Sinne der Aufklärung nicht preisgeben. Bei aller Sozialwissenschaftlichkeit in Roths Konzept bleibt die Pädagogik zentraler Bezugspunkt seiner Argumentationen, weil er erstens die Sozialwissenschaft lediglich als eine Hilfswissenschaft für die Klärung pädagogischer Probleme betrachtet und zweitens der Mittelpunkt aller disziplinären und professionellen Bemühungen Bildung und Erziehung bleibt.[27]

Klafki nun nimmt das zum Anlass, seine kritisch-konstruktive Theorie unter Berücksichtigung empirischer Sozialforschung und unter der Maßgabe der Ideologiekritik zu entfalten. 1976 erscheint sein Buch *Aspekte kritisch-konstruktiver Erziehungswissenschaft*, in dem er seine Gedanken skizziert. Dort erläutert er u.a. zum einen, was Erziehungswissenschaft aus kritisch-konstruktiver Perspektive bedeutet. Zum anderen erörtert er, wenn auch nur in aller Kürze, was er unter Ideologiekritik versteht. Um den hier zu umreißenden Sachverhalt seiner Theorie der allgemeinen Bildung verstehen zu können, ist es daher zunächst ganz wesentlich, diese Weiterentwicklung in Klafkis Denken darzustellen. Dabei wird allerdings auf eine Beschreibung seiner Vor-

[27] Vgl. Roth 1962.

schläge zu methodischen Erneuerungen innerhalb der Erziehungswissenschaft verzichtet.[28]

7.2.1 Kritisch-konstruktive Erziehungswissenschaft

Grundvoraussetzung einer kritisch-konstruktiven Erziehungswissenschaft ist Klafki zufolge *zum einen* eine ideologiekritische Sicht auf die politischen, ökonomischen und sozialen Interessen einer Gesellschaft, die das Erziehungs- und Bildungsgeschehen nachhaltig beeinflussen. *Zum anderen* ist zu fragen, in welcher Weise die daraus resultierenden Macht- und Herrschaftsverhältnisse auf die Subjektgenese wirken und die Entwicklung zu einer mündigen Persönlichkeit verhindern. Zu fokussieren ist also ein Individuum, dem Bildung aufgegeben ist im Kontext seiner ihm von der Gesellschaft zur Verfügung gestellten Möglichkeiten, Bildung überhaupt realisieren zu können. Da aber Pädagogik nicht bloß in Kritik verharren kann, sondern Mädchen und Jungen befähigen soll, selbständig zu werden und in dieser Selbständigkeit verantwortlich zu handeln, ist sie *drittens* gehalten, konstruktive Vorschläge zu erarbeiten, wie dies zu bewerkstelligen ist. Kritisch-konstruktiv bedeutet schließlich *viertens*, den Heranwachsenden einen Ort zu schaffen, wo sie lernen können, die Auseinandersetzung mit der Welt, mit sich selbst und den Anderen in einer positiven Weise zu bewältigen. So schreibt Klafki: „Die konsequente Reflexion auf die Möglichkeit, dem einzelnen wirklich zur Selbstbestimmung, zur Emanzipation, zum Recht auf individuelles Glück zu verhelfen, führt die kritische Theorie zu der Einsicht, daß diese Möglichkeit *nur in einer entsprechend strukturierten Gesellschaft* gegeben ist. Erziehungswissenschaft im Sinne kritischer Theorie muß daher notwendig zur permanenten Gesellschaftskritik werden oder sich mit Gesellschaftskritik verbünden, die an den genannten Prinzipien orientiert ist. [...] Die wechselseitige Bedingtheit der in der Erziehung zu vermittelnden Selbstbestimmungsmöglichkeiten des einzelnen und einer politisch zu verwirklichenden Gesellschaftsstruktur, die Selbstbestimmung für alle zuläßt, ist die grundlegende Erkenntnis einer kritischen Erziehungstheorie in diesem Verständnis.“[29]

Den Prinzipien *der Emanzipation, der Selbstbestimmung und der Mündigkeit* als Ziele eines Erziehungs- und Bildungsprozesses korrespondieren auf gesellschaftlicher Seite die Prinzipien *der Freiheit, der Gerechtigkeit und der*

[28] Zu methodischen Fragen vgl. Klafki 1976, S. 29ff., und vgl. Ebert 1986, besonders S. 90ff.

[29] Klafki 1976, S. 46. Hervorhebung im Original.

Humanität. Diese Prinzipien sind zwar normativ, sie entfalten allerdings keine überzeitliche Wirkung, da sie im Kontext der jeweiligen historisch-gesellschaftlichen Situation immer wieder neu überdacht und ausgehandelt werden müssen. Der gesellschaftliche Wandel im Modus seiner technologischen wie auch ökonomischen und kulturellen Fortentwicklung fordert geradezu heraus, dass sie auf eine jeweils veränderte Weise in Erscheinung treten. Daher spricht Klafki auch in Anlehnung an Kant von „regulativen Ideen".[30] Das heißt: Die Ideen der Emanzipation, der Selbstbestimmung und der Mündigkeit bilden im Zeichen der Würde eines jeden Menschen den Hintergrund, vor dem sich die jeweils konkrete Realität zu bewähren hat. Die Messlatte für pädagogisches Handeln sind diese Ideen, hinter die keine Pädagogik zurückfallen sollte.

Zur Analyse der konkreten, sprich gesellschaftlichen Realität im Hinblick auf Freiheit, Gerechtigkeit und Humanität dient ihm die Ideologiekritik. Was aber versteht Klafki unter Ideologie und was bedeutet in diesem Zusammenhang Ideologiekritik?

7.2.2 Ideologiekritik

Klafki schließt sich an den Ideologiebegriff der Frankfurter Schule an, insbesondere an Theodor W. Adorno, Max Horkheimer und Jürgen Habermas. Ideologie ist mit Adorno gesprochen „falsches Bewusstsein" insofern es so tut, als seien die Ideen von Freiheit, Menschlichkeit und Gerechtigkeit in der Gesellschaft schon realisiert, wo es sich doch aber letztlich nur um Ideen handelt, die die schlechte Wirklichkeit aus dem Wahrnehmungshorizont des Bewusstseins verschwinden lassen. Ein „falsches Bewusstsein" täuscht über die wahren Verhältnisse hinweg, es verschleiert sie. Die Behauptung, es ist wie es ist, und es kann nicht anders sein, wie es ist, reflektiert dabei nicht mehr auf ein mögliches Besseres, sondern erklärt das Bestehende zur Maxime und leugnet jede Veränderungsmöglichkeit. Dies geschieht beispielsweise durch die Kulturindustrie, die darauf aus ist, den Menschen vorzugaukeln, sie seien glücklich, wiewohl sie nur Vorgeformtes vorfinden und in dieser Konformität kein Differentes, kein individuell Besonderes mehr in Erscheinung zu treten vermag.[31] Ideologie in diesem Sinne zielt daher „auf synthetische Identifikationen der Massen mit den Normen und Verhältnissen, welche, sei es anonym,

---

[30] Ebenda, S. 45.

[31] Vgl. hierzu das Kapitel 6.2 „Kulturindustrie".

hinter der Kulturindustrie stehen, sei es bewußt von dieser propagiert werden",[32] schreibt Adorno in einem Beitrag zur Ideologienlehre. Dabei enthalten Ideologien durchaus Wahrheitsmomente, wie etwa, dass es sinnvoll wäre, eine gerechte Gesellschaft zu konstituieren. Zur Ideologie wird diese Aussage dann, wenn entweder keine politischen Anstrengungen zu beobachten sind, in einer tendenziell ungerechten Gesellschaft eine Verbesserung herbeizuführen oder der gegenwärtige Zustand als nicht veränderbar hingenommen, er also gleichsam als naturwüchsig legitimiert und als alternativlos dargestellt wird. Auf diese Weise werden Macht- und Herrschaftsverhältnisse regelrecht zugedeckt und zugleich stabilisiert, partikulare Interessen können sich durchsetzen. Da die von den Herrschaftsverhältnissen unterdrückten oder diskriminierten Individuen oder Gruppen häufig das gegenwärtig Bestehende als das vermeintlich Wahre ansehen, rechtfertigen sie – scheinbar freiwillig – ihre eigene Unterdrückung. An dieser Stelle setzt Ideologiekritik an: Die Selbstaufklärung der Menschen über die von ihnen erzeugten politischen, sozialen und ökonomischen (Reproduktions-)Verhältnisse, die sich unter anderem in Sozialisations- und Erziehungsprozessen niederschlagen, in Form von Bildungsprozessen aber ausgeleuchtet werden können. Klafki beschreibt in einem etwas längeren Zitat das entscheidende Kriterium der Ideologiekritik folgendermaßen: „Die ideologiekritische Fragestellung und Methode geht von der Generalhypothese aus, daß menschliches Denken und Handeln, menschliche Lebensformen, Institutionen und kulturelle Objektivationen aller Art bis hin zu den Fragen, Verfahrensweisen und Ergebnissen der Wissenschaft durch die jeweiligen gesellschaftlich-politischen Verhältnisse, durch gesellschaftlich vermittelte Interessen, Abhängigkeiten, Herrschaftsverhältnisse, Zwänge oder auch Chancen bestimmt oder doch *mit*bestimmt sind." Grundiert werden diese gesellschaftlich-politischen Verhältnisse ganz wesentlich durch „wirtschaftliche Zusammenhänge, genauer: die Produktions- und Konsumtionsverhältnisse".[33] Innerhalb dieses Gefüges sind sowohl Erziehungs- und Bildungsinstitutionen als auch pädagogisches Handeln selbst auf immanente Strukturen politischer Herrschaft zu untersuchen. Es gilt also, Macht- und Herrschaftsinteressen aufzudecken.

Allerdings stellt sich die Frage, unter welchen Voraussetzungen es gelingen kann, für Heranwachsende einen Raum zur Entwicklung ihres Eigensinnes zu schaffen. Allein aus der Kritik am Bestehenden lässt sich noch keine

---

32 Adorno 8/1998, S. 476.

33 Klafki 1976, S. 40/41, vgl. auch S. 50-55. Hervorhebung im Original.

konstruktive Pädagogik bzw. eine Bildungstheorie entwickeln, die stets die Gegenwart unter der Perspektive zukünftiger Möglichkeiten im Modus der beiden dialektisch ineinander aufgehobenen Seiten von Bildung – die formale und die materiale – zu berücksichtigen hat. Diesen der Pädagogik immanenten Widerspruch vermag auch Klafki nicht aus der Welt zu schaffen. Er ist geradezu konstitutiv für die Pädagogik. Klafki entwickelt aber ein Bezugssystem, das beiden Seiten Rechnung zu tragen versucht, inhaltlich eng verbunden ist mit gesellschaftstheoretischen Problemstellungen und im Kontext einer allgemeinen Bildung in Erscheinung tritt.

7.2.3 Konturen eines neuen Allgemeinbildungskonzeptes

Klafki versteht sein Konzept einer allgemeinen Bildung als ein universalistisches Modell, das in seinen Grundzügen die Basis für eine internationale Erziehung abgeben könnte.[34] Dieses utopisch anmutende Projekt begründet er zum einen mit Problemlagen, die sich weltweit in ähnlicher Weise zeigen und daher Bedeutsamkeit für die gesamte Menschheit erlangen. Zum anderen beharrt er auf der Auffassung, dass jedem Menschen ohne Unterschied ein Recht auf Bildung und damit einhergehend ein Recht auf individuelle Entwicklung zusteht: Das ist die formal-subjektive Dimension. Zum anderen leuchtet er die Bedingungen aus, unter denen eine solche Entwicklung stattfinden könnte: Das ist die material-objektive Dimension. Wie wir sehen, hat Klafki sein Strukturmodell der kategorialen Bildung beibehalten. Er verändert es aber, insofern er inhaltliche Bildungsziele festlegt und ihm ein normatives Gerüst verleiht. Diese Bildungsziele werden fortan zum unerlässlichen Fundament von Bildung überhaupt und beanspruchen im Kontext einer als freiheitlich-demokratisch vorgestellten gesellschaftlichen Ordnung uneingeschränkte Gültigkeit.

Dabei stellt sich Klafki ein Subjekt vor, das die Fähigkeiten zur *Selbstbestimmung*, zur *Mitbestimmung* und zur *Solidarität* entwickelt, immer unter der Voraussetzung, dass *alle Menschen* der Bildung teilhaftig werden und die Möglichkeit erhalten, ihre kognitiv-intellektuellen, emotional-sinnlichen und kreativen Potenziale zu entfalten. Das genügt aber noch nicht. Um überhaupt ein solches Subjekt werden zu können, bedarf es der Anstrengung der Kritik, die, gepaart mit Argumentationsfähigkeit und Einfühlungsvermögen, erst eine Auseinandersetzung mit der Welt und sich selbst zu initiieren vermag. Wer

[34] Vgl. Klafki 1993.

selbstbestimmt leben will, der muss „Kritikfähigkeit einschließlich der Fähigkeit zur Selbstkritik" erlernen. Wer gesellschaftliche Prozesse mitbestimmen will, muss Argumentationsfähigkeit entwickeln. Wer solidarisch mit seinen Mitmenschen sein will, muss „Empathie im Sinne der Fähigkeit, eine Situation, ein Problem, eine Maßnahme aus der Lage der jeweils *anderen* Betroffenen sehen zu können"[35] entwickeln.

Diese Bestimmungsmomente von Bildung allerdings bedürfen einer inhaltlichen Begründung, die in dem Begriff *Bildung im Medium des Allgemeinen* zum Ausdruck kommt. Bildung im Medium des Allgemeinen umfasst einen verbindlichen Kern menschlicher Probleme, die typisch für eine Epoche sind. Klafki nennt sie „epochaltypische Schlüsselprobleme",[36] über deren Lösung zwar in vielfältiger Weise gestritten werden kann. Dass diese spezifischen Problemlagen aber in ihrer Allgemeinheit tatsächlich bestehen und anerkannt werden, darüber muss eine „hinreichende[.] Übereinstimmung"[37] gefunden werden. Nur so können sie in den Wahrnehmungshorizont einer Bildungstheorie rücken, die für sich beansprucht, ideologiekritisch auf Gesellschaft im Sinne ihrer demokratischen Legitimation zu reflektieren und gleichzeitig das Recht des einzelnen auf freie Entfaltung zu respektieren. Um das Mitbestimmungs- und Solidaritätsprinzip einlösen zu können, muss Bildung in den Worten Klafkis „verstanden werden als Aneignung der die Menschen gemeinsam angehenden Frage- und Problemstellungen ihrer geschichtlich gewordenen Gegenwart und der sich abzeichnenden Zukunft und als Auseinandersetzung mit diesen gemeinsamen Aufgaben, Problemen, Gefahren," und dies im weltumspannenden Maßstab, im „Welt-Horizont".[38] Dem einzelnen fällt dabei die Aufgabe zu, ein akzentuiertes Problembewusstsein zu gewinnen.

In seinen früheren Publikationen unterschied Klafki noch zwischen fünf Schlüsselproblemen, die in ihrem Kern auch weiterhin erhalten bleiben, die er aber in einem Aufsatz von 1993 ausdifferenziert, so dass er jetzt von insgesamt sieben Schlüsselproblemen spricht. Es handelt sich dabei um Fragestellungen aus folgenden Bereichen:

---

35 Klafki 1985, S. 23.
36 Der Begriff „Schlüsselprobleme" geht auf Baumgärtner zurück (vgl. Baumgärtner 1980).
37 Ebenda, S. 21.
38 Klafki 1993, S. 21.

1. Krieg, Frieden und Gewalt,
2. Kulturspezifik, Interkulturalität und Nationalstaatlichkeit,
3. Ökologie,
4. Wachstum der Weltbevölkerung,
5. gesellschaftlich produzierte Ungleichheit in internationaler Perspektive,
6. technische Steuerungs-, Informations- und Kommunikationsmedien und
7. Subjektivität und das Phänomen der Ich-Du-Beziehung.[39]

Diese Schlüsselprobleme sind durchaus nicht beliebig erweiterbar. Ihre signifikante Bedeutung erhalten sie erst dann, wenn ihnen übernationales Gewicht zukommt und sie zugleich das Leben jedes einzelnen Menschen beeinflussen, wenn auch zuweilen nur indirekt.

Da Klafki das Konzept einer neuen Allgemeinbildung stets nur in seinen Konturen skizziert hat, finden sich auch keine systematischen Hinweise auf eine Auseinandersetzung mit geschlechts- oder schichtspezifischen Fragen, wie überhaupt eine detaillierte Entfaltung einzelner Schlüsselprobleme fehlt. Das heißt aber nicht, dass er die Geschlechterfrage oder allgemeiner noch, Fragen nach Differenz und Gleichheit völlig ignoriert hätte. Er subsumiert sie unter die beiden Schlüsselprobleme „Ungleichheit“ und „Ich-Du-Beziehung“. Gesellschaftlich erzeugter Ungleichheit zwischen Männern und Frauen auf der Makroebene stellt er auf der Mikroebene Betrachtungen zur Sexualität, zur gleichgeschlechtlichen Liebe und individuelle Erfahrungen mit der Liebe als solcher zur Seite. Damit kennzeichnet er immerhin das Geschlechterverhältnis als ein übergreifendes, nicht abgeschlossenes Problem moderner Gesellschaften.[40]

7.3 Bedeutung der Allgemeinbildung heute

Klafkis unablässiges Eintreten für eine gerechte und humane Welt im Medium der Selbstbestimmung, der Mitbestimmung und der Solidarität in Verbindung mit Demokratie und Freiheit sowie seine Aussagen zu problematischen Konstellationen im Weltganzen haben bis heute nichts an Aktualität verloren. Seine als allgemeinverbindlich formulierten Bildungsziele erhalten angesichts einer sich sozial und kulturell ausdifferenzierenden Gesellschaft mit tendenziell anomischen Strukturen besondere Relevanz. Denn die Aufforderung, vor allem aus der Wirtschaft und Teilen der Politik, zu mehr Konkurrenz und Ei-

[39] Vgl. Klafki 1993, S. 22-24.
[40] Vgl. Klafki 1990, S. 96/97.

genverantwortung im Namen eines geistlosen Neoliberalismus', die damit einhergehende Deregulierung der Sozialsysteme und die Privatisierung großer Teile des Staatsvermögens gefährdet nicht nur die freiheitlich-demokratische Ordnung.[41] Sie lässt auch vergessen, dass eine Gesellschaft, die ihren Mitgliedern ein Leben in Würde und unter Wahrung der Menschenrechte gewährleisten will, auf gesellschaftliche sowie individuelle Solidarität angewiesen ist. Solidarität aber muss gelernt und geübt werden. Hypertrophe Konkurrenzverhältnisse, die sich regelrecht proliferieren, dabei Unsicherheiten und Ängste erzeugen, rufen aber das Gegenteil von Solidarität hervor. Sie führen zu einem instrumentellen Verhältnis der Menschen untereinander und in letzter Konsequenz zum Erkalten sozialer Beziehungen.[42]

Wenn Klafki Selbstbestimmung, Mitbestimmung und Solidarität zu Grundvoraussetzungen einer demokratischen Gesellschaft erklärt, dann ist es ihm u.a. wichtig darauf hinzuweisen, dass alle drei Dimensionen nur jeweils in ihrer Verschränkung eine sinnvolle Einheit ergeben. Selbstbestimmung und Mitbestimmung sind ja nur dann möglich, wenn sie von allen Gesellschaftsmitgliedern gleichermaßen akzeptiert und anerkannt werden. In anderen Worten: Erst wenn wir soweit solidarisch mit unseren Mitmenschen sind, dass wir allen das gleiche Recht auf Entfaltung ihrer Möglichkeiten im Modus eines Selbstbestimmungs- und Mitbestimmungsrechtes zugestehen, können wir von einer demokratischen Gesellschaft reden. Solidarität aber ist in letzter Zeit zu einem Begriff verkommen, der nicht mehr zeitgemäß zu sein scheint, mehr noch: Solidarität, Selbstbestimmung und Mitbestimmung stören bei der Durchsetzung einer neoliberalen Wirtschaftsordnung, die die Last der Lebensgestaltung allein dem Individuum aufbürdet und in ihm nur noch das Humankapital sieht, nicht aber Männer und Frauen, Mädchen und Jungen, die um ihrer selbst willen wertzuschätzen und anzuerkennen sind. Was allerdings solidarisches Handeln im einzelnen bedeutet und wieweit Selbstbestimmung und Mitbestimmung überhaupt zu legitimieren sind, verändert sich historisch und muss in der jeweiligen konkreten Situation ausgehandelt werden. Solche Aushandlungsprozesse sind notwendige Voraussetzungen für einen ethisch-moralischen Horizont, innerhalb dessen verantwortliches Handeln erst denk- und realisierbar wird.

Klafkis Befürchtung, dass wir uns auf dem Weg zu einer Gesellschaft befinden, die bereit zu sein scheint, Abschied von der Aufklärung zu nehmen, ist

---

41 Vgl. Ptak 2004, Butterwegge/Lösch/Ptak 2008, Crouch 2008.

42 Vgl. Adorno 1971, S. 101-103.

angesichts einer systematischen De-Thematisierung aufklärerischer Positionen nicht von der Hand zu weisen. Nicht die Selbstaufklärung über die eigene historische Gewordenheit und eine daraus resultierende Kritik in Hinsicht auf eine bessere Zukunft stehen im Zentrum heutiger Auseinandersetzungen. Vielmehr werden zur Zeit gegenaufklärerische Positionen in Stellung gebracht, die sich an der Evolutionstheorie orientieren und suggerieren, dass wir uns alle ohne Unterschied dem Schicksal von Versuch und Irrtum fügen müssen und kaum Gelegenheiten haben, dieses zu beeinflussen. Aber auch die Evolutionstheorie ist nur ein *Modell* der Welterklärung, das allenfalls dazu taugt, die biologische Entstehung der Arten und deren Ausdifferenzierung im Modus der Anpassung, ausgedrückt im „survival of the fittest", zu erklären. Es geht allerdings fehl in der Annahme, man könne ohne weiteres biologische Sachverhalte auf soziale Beziehungen und kulturelle Gegebenheiten übertragen, ohne jemals über Macht- und Herrschaftsstrukturen nachzudenken. Der Versuch, die Evolutionstheorie als unhintergehbar darzustellen und sie als letzte Wahrheit zu verteidigen, entspringt nämlich selbst einer ideologischen Machtgeste, die unthematisiert und daher unsichtbar bleibt. Daher hat Klafkis Plädoyer für ein Festhalten an einer ideologiekritischen Perspektive in der Tradition der Aufklärung nach wie vor Gültigkeit.

Als Begründer einer genuin kritischen Bildungstheorie im 20. Jahrhundert allerdings kann Heinz-Joachim Heydorn gelten. In einem einzigartigen Durchgang durch die Geschichte seit der Antike befragt er Erziehungs- und Bildungstheorien im Hinblick auf die in ihnen aufgehobenen Realisierungsmöglichkeiten von Humanität und verknüpft individuelle Möglichkeiten mit gesellschaftspolitischen Bedingungen.

8. Kritische Bildungstheorie: Heinz-Joachim Heydorn

Als einer der profiliertesten Bildungstheoretiker des 20. Jahrhunderts kann der 1974 früh verstorbene Heinz-Joachim Heydorn gelten.[1] Heydorn untersucht in seinem umfangreichen Werk traditionelle Bildungstheorien auf ihren Gehalt an Befreiungspotential und stellt Bildung in den Kontext ihrer politischen Wirkkraft. Damit nimmt er Abschied von der herkömmlichen Vorstellung, Bildung könne sich im Individuum ohne Reflexion auf gesellschaftliche Bedingungen vollziehen. Als Konsequenz aus den Erfahrungen des faschistischen Gewaltsystems unter den Nationalsozialisten entfaltet er seit den späten 1960er Jahren eine kritische Theorie der Bildung, die weit über Adornos und Horkheimers rudimentäre, gleichwohl aber äußerst erhellende Studien hinausgeht, weil er die abendländische Bildungsgeschichte von der Antike bis heute unter geschichtsphilosophischen Gesichtspunkten analysiert und dabei die historisch-gesellschaftlichen Kontinuitäten und Diskontinuitäten, auf die Bildungstheorie zu antworten hätte, aufzeigt. Dabei analysiert er die jedem Ding und jedem Begriff immanente Dialektik sowie die Dialektik zwischen Individuum und Gesellschaft und macht Widersprüche sichtbar. Diese Vorgehensweise erlaubt es ihm, sowohl die aus Bildung resultierenden Widerstände gegen gesellschaftliche Zumutungen historisch auszuleuchten wie auch den Umschlag von Bildung in Herrschaft herauszuarbeiten. Entsprechend heißt auch sein Hauptwerk von 1970 *Über den Widerspruch von Bildung und Herrschaft*. Heydorn zeigt dort dezidiert an einschlägigen Beispielen aus der Geschichte, wie Bildung im Zuge ihrer zunehmenden Institutionalisierung allmählich in den Dienst ökonomischer und staatlicher Interessen genommen wird und sie so ihren emanzipatorischen Charakter zu verlieren scheint. Damit verwirft Heydorn aber nicht etwa den bürgerlichen Bildungsgedanken der Aufklärung, der auf universelle Befreiung zielt. Er macht vielmehr darauf aufmerksam, dass Bildung nach und nach zu einem Privileg der bürgerlichen Klasse verkommen ist, das herrschaftsstabilisierende Wirkung entfaltete, weil die Freiheit des Proletariats wie auch diejenige der Frauen weder beabsichtig noch erwünscht war. Bildung büßte unter diesen Voraussetzungen ihre ursprüngliche Bedeutung als Befreiung aus autoritären Strukturen ein und wurde eingezogen in die Machtkonstellationen eines sich etablierenden Bürgertums, das sich als gesellschaftliche Führungsschicht verstand.

---

[1] Die beiden Monographien von Gleick 1996 und Pfeiffer 1999 geben einen systematischen, dabei gut lesbaren Einblick in das Werk Heinz-Joachim Heydorns.

Heydorn unterzieht infolgedessen den Bildungsbegriff einer Revision, indem er „*einerseits* die emanzipativen Potenzen des bürgerlichen Bildungsbegriffs bewahrt" und ihn so auf die ihm innewohnenden Intentionen zurückführt. *Andererseits* legt er „die Bildungsperspektiven an den Widersprüchen der Gesellschaft und ihren Bildungs- und Erziehungsproblemen"[2] an. Das Verdienst von Heydorn ist es, diesem immanenten Zusammenhang von Bildung und Herrschaft auf den Grund gegangen zu sein, ohne jedoch die Hoffnung auf eine humane Gesellschaft aufzugeben. Weil er davon ausgeht, dass sich das Individuum erst durch die Reflexion auf die gesellschaftlichen Zwänge zu seiner Menschlichkeit freisetzen kann, bedarf der Mensch einer Bildung, die es ihm ermöglicht, sich der Zwänge bewusst zu werden und gegebenfalls gegen sie einzuschreiten. Entsprechend heißt es daher bei ihm im Rekurs auf Humboldt: Über „die Vergegenwärtigung der konkreten Zwänge kann Freiheit erst wirksam werden."[3]

Zentraler Ausgangspunkt seiner bildungstheoretischen Überlegungen ist die Frage nach den Grenzen und Möglichkeiten von Humanität im Spätkapitalismus. Dass er diese Frage nur nach einem Durchgang durch die Geschichte zu beantworten weiß, ist der Tatsache geschuldet, dass sich der Mensch erst dann vollkommen zu begreifen vermag, wenn er Kenntnisse darüber besitzt, wie die von ihm selbst vorangetriebenen gesellschaftlichen Veränderungen auf sein subjektives Werden Einfluss nehmen. Im Mittelpunkt seiner Betrachtungen steht der Mensch, der nach seinen historischen, bisweilen leidvoll erfahrenen Konstitutionsbedingungen fragt, dabei aber stets in der Lage sein sollte, dieses Leiden in einem Zukünftigen aufzuheben. Ein Wissen über das Leiden der Menschheit an sich selbst in den Zwängen gesellschaftlicher Formierung ist Heydorn zufolge die Voraussetzung für Bildung überhaupt. Bildung bedeutet daher zweierlei: *Erstens* ein Bewusstsein für die noch nicht realisierten Möglichkeiten einer kollektiven Humanität, in der das Individuum als ein Wesen eigenen Rechts auftritt, ausgestattet mit der Freiheit zur Entwicklung seiner intellektuellen, kreativen und sinnlichen Potenziale. *Zweitens* ein Wissen über die konkreten gesellschaftlichen Bedingungen, die eine solch umfassende Humanität verhindern. In den Worten Heydorns: „Bildung [...] versteht sich als Wissen des Menschen um seine Universalität."[4] Universalität bedeutet in diesem Zusammenhang die Totalität des Menschen im Sinne der sich wechselseitig bedingenden Dimensionen von Intellektualität, Kreativität und Sinn-

---

[2] Bernhard 2001a, S. 107. Hervorhebung E.B.
[3] Heydorn 2/1995, S. 221.
[4] Ebenda, S. 212.

lichkeit, die im Spätkapitalismus nur noch in ihrer Fragmentierung, nicht aber in ihrer Einheit wahrgenommen werden und zur Entfaltung kommen können. Trotz aller konkreten Entfremdung und gesellschaftlicher Determination muss Heydorn zufolge ein solches Wissen um die potenzielle Möglichkeit einer humanen Gesellschaft in Erinnerung gehalten, ja geradezu im kulturellen Gedächtnis aufgehoben sein, um als Motor der Veränderung zu fungieren. Bildung enthält demnach einerseits die Möglichkeit, sich des Verlustes des universellen Rechts auf Entfaltung bewusst zu werden. Andererseits trägt dieses Bewusstsein dazu bei zu erkennen, dass der Mensch als Gestalter seiner Geschichte und seiner Gesellschaft in der Lage ist, gewissermaßen projektiv in die Zukunft verschoben, diesen Verlust aufzuheben. Allerdings muss dies nicht gelingen. Daher spricht Heydorn von dem utopischen Gehalt von Bildung. In anderen Worten: Erkenntnis, die sich in Form von Bildung realisiert, ist von antizipierendem Charakter, weil sie immer auch eine Vorstellung vom ganzen, Heydorn spricht an verschiedenen Stellen vom „heilen"[5] Menschen, birgt. In dem Moment, in dem der Mensch seine eigene innere Zerrissenheit innerhalb seiner gesellschaftlichen Bedingtheit wahrnimmt und sich mit ihr auseinandersetzt, in dem Moment wird er sich auch seiner potenziell vorhandenen Totalität bewusst. Das Leiden an der Zerrissenheit ruft ein Streben nach Heilung hervor. Oder anders ausgedrückt: In der Erkenntnis von Unfreiheit ist immer schon ein Bewusstsein für Freiheit mitgesetzt. Humanität ist daher im Begriff der Bildung stets schon aufgehoben, wenn auch noch nicht realisiert.

Der Irrationalität einer Gesellschaft, die sich allzu häufig aus machtpolitischen Überlegungen im Interesse einzelner der Vernunft verschließt, setzt er ein Modell entgegen, das zumindest den Gedanken an eine bessere Welt, in dem der Mensch sich seines Menschseins als Gattung sowie als Individuum reflexiv vergegenwärtigen kann, wach hält. In seiner kritischen Theorie der Bildung geht Heydorn daher davon aus, dass erst eine kritische Sicht auf die dialektische Verschränkung von Bildung und Politik in ihrer jeweiligen historischen Gestalt den Blick auf das freigibt, was Menschlichkeit heißt. Seine geschichtsphilosophische Betrachtungsweise ermöglicht es ihm dabei, über Bildungsperspektiven nachzudenken, die der Fragmentierung des Menschen entkommen. Er entwirft also seine kritische Bildungstheorie aus dem Blickwinkel politischer Voraussetzungen, die dafür stehen, dass Bildung überhaupt möglich wird. Seine Gedanken bleiben dabei dauerhaft einer Kritik verhaftet, die sich auch gegen sich selbst wendet und damit eine Dynamik in Gang setzt,

---

[5] Ebenda, S. 208, und passim.

die zum Agens der Veränderung wird. Kritik bedeutet demnach ein radikales, das heißt bis an die Wurzeln reichendes Hinterfragen des jeweils Bestehenden auf der Folie einer vorerst nur vorgestellten Humanität, die den Menschen zu sich selbst freizusetzen vermag, und zwar individuell wie auch kollektiv. Individuelle und kollektive Freiheit sind daher wechselseitig aufeinander bezogen, stets unter der Voraussetzung, dass sie auch tatsächlich zu verwirklichen sind.

Das wesentliche Strukturmerkmal der kritischen Theorie der Bildung von Heydorn ist die Bewertung des geschichtlichen Prozesses aus der Perspektive heutiger Erziehungs- und Bildungsprobleme im Lichte des Widerspruchs von Bildung und Herrschaft. Heydorn geht also von einem Bildungsbegriff aus, dem der Widerspruch schon innewohnt, da Bildung zur Reproduktion einer hochausdifferenzierten Gesellschaft mit ihren technologisch weit fortgeschrittenen Möglichkeiten unabdingbar ist, dabei aber Entfremdung erzeugt. Diese Notwendigkeit von Bildung im Interesse gesellschaftlicher Funktionalität und ihre damit verbundene Institutionalisierung allerdings bergen die Gefahr, für Macht- und Herrschaftsinteressen missbraucht zu werden. Das heißt, Bildung so verstanden steht im krassen Widerspruch zu dem, was sie ihrem Anspruch nach sein sollte, nämlich Mittel der Befreiung im Modus einer selbstbestimmten Entwicklung und einer damit verbundenen Mündigkeit in historisch-gesellschaftlicher Verantwortung. Nur so aber kann der Mensch seine Würde gewinnen, bewahren und gegebenenfalls gegen Anfechtungen verteidigen.

Heydorn hat seinen Bildungsbegriff im Anschluss an die Aufklärung entwickelt, ohne allerdings deren Idealismus mit seiner tendenziellen Gesellschaftsferne zu übernehmen. Da die gesellschaftlichen Widersprüche seit Anfang des 19. Jahrhunderts im Zuge des technologischen Fortschrittes zu einer Ausbreitung des Industriekapitalismus mit seinen verheerenden Folgen für einen Großteil der Bevölkerung voll zum Ausdruck kommen, ist sein argumentativer Ausgangspunkt die Kritik der politischen Ökonomie von Karl Marx. Auf diese Weise gelingt es ihm, die ursprüngliche Idee der Bildung zu bewahren, ihr aber eine materialistische Basis zu verleihen und so auf ungleiche materielle und soziale Lebensverhältnisse und Ausgangsbedingungen aufmerksam zu machen. Bildung ist demnach nicht nur eine Bildung des Geistes im Sinne einer bloß persönlichen Fortentwicklung. Sie sollte nicht nur dazu befähigen, sich seiner selbst bewusst zu werden, sondern sie sollte auch kritisch mit den eigenen Konstitutionsbedingungen im Sozialisations- und Erziehungsprozess umgehen, um im Sinne einer auch für die ganze Menschheit aussichtsreichen Humanität handlungsfähig zu werden.

Heydorn betrachtet also das Individuum sowohl in seinen ihm mitgegebenen und von der Gesellschaft bereitgestellten Entwicklungsmöglichkeiten wie auch in seiner inneren Zerrissenheit, ausgelöst durch die gesellschaftlichen Widersprüche, denen es sich ausgesetzt sieht. Das heißt, Heydorn verbindet *Bildungstheorie mit einer Gesellschaftstheorie*, die den konkreten kulturellen, materiellen und politökonomischen Verhältnissen kritisch nachgeht und Unterdrückung und Diskriminierung aufdeckt. Bildungstheorie fällt in diesem Zusammenhang die Aufgabe zu, über Bedingungen nachzudenken, die das Individuum in die Lage versetzen, gesellschaftliche Zumutungen zurückzuweisen und über eine Widerständigkeit zu reflektieren, die in ein Handeln mündet, das Humanität zum Ziel hat. Humanität heißt ja, wie Clemens Menze in einem Lexikonartikel schreibt, „die Bildung und Bestimmung des Menschen, bedeutet Anerkennung des anderen in seinem Anderssein, umfaßt Achtung der verschiedenen Religionen, Rassen, Nationen und der damit verbundenen kulturellen Unterschiede und ihrer Traditionen, der abweichenden Lebensweisen und Eigenarten."[6] Daher geht der Begriff der Bildung niemals in den gesellschaftlich erwünschten Werten, Normen und wirtschaftlichen Notwendigkeiten auf, oder, wie Heydorn schreibt: „Es gibt keine Bildungstheorie von Rang, die Bildung auf die Reproduktion handgreiflicher gesellschaftlicher Bedürfnisse reduziert, wie unterschiedlich die Ausgangspunkte auch immer sein mögen."[7] Damit ist der Hinweis gegeben, dass der humanitäre Charakter von Bildung, der stets auch Befreiung von ungerechtfertigter Autorität impliziert, immer schon historisch gegeben war, sowohl in seiner idealistischen wie auch in seiner materialistischen Variante. Humboldts widerspruchsfreier Optimismus wird mit den konkreten materiellen Lebensverhältnissen konfrontiert, an denen der oder die einzelne leidet und auf die er oder sie im Medium der Bildung zu reflektieren vermag. Das heißt, Heydorn nimmt in seiner Bildungstheorie die durch Humboldt vertretene Idee der bürgerlichen Befreiung positiv auf, weil sie einstmals die Aussicht auf *Befreiung der ganzen Menschheit* repräsentiert hatte. Er bezieht sie aber auf die spätkapitalistische Gesellschaft seiner eigenen Zeit, in der die Widersprüche ein Leiden erzeugen, dem durch Bildung Einhalt geboten werden kann; immer auch mit der Hoffnung auf Besserung, die aber möglicherweise vergeblich sein wird, wenn Macht- und Herrschaftskonstellationen nicht erkannt werden. Denn die Herrschenden sind stets darum bemüht, Widersprüche zu nivellieren und Machtansprüche unsichtbar zu machen. Bildung ist „Aufklärung als anhebendes Wissen des

6 Menze 2001, S. 184.
7 Heydorn 4/1995, S. 20.

Menschen um sich selbst."[8] Dieses Wissen umfasst ein Bewusstsein über die historischen und aktuellen gesellschaftlichen Entwicklungen als Voraussetzung für Befreiung überhaupt. Daher geht jeder Bildungstheorie eine Analyse der gesellschaftlichen Verhältnisse voraus.

Ein Instrument der Herrschaft ist die institutionalisierte Bildung, die im politökonomischen Interesse kontrolliert wird und auf Anpassung aus ist. Das mit Bildung verbundene Reflexionsvermögen wird unter dieser Voraussetzung partiell paralysiert, völlig getilgt werden kann und soll es aber nicht, weil es für eine technisch hochausdifferenzierte Gesellschaft wie der unsrigen das notwendige Rüstzeug liefert, um überlebensfähig zu sein. In diesem Spannungsfeld von *gesellschaftlich erwünschter Reflexionsfähigkeit* im Horizont ihrer Verwertbarkeit und einer damit unausweichlich verknüpften *universellen Reflexionsfähigkeit,* die, losgelöst von politischen und wirtschaftlichen Erwartungen, für ein nicht funktionales und zweckgebundenes Denken steht, sind Heydorns Überlegungen angesiedelt. Um seinen Zugang zu einer kritischen Theorie der Bildung angemessen beurteilen zu können, ist es zunächst notwendig, auf den Begriff des Menschen einzugehen und ihn im Kontext der gesellschaftlichen Widersprüche zu analysieren. Da Heydorn stets die politische Machtfrage stellt, soll diese Analyse im Rahmen seiner Auffassung zu Bildung und Politik geschehen.

8.1 Bildung und Politik

Bildung ist für Heydorn immer verknüpft mit Distanz und Reflexion und einem kritisch-analytischen, freiheitlichen Verhältnis zur Welt.[9] Das heißt, der Mensch kommt erst dann zu seiner Bewusstseinshelle, wenn er in der Lage ist, sich aus seinem konkreten Leben herauszusetzen, um über dieses konkrete Leben nachzudenken. Die „Befreiung des Menschen über das Bewußtsein"[10] kann nur vonstatten gehen, wenn er sich zunächst von seiner unmittelbaren Wirklichkeit löst, sich aber gleichzeitig wieder auf diese, nun reflexiv gewordene Wirklichkeit, handelnd zurückbezieht. In dieser Konstellation taucht der Mensch als ein Individuum auf, das sich seiner inneren Zerrissenheit bewußt ist, zugleich aber darum weiß, dass in dieser Zerrissenheit ein Hinweis auf seine Totalität und Zweckfreiheit in menschlicher Würde aufgehoben ist. Heydorn situiert den Menschen einerseits jenseits aller Gesellschaftlichkeit als

[8] Heydorn 2/1995, S. 200.
[9] Vgl. ebenda, S. 200.
[10] Ebenda, S. 201.

ein Individuum, das als Subjekt eigenen Rechts zu gelten hat. Andererseits aber ist es den gesellschaftlichen Formierungsprozessen ausgesetzt. Bildung, verstanden als Aufklärung über die eigenen Bedingungen und die gesellschaftlichen Strukturen, stellt antizipierend eine Heilung in einem Zukünftigen in Aussicht: „Der konkrete Mensch, auf den alle Bildung zielt und der stets etwas anderes bleibt als die Summe seiner Beziehungen, ist somit der Mensch, der zu seiner Heilung erst ansetzt, während die determinierenden Kräfte über ihn ihren Schatten werfen." Bildung ist mehr noch sogar „das Gedächtnis des heilen Menschen inmitten der Paradoxie".[11] Dass dem Begriff der Bildung ein Gedächtnis innewohnt, das an den Menschen als ganze Person erinnert, also ihn in seiner Vollkommenheit vorstellt, verdankt sich dem Umstand, dass Heydorn – wie auch Humboldt – auf die griechische Antike als diejenige Epoche verweist, die mit dem Versuch beginnt, durch rationale Erkenntnis und auf der Grundlage eines säkularisierten Wissens den Menschen sowohl aus seiner mythischen Verhaftung als auch aus seiner Abhängigkeit von der Natur zu befreien.[12] So wird ein Zivilisationsprozess angestoßen, der das Schicksal und den Zufall zu bannen versucht und die Gestaltung der Geschichte in die Hände der Menschen legt. In der griechischen Aufklärung hebt Heydorn zufolge der Versuch an, seiner selbst als Mensch über die Vernunft habhaft zu werden: „Mit dem *Erkennen* überschreitet der Mensch die Grenzen der gesetzten Verfügung, er überschreitet sie real, indem er diese Verfügung aufzuheben sucht."[13]

Damit ist aber auch der erste Schritt zu seiner Entfremdung getan. Denn in dem Moment, in dem der Mensch sich als reflexives Wesen wahrnimmt, wenn er also über seine eigene Reflexionsfähigkeit zu reflektieren vermag und gewahr wird, dass er verantwortlicher Gestalter seiner Lebensbedingungen ist, in dem Moment entfernt er sich nicht nur von der Natur, die er zu bearbeiten lernt. Er beginnt auch zu begreifen, dass er in der Lage ist, politisch zu handeln. In letzter Konsequenz bedeutet das, dass er Unterschiede, Ungleichheiten und Ausbeutungsverhältnisse innerhalb des gesellschaftlichen Gefüges selbst erzeugen kann, die *nicht* naturwüchsig, sondern konstruiert und daher veränderbar sind. Die Verfügung aufzuheben heißt dabei eine Dreifaches: Zum einen die Verfügung der Natur über den Menschen, andererseits die Verfügung des Menschen über den Menschen als Gattungswesen und als Individuum. Die Entfremdung konstituiert sich demnach nicht nur dort, wo der

[11] Ebenda.
[12] Vgl. Heydorn 3/1995, S. 6.
[13] Ebenda, S. 9. Hervorhebung E.B.

Mensch aus purem Selbsterhalt die Natur zu beherrschen sucht, sondern auch dort, wo es um soziale Beziehungen geht, die die Form von Macht- und Herrschaftsverhältnissen angenommen haben und sich in das Individuum hinein verlängern.

Dieser Entfremdung konnte zumindest die Führungsschicht der griechischen Polis noch entkommen, da ihr einziges Geschäft das der Erkenntnis und der Suche nach der Wahrheit in demokratischen Verhältnissen war. Der Mensch der antiken Polis, soweit er nicht Sklave oder weiblichen Geschlechts war, war daher noch ganz bei sich. Er verkörperte für die Nachgeborenen die Gestalt eines Menschen, der nicht an die Zwangsmechanismen der Existenzsicherung gebunden war und daher widerspruchsfrei und in Freiheit leben, seinen künstlerischen und/oder wissenschaftlichen Beschäftigungen nachgehen konnte. Dieser (männliche) Mensch als freier Bürger der Polis ist es, der alles in sich vereint: Intellektualität, Sinnlichkeit und Kreativität. Wenn Heydorn auf diesen Menschen rekurriert, dann stets nur als eine Vorstellung dessen, was einmal war. Um freilich überhaupt zu wissen, was möglich wäre, ist die Erinnerung an diesen Menschen wichtig und notwendig. Er gibt gewissermaßen das Ideal an, das zu verwirklichen wäre. So schreibt er: „Mit dem griechischen Geist zu leben, heißt mit der Antizipation des Menschen zu leben."[14]

Aber mit der Entdeckung der menschlichen Vernunft ist der Anfang für eine Rationalität gesetzt, die die Entfremdung von der Natur im Prozess ihrer geschichtlichen Ausfaltung vorantreibt und mehr und mehr zu einer gesellschaftlichen und technologischen Ausdifferenzierung führt. Der Mensch der antiken Polis nimmt *in nuce* den Widerspruch schon vorweg, weil alle Erkenntnis notwendig auf Rationalität verweist und so das Gegenteil der Naturverhaftung markiert. Anders ausgedrückt: Der Mensch als vernunftbegabtes Wesen trägt den Widerspruch stets schon in sich und mit ihm auch die Gesellschaft. Je komplexer sich die Strukturen im geschichtlichen Prozess ausdifferenzieren, umso größer werden die Widersprüche. Die Vernunft erzeugt dabei dauerhaft ihren Widerspruch selbst. Dieser dialektische Prozess ist für Heydorn unaufhebbar. Vernunft und Geschichte sind unausweichlich miteinander verbunden, und zwar im Modus ihrer jeweiligen gesellschaftlichen Erscheinungsform: „Die Artikulation der Vernunft [...], ihre Versetzung in den Leib der Geschichte, ist das mühsame Werk der menschlichen Arbeit, das an die reale Bedingung anknüpft."[15] In anderen Worten: Der Mensch ist nicht nur ein

[14] Heydorn 4/1995, S. 22.
[15] Heydorn 3/1995, S. 3.

vernünftiges Wesen, er ist auch ein geschichtliches Wesen: Seine Natur ist die Geschichtlichkeit. Und er gewinnt sich über die Arbeit, die es ihm ermöglicht, seiner selbst angesichtig zu werden und selbstbestimmt zu handeln. Dies kann aber nur dann gelingen, wenn er sich über die jeweiligen historisch-gesellschaftlichen Bedingungen aufklärt und versucht, mittels einer Vernunft, die sich in Gestalt praktischer Tätigkeit darstellt, humane Verhältnisse herzustellen. Der arbeitende Mensch ist es also, der damit angesprochen ist.

8.1.1 Zum Begriff der Arbeit

Wenn Heydorn von Arbeit spricht, dann greift er auf zwei Traditionen zurück, die er miteinander vermittelt. Da ist *zum einen* die antike Tradition der Erkenntnisgewinnung, die in Muße vollzogen wird und als praktische Tätigkeit gilt. Das heißt, Muße steht nicht für Freizeit, Regeneration oder Nichtstun. Sie ist die Grundform eines glücklichen Lebens, das aber durch geistige Tätigkeit gekennzeichnet ist. Erst die geistige Tätigkeit in Muße erlaubt es dem Menschen, über sich und die Welt in aller Zweckfreiheit nachzudenken, Erkenntnis zu gewinnen, kurz: sich zu bilden: „Entscheidend ist dabei die Bestimmung der Bildung und ihres Ziels als einer Praxis, einer Lebensform, die freigekommen ist von der Last und Verstrickung, die zur durchschnittlichen Lebenspraxis immer noch gehört. Bildung, das Sein des Gebildeten, gilt nun als ein Tätigsein jenseits der Zwänge endlicher Bedürftigkeit [...]. Unbedürftig und frei ist eine Tätigkeit aber dann, wenn sie reflexiv, d.h. nicht nur um ihrer selbst willen, sondern auch auf sich selbst gerichtet ist und sich selbst zum Thema hat. Die einzige Praxis solcher Art, die Menschen zugänglich ist, ist nun aber die Theorie, d.h. das sich selbst zum Gegenstand seiner Tätigkeit machende Denken. Die angestrebte Praxis hat also den Grundzug des Wissens,“[16] und, so könnte man ergänzen, den der Kritik. Die Muße ist die Vollendung der menschlichen Praxis, sie ist es auch, die die Einheit von Glück (Eudämonie) und Tätigkeit repräsentiert. In der Muße ist der Mensch ganz bei sich. Aber diese „Selbsthabe ist das Resultat einer Selbsterfahrung, die wir in der Arbeit und der Anstrengung des Lernens machen“.[17] Glück ist demnach nicht etwas, was wir haben, sondern Glück muss unter Anstrengung erarbeitet werden.[18]

---

16 Buck 1984, S. 22.
17 Ebenda, S. 23/24.
18 Vgl. dazu Bernhard 2001b.

Zum anderen müssen wir uns vergegenwärtigen, dass eine Identität von Muße und Arbeit in der dargestellten Art in einer spätkapitalistischen Gesellschaft unter den Bedingungen der Arbeitsteilung nicht mehr möglich ist. Daher bezieht sich Heydorn auf den Arbeitsbegriff von Karl Marx. Der nämlich spricht im Zusammenhang mit der Klassengesellschaft von *entfremdeter Arbeit*. Durch die Trennung von Arbeit und Kapital und der gleichzeitig vollzogenen Trennung von geistiger und körperlicher Arbeit ist der lohnabhängige Proletarier im System des Kapitalismus nur für den Profit eines anderen tätig, nicht aber für sich selbst. War Arbeit ursprünglich diejenige Tätigkeit, die den Menschen aus der Abhängigkeit von der Natur freisetzte und die den Menschen auf eine schöpferische Weise sich selbst erfahren ließ, solange er sich das Ergebnis seiner Arbeit in der konkreten Anschauung vergegenwärtigen konnte, so bedeutet Arbeit nun „die Reduktion des Arbeiters auf die unselbständige Funktion bloß spezialisierter Tätigkeit."[19] Damit freilich wird der Mensch selbst fragmentiert, da er der schöpferischen Selbsterfahrung verlustig geht und einzig sich noch als Produzent einer Ware wahrzunehmen vermag. Arbeitend also verwandelt der Mensch die Natur und mit der Natur sich selbst und seine Mitmenschen, indem die Arbeit Menschsein überhaupt erst ermöglicht.[20] In diesem Prozess entfremdet er sich zwar der Natur, sie tritt ihm als Fremdes entgegen. Da er aber seines Produktes in seiner Ganzheit angesichtig wird, handelt es sich um eine produktive, vernünftige, dabei schöpferische Tätigkeit, die noch gänzlich unentfremdet ist, an der er sich selbst erfährt und als Gattungswesen entwirft. Der Mensch erkennt sich selbst als Subjekt und als Gattungswesen in seiner Arbeit, nicht etwa nur, weil er Erzeuger eines Produktes ist, sondern weil er im schöpferischen Arbeitsprozess selbst als einzelner teilhat an der Hervorbringung kultureller Güter. Der einzelne Mensch schafft Natur in Kultur um und verbindet sich auf diese Weise mit der Menschheit: „Ich bin, der ich bin, durch Teilhabe an der geschichtlich sich selbst produzierenden Menschheit."[21] Dies meint auch Heydorn, wenn er davon redet, dass die „Artikulation der Vernunft [...] das mühsame Werk der menschlichen Arbeit"[22] ist. Im Kern beschreibt er damit eine humane Vernunft, die im Unterschied zu einer rein funktionalistischen Vernunft den Mensch dazu befähigt, eine menschliche Gesellschaft zu schaffen. Darin kommt ein humanistisches Prinzip zum Ausdruck, nämlich die Anerkennung

19 Buck 1984, S. 197.
20 Vgl. Fetscher 1979, S. 75.
21 Buck 1984, S. 196.
22 Heydorn 3/1995, S. 3.

des Menschen als selbstbestimmtes Wesen, das seine Selbstbestimmung analog zur gesellschaftlichen Freiheit gewinnt. Bei Marx und entsprechend auch bei Heydorn ist diese Freiheit allerdings stets von der Frage nach den ökonomischen bzw. wirtschaftlichen Verhältnissen abhängig. Jedes Individuum sollte die Freiheit haben, sich ohne Existenznöte entsprechend seiner Möglichkeiten, Talente und Fähigkeiten und im Rahmen einer schöpferischen Arbeit zu einer Persönlichkeit zu entwickeln und sich selbst zu verwirklichen.[23]

Der antike Begriff der „Arbeit" oder der „praktischen Tätigkeit der Erkenntnis" wird bei Heydorn nun zur Voraussetzung und zum Ziel eines selbstbestimmten Lebens, allerdings unter den veränderten Verhältnissen einer kapitalistischen Gesellschaft. Dem Menschen, der um seine Totalität weiß und sich der Widersprüche bewusst ist, ist es nun aufgegeben, humanitäre Bedingungen zu schaffen in einer Gesellschaft, die in ihrer jeweiligen historischen Erscheinungsform eben jene Humanität vermissen lässt. Das Bestehende ist stets daraufhin zu untersuchen: „Der Weg der Emanzipation durch Arbeit soll schließlich zur Besitznahme des menschlichen Eigentums durch den Menschen führen, zum gleichen humanistischen Ziel."[24]

Die Wiederherstellung der Menschlichkeit ist nur unter der Prämisse einer Vernunft möglich, die gepaart ist mit Produktionsverhältnissen, die es zulassen, dass der schöpferische im Unterschied zum nur funktionalen Menschen zum Vorschein kommt. Durch den hohen Leistungsstand der Technologien nämlich sind die Bedingungen geschaffen, dass sich jedes Individuum in kreativer Selbstbestimmung entwickeln kann, ohne sogleich von den Nöten der Daseinsvorsorge eingeholt zu werden. Die griechische Polis kannte das Moment der Muße, das nötig ist, um sich die Welt denkend zu erschließen. Der durch den technologischen Fortschritt im Spätkapitalismus erzeugte ökonomische Überfluss hingegen kann die Voraussetzungen schaffen, dass das Individuum soviel Zeit hat, sich entsprechend seiner Interessen und Bedürfnisse entfalten zu können. Und das bedeutet: Die ökonomische Freiheit ist die historische Bedingung von Freiheit überhaupt. Mehr noch sogar besteht zum ersten Mal in der Geschichte die Möglichkeit, Arbeit zum Lebensunterhalt auf eine humanitäre Basis zu stellen. Dazu ist eine Bildung notwendig, die nicht mehr zwischen Allgemeinbildung und Berufsbildung unterscheidet, sondern Allgemeinbildung wird zum Bestandteil der Berufsbildung. Das heißt, dass Arbeit im Zeichen der Menschenwürde und der Menschenrechte sich realisieren und

23 Vgl. Petersen 1997.
24 Heydorn 4/1995, S. 24.

die Fragmentierung des Menschen realiter aufgehoben werden kann. Die Realisierungsmöglichkeiten waren noch nie so günstig wie heute. Dass dies aber nicht geschieht, hängt zum einen mit der Instrumentalisierung von Bildung in Gestalt ihrer Institutionalisierung zusammen, andererseits mit den hypertrophen Forderungen einer Wirtschaft, die ihre eigenen partikularen Interessen vertritt.

8.1.2 Zur Institutionalisierung von Bildung

Heydorn zufolge hat sich die moderne Auffassung der Begriffe „Bildung" und „Politik" im Zuge der Säkularisierung herausgebildet. Das heißt, Bildung und Politik sind durchaus gleichursprünglich, dabei wechselseitig aufeinander bezogen. *Bildung* ist das Ergebnis eines geschichtlichen Prozesses, in dem der Mensch erkennt, dass er verantwortlicher Gestalter seiner Welt und infolgedessen seiner selbst ist. *Politik* wiederum ist das Resultat wachsender Rationalität und einer zunehmenden Differenzierung der Gesellschaft. Verdankt sich Bildung in ihren Anfängen der Emanzipation von mythischer Verhaftung, so ist das Politische einer Situation geschuldet, in der „sich eine organisierte und säkularisierte, von mythischen Rechtfertigungen befreite Staatsverfassung herausbildet." Das Politische gewinnt so „über den Staat das ihm eigene Instrument des Handelns".[25] Wichtigste Voraussetzung für die Möglichkeit dieses Handelns ist die Tatsache der Institutionalisierung: „Der Staat ist die institutionalisierte Form, über die das Politische in Erscheinung tritt und seine eigene Räson gewinnt, als Räson der Herrschaft."[26] Während aber Bildung den konkreten Menschen anspricht, also das Individuum mit seinen vielfältigen Möglichkeiten, verkörpert der Staat die Gattung. Bildung ist demzufolge „das Wissen des Menschen um sich selbst", indessen der Begriff des Politischen „das Wissen des Menschen als Gattung"[27] impliziert. Heydorn unterscheidet nun zwischen dem *realen* und dem *abstrakten* Menschen.

Der *reale* oder der konkrete Mensch erfährt sich selbst in der Bildung, mehr noch sogar ist Bildung mit der unmittelbaren Erfahrung des empirischen Subjekts verbunden. Dabei kommt der Erfahrung eine zweifache Bedeutung zu: die unmittelbare Erfahrung des Leids an den Widersprüchen der Gesellschaft, beispielsweise in Form konkreter Benachteiligung und sozialer Diskriminierung, und die Erfahrung des Menschseins im Angesicht eines Gegen-

---

[25] Heydorn 2/1995, S. 202.
[26] Ebenda, S. 203.
[27] Ebenda.

übers, das heißt, der Mensch erfährt sich in der Begegnung mit dem anderen: „Menschheit ist zunächst nur im Gegenüber, im einzelnen, den ich ansprechen kann; es gibt nur so viel Aussicht auf [...] Befreiung, wie es Aussicht darauf im konkreten Menschen gibt.“[28] Die Reflexion über diese beiden Erfahrungsweisen: einerseits des Leids, andererseits der Aufhebung des Leids im Modus der Mitmenschlichkeit und die Möglichkeit ihres sprachlichen Ausdrucks bündeln sich im Begriff der Bildung, die damit auf praktisches Handeln hin ausgerichtet ist. Bildung und Erfahrung bedingen sich demnach gegenseitig. Ohne praktische Erfahrung ist Bildung nicht möglich, wie auch umgekehrt die Reflexion über diese Erfahrung erst zu Bildung werden kann.

Der *abstrakte* Mensch hingegen tritt im Staat in Erscheinung: „Der Staat gewinnt die Menschheit als Abstraktum über seinen eigenen Begriff. Die Gattung Mensch ist in ihm als Abstraktum schon da, als vorgegebene Totalität des Interesses, als Rechtsordnung, behauptete Gerechtigkeit und Identität von Begriff und Lebensfülle; er ist seiner Idee nach die Sichtbarkeit des Ganzen, aber nur nach der Idee. Real ist er die Partikularität der Herrschaft, und damit die Aufspaltung der Menschheit, die er als Totum bereits über sich anzeigt.“[29] Der bürgerliche Staat zeichnet sich nun dadurch aus, dass er seiner ursprünglichen Bedeutung nach Befreiung von der feudalen Gewalt für alle wollte, als Resultat der Industrialisierung aber eine Klassengesellschaft konstituierte. Das meint Heydorn, wenn er die Partikularität der Herrschaft als Wirklichkeit und die Totalität als Idee darstellt und damit zugleich einen Widerspruch skizziert, den Bildung auszugleichen hätte. Bildung wird in diesem Moment zum Motor der politischen Veränderung, weil nur sie es vermag, das „Abstrakte auf den einzelnen Menschen hin“ aufzulösen und „eine neue Verfügung“, die vom Staat ausginge und die Herrschaft des Menschen über den Menschen anzeigte, zu verhindern.[30] Zugleich aber wird sie in Form institutionalisierter Bildung zum Ausdruck der Herrschaft. Weil ausdifferenzierte Technologien sowie eine effiziente Verwaltung der Bildung bedürfen, kraft derer sich der Staat organisiert und sich ökonomisch wirtschaften lässt, wird Bildung zur Institution. Das heißt, die Reproduktion der modernen Gesellschaft wird zu einem großen Teil durch Bildung sichergestellt: „In dem Maße, in dem Bildung zur sozialen Größe wird, unterliegt sie der Institutionalisierung und wird damit in den Bereich der gesellschaftlichen Machtausübung einbezogen.“[31]

---

28 Ebenda, S. 204.
29 Ebenda, S. 203.
30 Ebenda, S. 206.
31 Ebenda, S. 207.

Der erste Schritt in diese Richtung wurde mit der Einführung der allgemeinen Schulpflicht im 18. Jahrhundert getan. Bildung gerät damit unter den Einfluss politischer Mächte, sie unterliegt aber „nicht nur dem Politischen. Sie ist selber Agens. Sie treibt es an."[32] Und das bedeutet, dass Bildung nicht nur Instrument der Herrschaft ist. Im Gegenteil kann sie Einfluss auf das Politische gewinnen. Darin liegt ihr freiheitlicher und zugleich ihr politischer Charakter. Hervorstechendstes Kennzeichen der Bildung ist daher diese Dialektik, die dem Begriff selbst zugrunde liegt: Selbst wenn Bildung in ihrer institutionalisierten Form zur Anpassung degeneriert und für politische Zwecke instrumentalisierbar wird, bleibt ein Rest, der gewissermaßen über das politisch erwünschte Maß hinausschießt und zur kritischen Auseinandersetzung mit dem Bestehenden Anlass gibt. Die Dialektik von Bildung und Politik offenbart sich dort, wo Bildung als gesellschaftliche Notwendigkeit Gestalt gewinnt, wo sie zur Reproduktion der Gesellschaft unerlässlich ist und sich gleichzeitig mit der politischen Idee der Freiheit verbindet. In diesem Sinne verhilft Bildung dem Politischen zu Bewusstsein. Es ist „die Bildung selbst, die die politische Idee erzeugt, je unabwendbarer sie in das Politische einbezogen wird; sie erzeugt die politische Idee als Frage nach der geschichtlichen Möglichkeit der Humanität. Damit treibt sie die Gesellschaft über ihren gegebenen Ort hinaus."[33] Bildung schließt dann auch das „einfache Arrangement mit der Ideologie der Herrschenden aus",[34] weil beiden Begriffen, dem der Bildung wie auch dem der Politik, stets die Frage nach dem, was Menschlichkeit bedeutet, immanent ist. Auch wenn diese Frage häufig hinter einem utilitaristischen Nützlichkeitsdenken verschwindet, das der Menschlichkeit Hohn spricht, bleibt sie gleichwohl immer im Begriff erhalten und wird auf diese Weise für diejenigen, die darum bemüht sind, ihr Macht- und Herrschaftsinteressen zu verschleiern und Widerspruchsfreiheit zu suggerieren, zur Provokation.

In seinen zeitdiagnostischen Analysen kommt Heydorn zu dem Schluss, dass die gegenwärtige Gesellschaft unfrei ist und die institutionalisierte Bildung einen nicht geringen Anteil an dem Versuch hat, die Menschen systematisch an die Verwertungs- und Profitinteressen der Wirtschaft anzupassen. Auf diese Weise werde nicht nur ihr Recht auf Selbstbestimmung und Zweckfreiheit preisgegeben. Mehr noch werde das Bewusstsein paralysiert, gar nor-

---

32 Ebenda, S. 202.
33 Ebenda, S. 213.
34 Ebenda, S. 213.

miert,[35] die Entfremdung auf Dauer gestellt. Bildung wird zum Mittel der Fremdbestimmung unter dem „Zwang der Profitmaximierung".[36] Das bedeutet auch, dass der Wert der Bildungsinhalte an ihrer Brauchbarkeit für den jeweiligen Arbeitsmarkt bemessen und so die „Reibungslosigkeit gesellschaftlicher Funktionsvorgänge"[37] sichergestellt wird. Reduziert auf ein „rationales Teilstück"[38] wird der einzelne Mensch austauschbar, er wird dienstbar gemacht für eine technologisierte Welt, die keine Rücksicht mehr auf die ganz eigensinnigen, dabei vielfältigen Bedürfnisse der Individuen nimmt und damit ihr Recht auf Unverfügbarkeit, auf „Nichtfestlegbarkeit"[39] nivelliert. Um aber überhaupt eine funktionalistische Bildung durchsetzen zu können, muss sie quantifiziert und kontrolliert werden.

Da der Kapitalismus zu seinem Funktionieren auf stetiges Wachstum angewiesen ist, muss er unter den bestehenden Wettbewerbsbedingungen analog dazu dauerhaft Innovationen hervorbringen, und zwar in einem zunehmend beschleunigten Ausmaß. Nach der Funktionslogik des Kapitalismus' müssen die Wettbewerber ihrem Konkurrenten stets einen Schritt voraus sein. Die systemimmanente Beschleunigung und das damit verbundene immer schnellere Veralten von Wissen sowie die möglichst effiziente Ausnutzung von Zeit und Humankapitalressourcen zwingen nicht nur zu einer Ausdifferenzierung des Bildungssystems, sondern auch und vor allem zur Optimierung der *Bildungsplanung*. Es geht also um die Kontrolle der Effektivität der Schule, in der das Humankapital zum bestimmenden Moment der Bildung wird, der Mensch als solcher aber zu einer, wie Heydorn schreibt, „quantité négligeable".[40] Er verkommt zu einem zu vernachlässigenden Faktor. Um eine optimale Funktionsfähigkeit zu garantieren und die maximale Effektivität zu erreichen, werden Lernprozesse normiert, ja der „industrielle Normbegriff wird uneingeschränkt auf den Bildungsprozeß übertragen",[41] der out-put unter marktwirtschaftliche Qualitätskontrolle genommen.[42]

---

35 Vgl. Heydorn 4/1995, S. 12.
36 Heydorn 2/1995, S. 146.
37 Heydorn 4/1995, S. 10.
38 Heydorn 2/1995, S. 146.
39 Ebenda, S. 130.
40 Heydorn 3/1995, S. 300.
41 Ebenda.
42 Vgl. dazu insbesondere Heydorns Kritik an der zeitgenössischen Bildungsreform in dem Aufsatz „Ungleichheit für alle", der 1970 im Band „Über den Widerspruch von Bildung und Herrschaft" erschienen ist, 3/1995, S. 267-308.

Weil sich in den USA bereits in den 1970er Jahren die Form einer durchkapitalisierten Gesellschaft ohne wohlfahrtsstaatliche Interventionen voll ausgeprägt hatte und weil Heydorn davon überzeugt ist, dass sich in Deutschland über kurz oder lang ähnliche Strukturen etablieren werden, nimmt er sie als Beispiel für eine organisierte Bildung, die ganz im kapitalistischen Konkurrenzsystem aufgegangen ist. So schreibt er: „Während Produktions- und Konsumentenverhalten gleichgesteuert sind, wird das industriekapitalistische catch as catch can in den Mittelpunkt gerückt, ein unerbittlicher Leistungswettbewerb, in dem jeder die gleiche reelle Chance haben, aber ebenso erbarmungslos ausgelesen werden soll, wenn er nicht genügt.“[43] Damit ist nicht nur die Konkurrenzgesellschaft angesprochen, sondern auch die Methode der Auslese, denn wer nicht integrierbar ist, „wird Schwund, Müll, is not succesfull“.[44] Mit aller Klarheit beschreibt Heydorn hier im Vorgriff auf das beginnende 21. Jahrhundert in einer drastischen Sprache, was sich heute in Deutschland bildungspolitisch ereignet und von führenden Unternehmensberatern salonfähig gemacht wird. So spricht etwa Jürgen Kluge, Chef der Unternehmensberatung McKinsey im Jahr 2003 davon, dass kein einziges Talent verschleudert werden darf, zugleich aber sollen die Individuen einem gnadenlosen Konkurrenzkampf ausgesetzt werden, um die Besten herauszufiltern. Im gleichen Atemzug wird der neuhumanistische Bildungsgedanke als Ideologie verunglimpft.[45] Dabei ist es offenbar auch gestattet, sich einer zutiefst menschenverachtenden Sprache zu bedienen, wie es Kluge im Anschluss an einen prominenten Vertreter der Automobilbranche tut, der „selbstbewusste Leute“ will, alles „andere ist Blech, Beton und tote Materie“.[46]

Die Zurichtung des Menschen in der dargestellten Weise lässt ihn letztlich Zuflucht in der Neurose suchen. Die gesellschaftlich erzeugten Probleme werden in den Menschen zurückverlegt, das heißt, die Widersprüche verlängern sich in das Individuum hinein, wo sie psychische Störungen verursachen. Die „in diesem System der totalen Quantifizierung“[47] durch dauerhaften Wettbewerb erzeugten Leiden, verdrängten Aggressionen und mangelnden Möglichkeiten für das Subjekt, zu sich selbst zu kommen, bringen sich in psychischen Krankheiten, im Drogenkonsum und/oder in einem externalisierten ag-

[43] Heydorn 3/1995, S. 290.
[44] Ebenda, S. 292.
[45] Vgl. Kluge 2003, dazu Borst 2007a.
[46] Kluge 2003, S. 48.
[47] Heydorn 2/1995, S. 135.

gressiven Verhalten zum Ausdruck. „Durch Dauertherapie," so Heydorn, „hofft man ihn [den Menschen, E.B.] bei der Stange zu halten."[48]

Dieses düstere Bild ist allerdings keinesfalls als eine totale Determination aufzufassen, denn der in der Schule entbundenen funktionalen Vernunft ist ein Moment eigen, das zu kontrollieren unmöglich ist. Einmal zu Bewusstsein gekommen, enthält die Vernunft die Möglichkeit des Weiterdenkens im Modus einer kritischen Besinnung auf das, was da vermittelt wird. Der Hinführung des Menschen zur Erkenntnisfähigkeit im Rahmen der institutionellen Einbindung in ein Bildungssystem implizit ist die Befähigung zu reflektierendem Denken, dem ein Vermögen zur Kritik innewohnt. Dieses Moment ist unaufhebbar: „Wo Rationalität ist, ist auch Negation, die Möglichkeit einer Negation. Die Möglichkeit einer großen Bezweiflung."[49] In anderen Worten: Die *funktionale* Rationalität muss in eine *humane* Rationalität überführt werden; eine Rationalität also, die über die Reflexion zu sich kommt und die gesellschaftlichen Zwänge und Widersprüche zu erkennen vermag. Die technologische Gesellschaft bedarf eines ungleich höheren Abstraktionsgrades, der immer auch seiner Möglichkeit nach Freiheit enthält: „Die Befähigung zum Erkenntnisprozeß ist" entsprechend „die Voraussetzung aller anderer Befähigungen".[50]

8.2 Bildung und Mündigkeit

Einen seiner Haupttexte *Zur Neufassung des Bildungsbegriffs*[51] von 1972 lässt Heydorn mit der Frage beginnen, was Mündigkeit in der Vergangenheit gewesen war und was sie zukünftig sein könnte. Damit markiert er den Begriff der Mündigkeit als eine zentrale Kategorie seines Denkens. Ziel eines jeden Bildungsprozesses sollte das der Mündigkeit sein. Mündig ist ein Mensch dann, wenn er sich eingedenk der gesellschaftlichen Determination seiner selbst bewusst und in der Lage ist, ein Wissen über die historisch-gesellschaftlichen Bedingungen zu entwickeln, diese zu kritisieren und gegebenenfalls Position gegen unterdrückende und diskriminierende Strukturen zu beziehen. Mündigkeit begreift sich daher „mit ihrem Beginn als Widerspruch zum Gesetzten, zu allem, was nicht weiter befragt werden darf oder befragt wird, nur das Gege-

---

[48] Heydorn 3/1995, S. 291.
[49] Ebenda, S. 308.
[50] Heydorn 4/1995, S. 12.
[51] Ebenda.

bene widerspiegelt."[52] Mündigkeit bedeutet demnach die radikale Aufklärung über das, was die Determination vorantreibt und Selbstbestimmung verhindert. Sie ist in ihrer modernen Form seit der Emanzipation des Bürgertums vom Feudaladel der Inbegriff der Kritik. Daher ist Mündigkeit historisch gesehen nicht vom Aufstieg des Bürgertums zu trennen. Der „Schritt zur Mündigkeit"[53] als kritische Reaktion auf die Autorität der Kirche und des Adels wurde zum ersten Mal in aller Radikalität in der Aufklärung vollzogen. Damit wurde sie zum Instrument der Befreiung und geschichtlich bedeutsam. Aber erst aus der Verbindung mit der institutionalisierten Bildung gewinnt sie ihre Kraft, denn über die Institution ist sowohl individuelle wie auch kollektive Mündigkeit zu realisieren. Heydorn notiert: „*Mündigkeit* ist Selbstfindung des Menschen, der Prozeß seiner Habhaftwerdung, seines wahren Bewußtseins von sich selber. *Bildung* ist ein entscheidendes Mittel dieses Prozesses. Der Begriff steht nicht für sich selbst, sondern der historische Vorgang macht ihn erst möglich, mit der die organisierte Bildung zur gesellschaftlichen Notwendigkeit wird."[54]

Wir haben ja schon gesehen, dass die institutionalisierte Bildung sowohl Herrschaft wie auch Befreiung in sich aufhebt, weil sie gesellschaftlich eingebettet von politischen Entscheidungen abhängt. Wenn nun allerdings in einer kapitalistischen Gesellschaft von allgemeiner Mündigkeit die Rede ist, so handelt es sich in der Regel lediglich um einen rhetorischen Akt, mehr noch sogar um eine rhetorische Strategie um des Erhalts der Herrschaft willen, nicht aber um das Bemühen ihrer Realisierung. Die bloße Deklamation nämlich verdeckt die gesellschaftlichen Bedingungen, die Mündigkeit verhindern, sie werden gewissermaßen hinter sprachlichen Euphemismen versteckt, die nicht der Freiheit, sondern ihrem Gegenteil dienen. Denn je mehr die Bildungsinstitutionen in den Reproduktionsprozess der Gesellschaft hineingezogen werden und ihnen die Aufgabe zufällt, die Menschen durch Bildung und Ausbildung in den gesteuerten Ablauf der industriellen Produktion bzw. in den Arbeitsmarkt zu integrieren, um so mehr dementieren sie Mündigkeit und zwingen das Subjekt im „Ritus der Unterwerfung"[55] in eine Verwertungslogik, die schließlich im Konsum endet und Mündigkeit nur noch vorgaukelt. Diejenigen, die an der Aufrechterhaltung dieses Systems interessiert sind, sind auch diejenigen, die sich gewandt, dabei eloquent eines Begriffinstrumentariums

[52] Ebenda, S. 57.
[53] Kant VI/1998, S. 53.
[54] Heydorn 4/1995, S. 59/60. Hervorhebung E.B.
[55] Ebenda, S. 65.

bedienen, das Widerspruchslosigkeit suggeriert: „*Sie* sprechen die Sprache der industriellen Produktion, der Übersetzung des Menschen in Psychometrie, *erschlagen die Mündigkeit über eine Sprache, die den Widerspruch fortzaubert*, ihn in das Unbewußte verdrängt, wo er als Neurose zum faschistischen Reservoir wird. Mündigkeit setzt voraus, daß sich der Mensch aussprechen kann, seiner selbst durch die Sprache mächtig wird."[56] Heydorn beharrt auf einer Sprachbildung, die ebenso die Möglichkeit eines differenzierten Ausdrucks birgt wie sie auch die kritische Wahrnehmung auf eine verschleiernde Sprache schärft. Die *Humaniora* als Bildungsinhalte sind daher unerlässlich. Damit ist nicht nur das Studium des klassischen Altertums gemeint, sondern auch ganz allgemein das der Geisteswissenschaften, der Literatur und der Geschichte. Eine humanistische Bildung soll die Erinnerung an den Gang der Menschheit durch ihre Geschichte wach halten und die Bedingung der Möglichkeit schaffen, sich kritisch mit ihr auseinanderzusetzen, und dies im Hinblick auf eine offene Zukunft, die gestaltet werden muss. Der Umstand, dass Begriffe eine Geschichte haben, dass sie also ihre Bedeutung im Verlauf eines geschichtlichen Prozesses verändern und offen für vielfältige Interpretationen sind, muss Heydorn zufolge ins Bewusstsein gerückt werden. Mehr noch aber fördert Sprachbildung die Abstraktionsfähigkeit und das Vorstellungsvermögen. Sprache ist daher die Voraussetzung für Bildung.

Heydorn ist durchaus kein Nostalgiker, wenn er sich für die Humaniora ausspricht. Unter den gegebenen gesellschaftlichen Verhältnissen, die durch eine hochentwickelte Technologie gekennzeichnet sind, bedeutet das Beharren auf die Humaniora das Beharren auf einer Menschlichkeit, die mit den technischen Möglichkeiten in Übereinstimmung kommen soll. Das heißt, sie sind die Voraussetzung, um den Sinn technischer Innovationen für den Menschen überhaupt beurteilen zu können. Sie begründen die Urteilsfähigkeit. Daher ist es ihm auch außerordentlich wichtig, in seinem Aufsatz *Zur Aktualität der klassischen Bildung* aus dem Jahr 1971 zu betonen, dass es von ganz entscheidender Bedeutung ist, wie wir mit unseren Technologien umgehen: „Es gibt nur ein einziges Bildungsproblem, dem in dieser Zeit absolute Vorrangigkeit zukommt: Es versteht sich als zwingender Versuch, die humane Rationalität auf die Höhe der technischen zu bringen, um der Selbstzerstörung des Menschen vorzubeugen, seiner physischen und seiner psychischen Verstümmelung."[57]

[56] Ebenda, S. 62. Hervorhebung E.B.
[57] Ebenda, S. 12.

Indem Heydorn Mündigkeit in die Dynamik eines historischen Prozesses einbettet, kann er sowohl ihre ursprüngliche Bedeutung als auch ihren Verfall darstellen. Die Tatsache, dass Mündigkeit im Verlauf des 19. Jahrhunderts im Zuge der Herausbildung einer Klassengesellschaft nur noch als individuelle Mündigkeit Gültigkeit beanspruchte, beraubte sie ihres befreienden Charakters. Weil individuelle Mündigkeit sich aber nur innerhalb eines Rahmens kollektiver Mündigkeit verwirklichen lässt, Mündigkeit also der Vermittlung von Individuum und Gesellschaft bedarf, muss sie über das Bestehende hinausgehen und in ihrer ursprünglichen Form wieder in Erscheinung treten: „Im Ausgang war bestimmend, daß das Individuum nur mit allen oder überhaupt nicht mündig werden kann."[58]

Dies kann aber nur über eine Bildung geschehen, die auf die gesellschaftlichen Zwänge reflektiert. So unterscheidet Heydorn auch zwischen einer „unbewussten Sozialisation", die einer „gelenkte[n] Selbsttätigkeit" gleichkommt und die „höchste Form der Depravierung"[59] annimmt, weil sie den Verlust aller Mündigkeit anzeigt, und einer Sozialisation, die „Bewußtsein erhält" und eine „humane Rationalität"[60] zum Ziel hat. Der Ritus der Unterwerfung kann demnach nur dann durchbrochen werden, wenn es der Bildung gelingt, „psychologische Anknüpfungspunkte"[61] zu finden, um Denkprozesse auszulösen, die dazu führen, den Deformationen und psychischen Verkrüppelungen auf die Spur zu kommen: „Bildung als Aufklärung muß somit jene *unterbewußten* Vorgänge ausfindig machen, an die sie anknüpfen kann, um sie dem Bewußtsein zu verbinden, einem Bewußtsein, das über die Frustration hinausweist, Ausgänge eröffnet".[62] Wie ein Ritual zunächst habituell inkorperiert und ins Unterbewusste abgedrängt wird, so kann es auch wieder vermittelt über einen Bildungsprozess als habitualisierte Handlung wahrgenommen und rational einsichtig werden. Heydorn spricht demnach hier nicht von einem schwer zugänglichen, verdunkelten Unbewussten, sondern von einem psychischen Zustand, der bei Freud das Vorbewusste heißt und der durch Nachdenken durchsichtig gemacht werden kann. Das prinzipiell vorhandene Vermögen der Menschen, über die Zwangsmechanismen ihrer Sozialisation zu reflektieren, erlaubt freilich weder Befreiung noch Selbstbestimmung, wenn nicht noch ein zweites hinzutritt: Die Besinnung auf die gesellschaftliche Deformation als

58 Heydorn 4/1995, S. 65.
59 Heydorn 3/1995, S. 322.
60 Ebenda, S. 323.
61 Ebenda, S. 315.
62 Ebenda.

Ursache für die individuelle Beschädigung: „Selbstbestimmung," so Heydorn, „ruht somit [...] auf der Vermittlung von Mündigkeit und Bedingung".[63]

Es ist der konkrete Mensch, der im reflexiven Durchgang durch die Zwänge Bildung erringen und mündig werden kann. Wenn Heydorn vom konkreten Menschen in diesem Sinne spricht, so bedeutet das, dass es unterdrückten Individuen oder diskriminierten Gruppen aufgegeben ist, das erfahrene Leid zum Ausdruck zu bringen und Widerstand zu entwickeln. Erkenntnisfähigkeit ist dabei eng verknüpft mit einer empirischen Erfahrung, die reflexiv geworden ist: „Erkenntnis muß tief in den Menschen eingelassen, von ihm erarbeitet werden, sie soll ihm zum Widerstand fähig machen, der die Enttäuschung verträgt. Denken und Empfinden müssen eine Verbindung eingehen, die niemand wieder aufheben kann, ohne sich selbst zu vernichten. Der Lernprozeß [...] kommt um das Erfahren der Verwundung nicht herum, er darf ihr nicht ausweichen."[64] In letzter Konsequenz bedeutet das, dass mit geistigem Leid stets auch ein seelisch-körperliches Leid einhergeht. So sind Geist und Körper einer wechselseitigen Entfremdung ausgesetzt, die überwunden sein will. Heydorn exemplifiziert diesen Gedanken an der Unterdrückung der Frauen.

8.3 Bildung und Geschlecht[65]

Die folgenden Ausführungen müssen im Kontext von Heydorns Bildungstheorie gelesen werden, die aus einer dialektischen, geschichtsphilosophischen Perspektive entworfen ist und Macht- und Herrschaftsverhältnisse auf die ihnen innewohnenden Befreiungspotenziale untersucht. Dieses Denken ist durchgängig und daher auch die Grundvoraussetzung zur Analyse von Macht und Herrschaft im Geschlechterverhältnis.

Heydorn hat sich nicht systematisch mit der Geschlechterfrage befasst. Er hat aber an einzelnen Stellen die problematischen Konstellationen zwischen den Geschlechtern thematisiert und dabei auf Umstände aufmerksam gemacht, die auch in der gerade entstehenden neuen Frauenbewegung der 1968er Jahre diskutiert wurden. Seine Äußerungen sind daher den gesellschaftlichen Bedingungen einer Zeit geschuldet, in der sich nach einer längeren Periode des Stillstandes, der durch die brutale Niederschlagung der alten Frauenbewegung

[63] Ebenda, S. 317.
[64] Ebenda, S. 320.
[65] Vgl. dazu Borst 2003, S. 190-202. Dort wird das Thema ausführlich behandelt.

durch die Nationalsozialisten verursacht war, allmählich Widerstand gegen die patriarchalen, frauendiskriminierenden Strukturen der bürgerlichen Gesellschaft formierte. Heydorn reflektiert – allerdings in einer die Gruppe der Frauen homogenisierenden Weise – einerseits auf die funktionale Trennung der Geschlechter in ein rationales und ein emotionales Geschlecht mit entsprechenden Verhaltensdispositionen bei gleichzeitiger Zuweisung in unterschiedliche gesellschaftliche Sphären: Männern die Öffentlichkeit und abstrakte Bildung zum Zwecke der Erwerbsarbeit; Frauen die Privatheit und praktische Bildung zum Zwecke einer rationalen Haushaltsführung und zur Erziehung der Kinder. Andererseits versetzt er dieses Verhältnis in die bestehende kapitalistische Gesellschaft und problematisiert es sowohl unter dem Aspekt seiner Kommerzialisierung als auch unter dem Begriff der Arbeit. Dabei liegt sein Augenmerk auf der doppelten Unterdrückung der Frauen, denen die Begabung zur Abstraktion unter Hinweis auf ihre körperliche Konstitution und deren Relevanz für die biologische Reproduktion der Gesellschaft abgesprochen wurde. Der weibliche Körper wurde gewissermaßen zum Reproduktionsorgan einer bürgerlichen Gesellschaft herabgewürdigt, die ihn einerseits in den Dienst der Fortpflanzung nahm, ihn andererseits aber für die sexuellen Bedürfnisse der Männer missbrauchte. Die Sexualisierung der Frauen erhielt im 19. Jahrhundert in Gestalt der Mutter und der Hure alternativlos im Anschluss an die jüdisch-christliche Tradition ihren vollendeten Ausdruck, und zwar kulturell, gesellschaftlich und politisch. Weder in geistiger noch in körperlicher Hinsicht gestand man ihnen Selbstbestimmung zu. Das ist der Ausgangpunkt, von dem aus Heydorn sich zur Geschlechterfrage äußert. Dabei ist es ihm außerordentlich wichtig darauf hinzuweisen, dass sich sowohl kulturell, also beispielsweise in der Literatur und in der bildenden Kunst, wie auch in der Gesellschaft selbst imaginäre Vorstellungen davon durchgesetzt haben, wie Frauen sein sollen und was sie zu tun haben.[66] Er geht also den Mythen und Bildern auf den Grund, die den gesellschaftlichen Status der Frauen bestimmten und sie in die Position zwischen Verklärung und Verachtung rückten, die realen Lebensbedingungen und das dadurch verursachte Leid aber unberücksichtigt ließen.

Heydorn unterzieht zwei Epochen einer genaueren Betrachtung: das 18./19. Jahrhundert bis zur Wende ins 20. Jahrhundert und die Zeit nach dem zweiten Weltkrieg bis 1970. In seinem Hauptwerk von 1970 *Über den Widerspruch von Bildung und Herrschaft* nennt er drei Gründe, die zur Unsichtbarkeit von Frauen in der Geschichte und letztlich zu ihrer Unterdrückung geführt

66 Vgl. dazu das immer noch sehr lesenswerte Buch von Silvia Bovenschen 1979.

haben: die aus der Aufklärungsphilosophie resultierenden polaren Geschlechtscharaktere, die damit einhergehende, für die bürgerliche Gesellschaft funktionale, geschlechtsspezifische Arbeitsteilung und die daraus hervorgegangene wirtschaftliche sowie sexuelle Repression. Dass bürgerliche Frauen im 19. Jahrhundert eine Ausbildung nur im Rahmen des niederen Schulwesens erhielten und sie dort, abgesehen von wenigen Ausnahmen, nichts weiter lernten, als sich in das Schicksal ihres Geschlechts zu fügen, sie also in erster Linie Zwang, Disziplin und Unterwerfung übten, um ihren Pflichten als Hausfrau, Mutter und Gattin nachkommen zu können, ist Heydorn zufolge äußerstes Zeichen ihrer „Versklavung".[67] Der Ausschluss aus dem „gesellschaftlichen Prozeß, ihre Arbeitslosigkeit als Prestigewert"[68] war nicht nur die Erfindung des Bürgertums. Auch revolutionäre Gegenbewegungen hatten keinerlei Interesse, die geschlechtsspezifische Arbeitsteilung aufzugeben. Heydorn notiert: „[M]it dem Angriff auf die Herrschaft des Mannes wurde ein Tabu berührt, das auch die entschiedensten Revolutionäre in der Regel aufrechterhalten wissen wollten."[69] Obwohl Frauen immer wieder „aus der Anonymität der Geschichte als Handlungssubjekte"[70] aufgetaucht seien, sei es ihnen aufgrund des systematischen Ausschlusses aus dem staatlichen Schulwesen nicht gelungen, sich gegen diskriminierende Strukturen durchzusetzen. Dazu muss man wissen, dass Mädchen nicht nur aus der höheren Bildung ausgeschlossen waren, sondern sie später als erwachsene Frauen kaum Möglichkeiten zur selbstbestimmten Gestaltung ihres Lebens hatten, da sie unter der Vormundschaft entweder des Vaters oder des Ehemannes standen. Zudem waren ihnen ab 1850 auch alle Formen der politischen Manifestationen von Rechts wegen untersagt.[71] Diese historische Situation machte es für Frauen überaus schwierig, sich gegen ungerechtfertigte, dabei autoritäre Strukturen zu wehren: „[D]ie Einbeziehung der Frau in die weiterführende Bildung hätte den Beginn ihrer wirklichen Gleichberechtigung, ihre Einbeziehung in den Prozeß der bewussten geschichtlichen Abarbeitung angezeigt."[72] Die spontanen, dabei durchaus eruptiven Ausbruchsversuche seien letztlich an den mangelnden Möglichkeiten zur systematischen Reflexion über die eigenen Bedingungen gescheitert: „Das Objektbewußtsein determiniert das Bewußtsein der bürgerlichen Frau, das Mutterbild wird zum Mythos, mit dem der Mann die materielle und sexu-

67 Heydorn 3/1995, S. 182.
68 Ebenda.
69 Ebenda.
70 Ebenda.
71 Vgl. dazu Gerhard 1978. Vgl. auch Opitz 2005, Kleinau/Opitz 1996.
72 Heydorn 3/1995, S. 182.

elle Instrumentalisierung der Frau innerhalb der bürgerlichen Welt verinnerlichend ausgleicht."[73] In anderen Worten: Um die Unterdrückung zu verschleiern, schafften sich die bürgerlichen Philosophen, die Rechtsgelehrten, die Politiker und die Pädagogen – mit wenigen Ausnahmen – in der Figur der Mutter ein Idol, das sie verehren konnten, während sie zugleich das weibliche Geschlecht verachteten. Die realen Bedingungen konnten auf diese Weise ignoriert werden. Daher spricht Heydorn von der „metaphysische[n] Immobilität des Geschlechtscharakters".[74]

Bereits seit Mitte des 19. Jahrhunderts allerdings wurde es aus unterschiedlichen Gründen notwendig, Frauen in den Arbeitsprozess zu integrieren, ohne allerdings in bemerkenswerter Weise von der Geschlechterdifferenz abzuweichen. Es galt, Frauen jenen Bereich zu eröffnen, der vermeintlich der Hausarbeit am nächsten ist: Lehrerin im Elementarbereich, Kindergärtnerin und Pflegerin. Nicht nur hatte diese Integration keinerlei Konsequenzen für ihre volle menschliche Emanzipation im Sinne von gesetzlich garantierten Rechten, Mündigkeit und Selbstbestimmung. Sie führte tief in eine Bewusstseinsspaltung hinein, die in Gestalt von geschlechtergetrennten Schulen offen für eine umfassende geschlechtsspezifische „Bewußtseinssteuerung"[75] war. Mit der stereotypen Beschwörung der „Weiblichkeit" im Sozialisations-, Erziehungs- und Bildungsprozess gehe zugleich ihre systemkonforme Eingliederung in den Arbeitsprozess einher. Mädchen sollten demnach eine hausarbeitsnahe Bildung und Ausbildung erhalten: „Für die Diskussion um die Jahrhundertwende ist es charakteristisch, daß es Männer sind, die der weiterführenden Bildung der Mädchen einen besonderen, einen weiblichen Inhalt erhalten wollen, weil dies die Klassenlage des Mannes erfordert; der Klassenkampf der Auseinandersetzungen wird von den hervorragendsten Führerinnen der Frauenemanzipationsbewegung erkannt, die auf eine völlig gleichartige Bildung drängen."[76]

War es im 19. Jahrhundert der Mythos der Mütterlichkeit, der funktional für die geschlechtsspezifische Arbeitsteilung und der Inbegriff für die Machtlosigkeit der Frauen war, so wird ihm im 20. Jahrhundert angesichts der Liberalisierung von Familie und Ehe der sexuelle Mythos zur Seite gestellt: „Der sexuelle Mythos, den die kapitalistische Gesellschaft entwickelt und neben das Mutteridol stellt, ist nur eine Fortsetzung weiblicher Degradation; die Ent-

[73] Ebenda, S. 183.
[74] Ebenda.
[75] Ebenda.
[76] Ebenda.

wicklung der Produktivkräfte muß auch hier systemimmanente Liberalisierung freisetzen, neue Konsummärkte öffnen, um den Menschen paralysiert zu halten."[77] Die Auffassung, der Kapitalismus sei zu seiner Sicherung auf die monogame Ehe angewiesen, müsse heute als Illusion zurückgewiesen werden, denn er fördere alle diejenigen sexuellen Praktiken, die kommerziell ausbeutbar seien. Anders als noch im 19. Jahrhundert werden Lust und Begehren nun nicht mehr aus dem Arbeitsprozess ausgeschlossen, sondern sie werden im Interesse der Profitmaximierung zum Bestandteil des Produktions- und Konsumtionsprozesses selbst und verlieren damit ihre anarchischen Tendenzen. Sie werden kontrollier- und ausbeutbar. Sexualität in allen ihren Spielarten wurde nun zum kommerzialisierten Bestandteil der Gesellschaft. Für Heydorn ergeben sich aus diesen Konstellationen folgende Konsequenzen:

1. Gegen die marxistische Behauptung, die Befreiung der Frauen wäre schon mit ihrer wirtschaftlichen Gleichstellung vollendet, wird für Heydorn im Anschluss an Simon de Beauvoir weibliche Emanzipation erst dann möglich, wenn Frauen selbstbestimmt über ihren Körper verfügen können. So notiert er in einer Randbemerkung: „Die Emanzipation der Frau beginnt, wie Simone de Beauvoir mit Recht bemerkt, in ihrem Leib."[78]

2. Die intellektuelle und sexuelle Befreiung der Frauen bedingen sich gegenseitig. Weil er davon ausgeht, dass die Vernunft uneingeschränkt und universell beiden Geschlechtern ohne Unterschied eigen ist, dürfe die sexuelle Emanzipation der Frauen nicht isoliert von Erkenntnisprozessen von statten gehen: „Sexuelle Eigenverfügung, Verfügung über den eigenen Leib, ist untrennbarer Teil der geistigen Eigenverfügung des Menschen. [...] Wer nicht geistig über sich verfügen kann, kann auch nicht körperlich über sich verfügen; er bleibt Objekt. Keine Komponente kann von der anderen abgelöst werden. Geistige und sexuelle Emanzipation sind ein einheitlicher Vorgang."[79] Unter anderem spielt er damit auf die Reduzierung der Frauen zum Sexualobjekt etwa in der Werbung an.

3. Die Emanzipation kann nur über ein historisches Bewusstsein erfolgen. Da die Geschlechter in der bürgerlichen Gesellschaft auf je unterschiedliche Weise vergesellschaftet werden, müssen sie auch unterschiedliche Wege der Befreiung beschreiten. Daher hält er es für unerlässlich, dass Frauen ihre eigene Geschichte aufgraben und sichtbar machen, indem sie den Ursachen für die

[77] Ebenda, S. 326.
[78] Ebenda, S. 182.
[79] Ebenda, S. 326.

auferlegten Zwänge und den historischen Frauenbefreiungsbewegungen nachgehen: „Es kann sich nicht darum handeln, die Befreiung der Frau an einer geschichtlichen Struktur zu orientieren, die durch Männer geprägt ist und damit die Geschichte des Mannes letztlich für alle Zukunft fortzusetzen.“[80] Die Befreiung von Frauen und Männern ist demnach daran gebunden, ob es ihnen gelingt, das Konstrukt der Zweigeschlechtlichkeit gesellschaftlich aufzubrechen, um die, wie er schreibt, noch „unbeendete Form der Sklaverei, die Abhängigkeit der Frau, zur konsequenten Aufhebung zu bringen.“[81] Damit ist nicht nur die Anerkennung ihrer Intellektualität im Modus eines selbstbestimmten Handelns gemeint. Ganz wesentlich geht es ihm darum, Geschlecht zu denaturalisieren und die Geschlechterdifferenz als das Ergebnis einer historischen Arbeitsteilung aufzufassen, die zwar für die bürgerliche Gesellschaft nützlich gewesen, gleichwohl aber auf metaphysischen Spekulationen beruhe und daher veränderbar sei. So schreibt er: „Historisch gesehen sind alle Funktionen austauschbar; ethnologische Untersuchungen bestätigen dies. Lediglich biologische Differenzen bleiben zurück; der Mensch ist jedoch keine Natur, er ist das Gegenteil von Natur.“[82] Frauen und Männer haben daher die Möglichkeit, in den geschichtlichen Verlauf einzugreifen und ihn zum Besseren hin zu verändern. Für Frauen gilt dabei, dass ihnen die Teilnahme an politischen Entscheidungen und eine selbstbestimmte Lebensführung zugestanden wird. Für Männer gilt umgekehrt die Integration in den Erziehungsprozess. Für die Erziehung von Mädchen und Jungen gilt entsprechend, dass sie nicht die kulturellen Geschlechterstereotypen wiederholt, sie sich also nicht an geschlechtsspezifischen Inhalten ausrichten darf und von beiden Elternteilen gleichermaßen geleistet werden muss: „Da Erziehung eine geistige und nicht biologisch, durch Geburtsvorgänge bedingte Leistung ist, Erkenntnis, Liebe und Entäußerung verlangt, kann sie von beiden Geschlechtern auf gleiche Weise erbracht werden.“[83] Weder der viel beschworene Mythos der Mutter noch der sexuelle Mythos hätten unter diesen Voraussetzungen noch Bestand.

Heydorn begrüßte seinerzeit die neue Frauenbewegung.[84] Er hat mit ihr die Hoffnung verbunden, dass sie neben anderen sozialen Bewegungen dazu beizutragen vermag, eine Welt mit menschlicherem Antlitz zu konstituieren. Dabei ging es ihm aber nicht etwa darum zu erwarten, dass die Frauen die von

[80] Ebenda, S. 327.
[81] Heydorn 2/1995, S. 293.
[82] Ebenda.
[83] Ebenda.
[84] Vgl. Heydorn 3/1995, S. 328.

Männern zugerichtete Welt retten werden. Es ging ihm vielmehr darum zu zeigen, dass Frauen und Männer ohne Unterschied über die gleichen intellektuellen, sinnlichen und kreativen Potenziale verfügen und die dominante Stellung von Männern einer historischen Situation geschuldet ist, die keine Gültigkeit mehr beanspruchen darf. Zur Disposition gestellt wird also das männliche Subjekt, das mit einer machtvollen Geste das Selbstbestimmungsrecht von Frauen und Mädchen dem eigenen Vorteil zu opfern bereit ist und keinerlei Anstalten macht, seine eigene Position kritisch zu hinterfragen. Ordnen wir diese Gedanken in Heydorns Gesamtkonzept ein, so wird deutlich, dass Befreiung erst dann möglich wird, wenn *alle Menschen* in diesen Prozess miteinbezogen sind. Es bleibt gleichwohl der Widerspruch zwischen Bildung und Herrschaft. In dem Moment nämlich, in dem die Geschlechterfrage in der institutionalisierten Bildung keine Rolle spielt, sie also unsichtbar und scheinbar neutralisiert wird, setzen sich die herkömmlichen geschlechtsspezifischen Machtkonstellationen fort. Andererseits aber ist durch die Entbindung der Rationalität die Möglichkeit eröffnet, Sozialisationsprozesse auf ihren Gehalt an Unterdrückung zu befragen. Die Tatsache, dass Mädchen ebenso ein Recht auf Bildung haben wie Jungen, verleiht ihnen infolgedessen ein (Selbst)Bewusstsein, das dazu befähigt, das scheinbar Selbstverständliche der Geschlechterstereotypen zu bezweifeln und gegen sie aufzubegehren.

8.4 Zur Aktualität der kritischen Bildungstheorie

Heydorn hat schon sehr früh die Konsequenzen erkannt, die damit verbunden sind, wenn ein kapitalistisches Gesellschaftssystem auf die Bildungsinstitutionen Einfluss ausübt. Heute zeigen sich die von ihm prognostizierten Verfallserscheinungen deutlicher noch als zu seiner eigenen Zeit, da der neoliberale Kapitalismus mit seinen Prinzipien der Deregulierung und der Privatisierung, der Zerstörung eines solidarischen Sozialsystems und der massiven Einschränkung staatlicher Eingriffsmöglichkeiten zum Wohle der *ganzen* Bevölkerung eine Gerechtigkeitslücke aufbrechen lässt, die nicht nur demokratische Strukturen zur Disposition stellt; Colin Crouch spricht in diesem Zusammenhang übrigens von der „Postdemokratie".[85] Mehr noch wird von politischer und wirtschaftlicher Seite gezielt ein verheerender Konkurrenzkampf initiiert, dem sich niemand entziehen kann und soll. Alle öffentlichen und nichtöffentlichen Lebensbereiche sollen nach marktwirtschaftlichen Prinzipien re-

[85] Vgl. Crouch 2008.

guliert und kontrolliert in das Wirtschaftssystem integriert werden. Damit wird unter anderem auch eine Aufhebung der Trennung von Privatheit und Öffentlichkeit betrieben.

Die institutionalisierte Bildung als Katalysator der gesellschaftlichen Reproduktion und als Sozialisationsinstanz ist davon in einer besonderen Weise betroffen. Nicht nur, weil Bildungspolitiker Konkurrenz zum Prinzip des sozialen Austauschs als solchem stilisieren, sie also die Verdinglichung der Menschen vorantreiben.[86] Das Bildungssystem selbst verkommt zu einer Anstalt, in der abfragbares Wissen mit Bildung verwechselt und eine effizienzsteigernde Optimierung der Lernvorgänge zum Ziel erhoben wird, ohne noch danach zu fragen, inwiefern die Zivilgesellschaft durch die einseitige Förderung bloß verwertbarer Kompetenzen in ihrem Bestand gefährdet ist. Der neuhumanistische Gedanke einer umfassenden Bildung im Sinne einer intellektuellen, dabei kritischen Auseinandersetzung mit den gesellschaftlichen Strukturen ist angesichts dessen zu einer randständigen Erscheinung geworden. Sie wird als Ideologie diskreditiert und damit der Humanitätsgedanke als Erbe der Aufklärung verunglimpft. Das wird vorzugsweise dort deutlich, wo nicht mehr von den *Subjekten der Bildung* die Rede ist, sondern von den *Humankapitalressourcen*, die das Bildungssystem bereitzustellen hat und die es im Interesse der Wirtschaft auszubeuten gilt. Die solcher Maßen inszenierte „Apotheose des Marktes“[87] zeigt sich besonders im Gebrauch einer rhetorischen Strategie, die darauf aus ist zu suggerieren, es ginge noch um das Individuum mit seinen eigenen Interessen, Bedürfnissen und Rechten, wenn euphemistisch von den Schätzen oder den Rohstoffen die Rede ist, die es zu bergen gelte. Das Gegenteil aber ist der Fall: Um einer möglichst guten wirtschaftlichen Ausbeute willen muss sich jedes Individuum, gleich ob Mann oder Frau, Junge oder Mädchen mit oder ohne Migrationshintergrund, der dauerhaften Kontrolle seiner Fähigkeiten und Kompetenzen[88] unterziehen und sich einem ökonomischen Wissensregime fügen, das Wissen einzig noch nach seinem Gebrauchswert vernutzt. Wer sich diesem Wissensregime nicht unterwirft, gerät in den Strudel eines Selektionssystems, das nicht mehr an Geschlecht, Ethnie oder Klasse orientiert ist. Vielmehr werden vom Individuum Leistungs- und Konkurrenzfähigkeit verlangt sowie die Fähigkeit, sich flexibel auf die Bedürfnisse des Arbeitsmarktes einzustellen und dabei ein hohes Maß an Mobilität aufzuweisen. Wem es nicht gelingt, gleich aus welchem Grund, sich diesem System

[86] Vgl. dazu Kapitel 6: „Kritische Theorie und Bildung“.
[87] Liessmann 2006.
[88] Zur Kritik des Kompetenzbegriffs vergleiche Pongratz/Reichenbach/Wimmer 2007.

einzufügen, wird an den Rand gedrängt, vor allem, weil sich die existentiellen Bedingungen angesichts des Abbaus von Sozialleistungen als Sicherung gegen Schicksalsschläge verschärfen und sich die Gelegenheiten zur Teilnahme am gesellschaftlichen Gestaltungsprozess verringern. Unter diesen strukturellen Voraussetzungen ist im Modus des „survival of the fittest“ der gnadenlose Konkurrenzkampf für viele die einzige Möglichkeit, sich gegen das Abrutschen in das soziale Abseits zu sichern. Humanität, Mitmenschlichkeit und Solidarität und nicht zuletzt die Würde des Menschen bleiben dabei weitestgehend auf der Strecke. Es handelt sich um Begriffe, die, so möchte man fast meinen, angesichts einer demonstrativ zur Schau gestellten Alternativlosigkeit des neoliberalen Projektes keine Relevanz mehr im 21. Jahrhundert zu besitzen scheinen. Weil sie nicht mehr im Mainstream der Medien präsent sind, unterliegen sie darüber hinaus der Gefahr, aus dem kulturellen Gedächtnis gelöscht zu werden.

Wenn wir aber mit Heydorn davon ausgehen, dass im Begriff der kritischen Bildung im Anschluss an den Neuhumanismus so etwas wie Menschlichkeit um ihrer selbst willen und nicht etwa zum Zweck eines anderen aufgehoben ist, dann ist das, was wir zur Zeit beobachten können, der „Triumph der Unbildung inmitten der Wissensgesellschaft“,[89] wie der Wiener Philosoph Konrad Paul Liessmann feststellt: „Bildung hatte einst mit dem Anspruch zu tun, die vermeintlichen Gewißheiten einer Zeit ihres illusionären Charakters zu überführen. Eine Gesellschaft, die im Namen vermeintlicher Effizienz und geblendet von der Vorstellung, alles der Kontrolle des ökonomischen Blicks unterwerfen zu können, die Freiheit des Denkens beschneidet und sich damit die Möglichkeit nimmt, Illusionen als solche zu erkennen, hat sich der Unbildung verschrieben, wieviel an Wissen sich in ihren Speichern auch angesammelt haben mag.“[90] Mit der Kontrolle der Bildung und damit auch des Wissens, ihrer Reduzierung auf Quantität, eröffnet sich zugleich die Option, Menschen zu manipulieren und sie im Dienste partikularer Interessen zu instrumentalisieren. Heydorn würde dem keinesfalls widersprechen. Aber gerade die machtvollen Geste provoziert auch immer ihr Gegenteil, erstens, weil eine totale Kontrolle eine Unmöglichkeit darstellt. Zweitens, weil sie einen systemimmanenten Mechanismus erzeugt, dem die Möglichkeit des Widerstandes innewohnt. Gemeint ist die entbundene Rationalität, die zu beidem befähigt: zur Affirmation und zur Kritik, zur Anpassung und zum Widerstand. „[D]ie

[89] Liessmann 2006, S. 165.
[90] Ebenda, S. 175.

Herrschaft," so notiert Heydorn, „unterliegt dem Zwang, Bildung ununterbrochen vermehren zu müssen, um sich selbst zu erhalten, sie muß die Grenzen ihres eigenen Herrschaftswissen durchbrechen, Rationalität erratisch ausstreuen," und einige Zeilen später: „Bildung wird zur Gefahr, weil sie sich der Deckungsgleichheit entzieht, der Gleichheit mit dem Verwertungsprozeß."[91]

Ein Nachdenken über Menschenwürde und Menschenrechte, über Frieden und Ökologie, über soziale Sicherheit, kulturelle Emanzipation und die Gleichheit der Geschlechter im globalen Maßstab ist einer *humanen Rationalität* geschuldet, die sich in einem Bildungsprozess zu konstituieren vermag, der dafür steht, dass der Mensch in seiner Totalität in Erscheinung tritt. Darin liegt die Aktualität von Heydorns kritischer Bildungstheorie: Zu erkennen, dass die historisch-gesellschaftlichen Bedingungen zu verändern sind und die vermeintliche Alternativlosigkeit und suggerierte Naturwüchsigkeit der gesellschaftlichen Ordnung einen weiteren Versuch darstellen, das Bewusstsein zu paralysieren. Der Gedanke der Alternativlosigkeit und Naturwüchsigkeit ist umgekehrt nämlich auch nur Produkt einer menschlichen Rationalität. Dieses Mal allerdings in Gestalt einer instrumentellen Rationalität, der mit einem Bewusstsein für die von ihr verursachten Schäden zu begegnen ist, indem die Widersprüche begreifbar gemacht und nicht etwa aus dem Bewusstsein gelöscht und einer nur scheinbaren Versöhnung geopfert werden. Kritischer Bildung bleibt es daher aufgegeben, aus der realisierten technologischen Rationalität die humane zu entbinden.[92]

Dazu gehört der verantwortliche Umgang mit zukünftigen, noch nicht realisierten Möglichkeiten: „Bildung ist der große Versuch mit dem Menschen, Versuch, den Menschen zum Menschen zu begaben; er muß nicht gelingen. Es gibt keine sichere Bestimmung der Zukunft; Zukunft, die bestimmbar erscheint, ist Ausdruck einer naturwissenschaftlichen Determination, mit der sich der Mensch seines eigenen Selbst beraubt. Die Geschichte des Menschen kann mit seiner eigenen Zerstörung enden, der physischen und psychischen Verstümmelung; seine Unfestlegbarkeit macht seine Stellung aus."[93]

Wenn allerdings, wie kürzlich von dem Erziehungswissenschaftler Dieter Lenzen gemeinsam mit der Bayrischen Wirtschaft zur „Effektverbesserung des deutschen Bildungssystems" gefordert wurde, „Schulferien und andere

[91] Heydorn 3/1995, S. 312.
[92] Vgl. Pongratz 1995, S. 32.
[93] Heydorn 3/1995, S. 311.

lernfreie Zeiten für zusätzlichen Unterricht verwendet werden"[94] sollen, wenn also Jungen und Mädchen keine Zeit der Selbsterfahrung bleibt und Zeiten für eigenwilliges Denken dem bloß quantitativen Wissenserwerb geopfert werden, dann wird auch die für jeden Denkprozess unerlässliche Muße willfährig durch instrumentelles Lernen substituiert. Die Heranwachsenden werden manipulierbar für fremde, nicht durch Vernunft reflektierte Zwecke. Dem ist entgegenzuarbeiten, indem der für Entwicklung, Entfaltung und entdeckendes Lernen notwendigen Eigenzeit Raum und Gestalt gegeben wird.

[94] Vereinigung der Bayrischen Wirtschaft 2003, S. 34.

9. Anerkennungstheoretische Grundlagen von Bildung

Das, was für Heinz-Joachim Heydorn eines der entscheidendsten Momente der Bildung ist, nämlich das Erkennen der Menschlichkeit im Antlitz des Anderen, wird hier unter dem Begriff der „Anerkennung" entfaltet.[1] Der Begriff ist erst vor wenigen Jahren in das Bewusstsein der Pädagogik gerückt, weil sich die gesellschaftlichen Grundlagen wesentlich geändert haben. Nicht nur die zunehmende Individualisierung und eine damit einhergehende Pluralisierung der Lebenslagen und Lebensformen, sondern auch eine verstärkte Immigration sowie die Forderungen der Frauenbewegung waren ausschlaggebende Faktoren, sich unter dem Schlagwort Gleichheit und/oder Differenz der Frage zuzuwenden, in welcher Form das Andere oder das Fremde anerkannt werden kann.[2]

Wenn von Anerkennung die Rede ist, dann müssen wir stets vier Dimensionen berücksichtigen. *Erstens* geht es um die intersubjektive Anerkennung der Individuen untereinander. *Zweitens* kann eine intersubjektive Anerkennung nur unter gesellschaftlichen Bedingungen stattfinden, die es erlauben, dem Individuum den Status einer Person eigenen Rechts zuzugestehen. Intersubjektive Anerkennung und gesellschaftliche Anerkennung stehen in einem dialektischen Verhältnis zueinander, weil intersubjektive Anerkennung ihr materielles Fundament erst dann erhält, wenn *drittens* kulturelle sowie soziale Vielfalt rechtlich und gesellschaftlich gewährleistet und diese *viertens* unter der Voraussetzung wirtschaftlicher Sicherheiten garantiert ist. Es genügt demnach nicht, nur über kulturelle oder soziale Anerkennung nachzudenken, ohne in Rechnung zu stellen, dass trotz formaler demokratischer Strukturen in unserer Gesellschaft soziale Ungleichheiten und ökonomische Diskriminierung bestehen, die einer umfassenden Anerkennung zuwiderlaufen. Bedeutsamstes Merkmal von sozialer Ungleichheit ist, dass sie oft mit ökonomischer Diskriminierung einhergeht, dass also ein dialektischer Zusammenhang von Armut und sozialer Ungleichheit oder gar Stigmatisierung besteht.[3]

Die Anerkennung der Vielfalt muss dabei freilich immer in Übereinstimmung mit der Menschenwürde und den Menschenrechten stehen. Das heißt, Zentrum des Anerkennungsgedankens ist eine Humanität, die ethisch-

---

[1] Vgl. dazu ausführlich Borst 2003, S. 97-225.
[2] Vgl. Prengel 1995, und Hafeneger/Henkenborg/Scherr 2002.
[3] Vgl. Fraser 2003.

moralisch zu rechtfertigen ist und gesellschaftlichen Aushandlungsprozessen unterworfen sein muss. „Es kann also nicht darum gehen," so Michael Winkler, „andere allein in ihrer Differenz anzuerkennen."[4] Immer muss auch die Frage erlaubt sein, was, unter welchen Bedingungen und von wem anerkannt wird, denn nicht jede Form der Anerkennung ist an humanitären Grundsätzen orientiert. So etwa, wenn nur diejenigen gesellschaftlich anerkannt werden, die sich an das Bestehende kritiklos anpassen. Oder wenn individuelle Anerkennung ausschließlich an das Erbringen einer bestimmten Leistung geknüpft ist und dabei der Mensch mit seinen vielfältigen Möglichkeiten und Bedürfnissen außer Acht gelassen wird. In solchen Fällen handelt es sich um eine einseitige Anerkennung mit autoritären Zügen, die Macht- und Herrschaft konstituiert und Missachtung zur Folge hat.

Der Begriff der Anerkennung ist ebenso wie der Begriff der Bildung dialektisch ausgespannt zwischen Heteronomie und Autonomie, zwischen Abhängigkeit und Freiheit. Daher müssen Anerkennungsstrukturen stets auf immanente Zwangsmechanismen hin untersucht werden. Das potenzielle Verfehlen gesellschaftlicher und individueller Anerkennung muss also stets mitgedacht werden. In anderen Worten: Intersubjektive Anerkennung kann nur im Rahmen einer demokratischen Gesellschaft erfolgreich sein, die darum bemüht ist, soziale, kulturelle und materielle Ungleichheiten abzuschaffen. Dazu ist es notwendig, von einem dualistischen Denken in Gegensätzen abzurücken. Gerade weil sich Differenzen nicht auf ein Gegensatzpaar reduzieren lassen, sondern in ihrer Vielfalt Gültigkeit beanspruchen, ist es im Namen eines humanen Zusammenlebens notwendig, im Anschluss an Annedore Prengel einen „egalitäre[n] Differenzbegriff"[5] zu verwenden. Dieser Begriff geht davon aus, dass wir nicht von einer binären Struktur von Differenz ausgehen können, sondern dass Differenzen von mannigfaltiger Art sind, die auf der Grundlage demokratischer Gleichberechtigung anzuerkennen sind, allerdings mit der Einschränkung, dass „nicht etwa *alles mögliche* akzeptabel, alles beliebig oder gleichgültig" ist. „Ein demokratischer Differenzbegriff stellt vielmehr Kriterien der Urteilsbildung zur Verfügung: all jene Tendenzen, die monistisch, totalitär, hegemonial, ausbeuterisch und diskriminierend die Gleichberechtigung des Differenten zu zerstören trachten, können aus dieser Sicht nur be-

---

4 Winkler 1998, S. 161.

5 Prengel 1990, S. 124.

kämpft werden. *Vielfalt* realisiert sich erst in klarer Stellungnahme gegen herrschaftliche Übergriffe."[6]

Betrachten wir dagegen das Verhältnis der Differenzen unter der Perspektive der Ungleichheit, dann sind die klassischen Unterscheidungsmerkmale der Sozialstrukturanalyse Klasse, Geschlecht und Ethnizität so aufeinander zu beziehen, dass ersichtlich wird, inwieweit alle drei Merkmale das Leben von Mädchen und Jungen, von Frauen und Männern beeinflussen. Das heißt, die „Achsen der Ungleichheit"[7] müssen in ihrer jeweiligen Relation zueinander bzw. in ihren Überschneidungen und im Kontext einer kritischen Gesellschaftstheorie wahrgenommen und analysiert werden. Einer kritischen Bildungstheorie kommt angesichts dieser Konstellation die Aufgabe zu, anerkennungstheoretisch zu argumentieren. Denn es ist ja nicht damit getan, Ungleichheiten zu konstatieren und deren Abschaffung zu fordern. Es ist ebenso wichtig, Bildungsprozesse anzustoßen, die Ungleichheiten zu Bewusstsein bringen und dazu befähigen, im Modus egalitärer Differenzen einen Anerkennungsprozess zu initiieren, der darauf zielt, dem Gegenüber respektvoll zu begegnen. Damit ist der Prozess der intersubjektiven Anerkennung angesprochen, an dem, wie das Wort schon sagt, zwei Subjekte beteiligt sind. Für die intersubjektive Anerkennung gilt daher, dass das Gegenüber in seinen unterschiedlichen Ausdrucksformen ernst zu nehmen ist und nicht etwa in ein Subjekt-Objekt-Verhältnis eingerückt wird. Schließlich ist ein Objekt stets damit konfrontiert, Mittel zum Zweck eines anderen und nicht es selbst zu sein. Besonders bedeutsam wird diese Sichtweise unter anderem im Hinblick auf das Geschlechterverhältnis oder hinsichtlich unterschiedlicher Ethnien, da sich dort Macht- und Herrschaftsverhältnisse auf der Koordinate von Subjekt-Objekt manifestieren. Geht ein interaktives Geschehen darauf aus, die spezifischen Eigenschaften eines Individuums zu ignorieren, so sprechen wir in den beiden vorliegenden Fällen von Misogynie (Frauenfeindschaft) und Rassismus, wobei sich beide Diskriminierungsformen überschneiden können. Eine weitere Form, Menschen auf den Objektstatus zu reduzieren, ist die der ökonomischen Ausbeutung im Wirtschaftsprozess, die sich wiederum mit den beiden anderen Diskriminierungsformen amalgamieren kann. Um diese Unterdrückungsstrukturen zu verhindern oder gar abzuschaffen, muss Anerkennung auf den verschiedenen Ebenen des individuellen und gesellschaftlichen Lebens stattfinden.

---

6 Prengel 1990, S. 124. Hervorhebung im Original.
7 Vgl. Klinger/Knapp 2007, S. 19-41.

9.1 Intersubjektive Anerkennung

Der Begriff der Anerkennung besteht aus zwei untrennbar miteinander verbundenen Komponenten: „Zum einen ist die Rede davon, jemanden zu erkennen, das heißt ‚richtig', entsprechend auch der Selbstwahrnehmung des Betreffenden, zu sehen. Zugleich ist aber auch gemeint, dass man das Erkannte, die Besonderheit des anderen akzeptiert und bestärkt. Wechselseitige Anerkennung bezeichnet somit ein Beziehungsmuster, in dem sich die Partner nicht gleichgültig gegenüberstehen, sondern für den anderen offen und an ihm interessiert sind."[8] Offenheit und Interessiertheit setzen allerdings voraus, sich auf die Andere oder den Anderen ohne Vorbehalt einzulassen und in Kauf zu nehmen, sie oder ihn nicht in aller Vollständigkeit zu verstehen. Darin aber gerade liegt ein Moment der Humanität oder anders ausgedrückt: In dieser Unverfügbarkeit kommt zum Ausdruck, dass die oder der Andere ein Recht auf den unverfügbaren Rest ihrer bzw. seiner Andersheit hat. Anerkennung im Lichte der Humanität muss sich diesem Raum des Unvertrauten öffnen.[9] Zur Anerkennung gehört daher nicht nur das Wissen um Gemeinsamkeiten, sondern auch ein Bewusstsein über die unauflösbare Differenz zum Anderen, die in einer Nicht-Identität zum Ausdruck kommt. Diese Nicht-Identität kennzeichnet den oder die Andere(n) zwar als fremd, im intersubjektiven Anerkennungsprozess liegt aber die Möglichkeit, von sich selbst abzusehen, um sich mit Aufgeschlossenheit dem Anderen anzunähern. Das kann allerdings nur gelingen, wenn beide an der Interaktion beteiligten Personen dazu bereit sind, den jeweils Anderen in seinem So-Sein anzuerkennen und nicht versuchen, ihn in das Eigene zu integrieren, zu assimilieren oder gar in einem aggressiven Gestus abzuwehren.

Es stehen sich also zwei Personen gegenüber, die es vermögen, die Autonomie eines Anderen anzuerkennen, ohne die eigene Autonomie aufzugeben. Das ist nur unter der Voraussetzung möglich, dass beide die Spannung zwischen Zuwendung oder Bindung und Autonomie oder Selbstbehauptung aufrechterhalten können. Dieser dem Anerkennungsprozess immanente Widerspruch wird dort besonders deutlich, wo Anerkennung misslingt, weil in diesem Moment die Abhängigkeit vom Anderen ignoriert und so getan wird, als bedürfe die Anerkennung der eigenen Person nicht die eines Anderen. Das führt uns zu der Feststellung, dass intersubjektive Anerkennung nur im Rahmen von Heteronomie und Autonomie zu bewerkstelligen ist. Heteronomie

[8] Leu 1999, S. 172.
[9] Vgl. Meyer-Drawe 1984, S. 32.

und Autonomie müssen demnach permanent ausbalanciert werden. Sobald eine Person alleine anerkannt sein will, zwingt sie die andere Person zur Unterwerfung, weil sie ihrer habhaft zu werden versucht. Macht und Herrschaft sind die Folge: „Das entscheidende Problem bleibt," so Jessica Benjamin, „die Anerkennung der anderen. Um das eigene Ich zu setzen [...], muß man die Anerkennung der anderen gewinnen. Und dies wiederum heißt, die Andere [oder den Anderen, E.B.] als für sich selbst, nicht nur für mich seiend, anerkennen [sic!]."[10] Demnach ist das „Paradoxon der Anerkennung"[11] ein Changieren zwischen dem Wunsch nach Selbständigkeit und dem Wunsch nach Bindung.

Im Anerkennungsprozess selbst kommen wir zu Bewusstsein, weil wir *erstens* vermögen, in der anerkennenden Interaktion eine Identität herauszubilden und weil ihm *zweitens* immer ein reflexiver Prozess vorausgeht. *Drittens* ist er das Produkt eines Konfliktes, in dem darum gerungen wird, wer, wen oder was, wie anerkennt. Anerkennung im beschriebenen Sinn ist also nichts, was sich von selbst ergibt. Sie ist stets an ein Nachdenken über die eigene Situation und über diejenige der oder des Anderen gebunden. Erkennen wir die oder den Anderen nicht an, dann gestehen wir ihr oder ihm weder Selbstbestimmung noch die Entwicklung einer eigenständigen Identität zu. Wir negieren sie oder ihn gewissermaßen in ihrem oder seinem So-Sein. In anderen Worten: Die eigene Freiheit ist stets von der Freiheit anderer Menschen abhängig. In dem Moment, in dem ich mich als unabhängiges Subjekt begreife, muss ich auch schon wieder die Grenzen, die durch Andere gesetzt werden, erkennen und respektieren. Eine absolute Autonomie als Ergebnis des Anerkennungsprozesses ist demzufolge eine Unmöglichkeit.[12] Wir riskieren in der Auseinandersetzung mit dem Anderen oder dem Fremden zu jeder Zeit unsere Selbstbehauptung, weil wir in diesem Augenblick von uns selbst absehen müssen. Das bedeutet, dass wir uns immer in einer konflikthaften Situation befinden, die uns unsere Abhängigkeit vor Augen führt, uns aber gerade durch eine – in diesem Fall – *produktive Abhängigkeit* hindurch autonom werden lässt. Unproduktiv, mehr noch funktionalistisch würde diese Abhängigkeit erst werden, wenn die andere Person ihrerseits Anerkennung versagen würde. Wechselseitige Anerkennung stellt sich also nicht nur nicht von selbst her, sie ist auch daran gebunden, die Abhängigkeit zu Bewusstsein kommen zu lassen. Darin schon liegt ein Bildungsprozess, denn in der Reflexion auf unterschei-

10 Benjamin 1993, S. 38.
11 Ebenda, S. 34.
12 Vgl. Meyer-Drawe 1990.

dende Differenzen im Wissen um ihre Rechtmäßigkeit im Modus der Menschenwürde liegt ein Moment der Humanität.

Intersubjektive Anerkennung setzt gesellschaftliche Anerkennung voraus. Der Kampf um Anerkennung spielt sich daher nicht nur im Mikrobereich der Interaktion ab, sondern er ist Kennzeichen sozialer Konflikte, die sich wiederum auf die Individuen auswirken.

9.2 Gesellschaftliche Dimensionen der Anerkennung

Der Sozialphilosoph Axel Honneth hat 1994 in seinem Buch „Kampf um Anerkennung“[13] ein Strukturmodell der Anerkennung entwickelt, das hier in aller Kürze dargestellt werden soll, weil es die komplexen Wechselwirkungen des Anerkennungsbegriffs auf der Ebene gesellschaftlicher Praxis aufzuzeigen vermag. Honneth hat im Rekurs auf Georg W. F. Hegel und George H. Mead drei Dimensionen der Anerkennung entfaltet, von denen insbesondere zwei von weitergehendem Interesse für die Pädagogik im Allgemein und für die Bildungstheorie im Besonderen sind. Er unterscheidet zwischen drei idealen Anerkennungsformen, mit denen jeweils drei Missachtungsformen korrespondieren. Die *Liebe*, das *Recht* und die *Solidarität* kontrastieren mit den Missachtungsformen der Gewalt, der Entrechtung und der Entwürdigung. Analog zu diesen strukturellen Ausprägungen von Typen der Anerkennung bzw. der Missachtung setzt er Formen der Selbstbeziehung und die jeweilige Anerkennungsweise: *Liebe* entspricht dem Selbstvertrauen, das *affektiv* erworben wird. *Recht* ruft Selbstachtung hervor, die auf *kognitivem* Weg zugänglich ist und *Solidarität* prägt das Selbstwertgefühl, das aufgrund eines *rational gewordenen Affekts* entsteht. Von diesen drei Anerkennungstypen bedürfen die Liebe und die Solidarität besonderer pädagogischer Aufmerksamkeit: die Liebe, weil sie auf das Aufwachsen von Jungen und Mädchen in einem emotionalen Beziehungsgefüge verweist, die Solidarität, weil sie als rational gewordener Affekt ein Ergebnis von Bildungsprozessen sein könnte, in denen ganz wesentlich intersubjektive Anerkennung zum zentralen Bestimmungsmoment der Subjektentwicklung wird.

Wenden wir uns zunächst dem Begriff der *Liebe* zu. In ihren ersten Lebensmonaten sind Kinder ganz besonders darauf angewiesen, in einer Umwelt aufzuwachsen, die sie in den Stand versetzt, ein *Selbstvertrauen* zu entwickeln, um überhaupt in späteren Lebensjahren Selbstachtung und Selbstwert-

[13] Vgl. Honneth 1994.

gefühl erlangen zu können. Das Selbstvertrauen bildet für Honneth die unabdingbare Basis für die autonome Teilnahme am gesellschaftlichen Leben, es gehe jeder anderen Form der Anerkennung voran und sei fundamentaler Bestandteil des Identitätsbildungsprozesses. Wer in seinen ersten Lebensjahren nicht entsprechend seines jeweiligen Entwicklungsstandes anerkannt wurde, hat es schwer, ein Selbstvertrauen herauszubilden, das eine zwar dynamische, gleichwohl aber integrierte Identität ermöglicht. Anders noch: Es handelt sich um ein Selbstvertrauen, das die Bedingung der Möglichkeit für gelingende Identitätsarbeit darstellt. Intersubjektive Anerkennung beginnt also schon in sehr jungen Jahren. Sie spielt sich in der Interaktion zwischen der Bezugsperson und dem Kleinkind ab, sie muss aber auch zwischen erwachsenen Personen möglich sein, die entweder in einer Liebes- oder in einer Freundschaftsbeziehung stehen.

Im *Recht* bestimmt sich die Anerkennung an der Möglichkeit der gestaltenden Teilnahme am gesellschaftlichen Veränderungsprozess. Honneth unterscheidet hierbei zwischen liberalen Freiheitsrechten, dem Recht der Teilnahme an der politischen Willensbildung und dem Recht auf soziale Wohlfahrt. Die Rechtssubjekte erkennen sich gegenseitig dadurch an, dass sie den gleichen Gesetzen gehorchen: „Um als eine moralische Person agieren zu können, bedarf der Einzelne nicht nur des rechtlichen Schutzes vor Eingriffen in seine Freiheitsrechte," schreibt Honneth, „sondern auch der rechtlich gesicherten Chance zur Partizipation am öffentlichen Willensprozeß, von der er faktisch aber nur Gebrauch machen kann, wenn ihm zugleich ein gewisses Maß an sozialem Lebensstandard zusteht."[14] Erst innerhalb dieses Spannungsgefüges, das ein Mindestmaß an ökonomischer Sicherheit und kultureller Bildung miteinschließt, können die Individuen sich im öffentlichen Leben als autonom agierende, gleichwohl sozial geschätzte Personen begreifen. Die daraus resultierende Selbstachtung ist nicht nur für den Identitätsfindungsprozess von großer Bedeutung, sondern auch für das solidarische Vermögen, sich in Übereinstimmung mit anderen zu wissen, um daraus soziale Wertschätzung abzuleiten. Dort, wo es um gesellschaftliche Wertmaßstäbe geht, wo es sich um den prekären kollektiven Aushandlungsprozess gemeinschaftlicher Wertvorstellungen handelt, mündet die Anerkennungsform des Rechts in diejenige der Solidarität.

Solidarität ist die schwierigste Anerkennungsform, weil durch sie Werthaltungen zum Ausdruck kommen, die an normative Vorstellungen gebunden

[14] Honneth 1994, S. 190.

sind. Konstitutiv für eine Werthaltung ist eine Deutungspraxis, die die Kriterien der Wertschätzung in oder umgekehrt außer Kraft setzt. Das Selbstwertgefühl der Individuen ist von diesen Kriterien der Wertschätzung ebenso abhängig wie von der Deutungspraxis selbst, da sie häufig Gruppierungen zuerkannt wird, die für sich die Deutungsmacht beanspruchen. Das bedeutet, dass diese Gruppierungen maßgeblich daran beteiligt sind festzulegen, welche Wertmaßstäbe und gesellschaftlichen Zielvorstellungen zu achten, welche zu verwerfen sind. Fragen danach, ob wir Schwule, Lesben und transgender identifizierte Menschen als gleichberechtigt anerkennen, ob wir Migranten und Migrantinnen dieselben Rechte einräumen oder ob wir dazu bereit sind, den Hunger auf der Welt zu bekämpfen und für Frieden einzutreten, sind Fragen der Solidarität im Modus einer bestimmten Werthaltung und einer normativen Praxis. Diese normative Praxis kann in politischem Widerstand zum Ausdruck kommen gegen das, was hegemoniale Gruppen nicht für anerkennenswert halten. Die Missachtung der leiblichen Integrität, der strukturelle Ausschluss vom Besitz bestimmter Rechte, die Herabwürdigung individueller und kollektiver Lebensweisen sind jene Versagungen, die, kognitiv erschlossen, Handlungsvollzüge mit dem Ziel einer Situationsveränderung in Gang setzen. Das Selbstwertgefühl eines Individuums speist sich aus einer Solidarität, die ihm von Anderen entgegengebracht wird. Daher ist eines ihrer zentralen Charakteristika eine moralische Haltung, der Empathie und Vorstellungskraft implizit ist: Das Leiden und den Wert eines Anderen zu erkennen ist ihre Voraussetzung. Daher spricht Honneth im Zusammenhang mit Solidarität von einem *reflexiv gewordenen Affekt*. Solidarität beruht demnach zwar auf emotionaler Zuwendung, die aber reflektiert und in ein Handeln umgesetzt werden muss.

9.3 Bildung und Anerkennung

Anerkennung ist ein notwendiger Bestandteil von Bildung, da sie ihrem Begriff nach Humanität zur Voraussetzung hat und auf ein menschliches Miteinander aus ist. Der Widerspruch von Heteronomie und Autonomie ist dabei unaufhebbar, weil erst durch ein Bewusstsein über die eigene Abhängigkeit vom Anderen Autonomie entstehen kann, die aber stets nur in Relation zum Anderen zu begreifen ist. In der Reflexion auf die zwei Seiten der Anerkennung vollzieht sich ein Bildungsprozess, der uns einerseits uns unseres Selbsts vergewissern lässt, andererseits aber auch die Unverfügbarkeit des oder der Anderen deutlich vor Augen führt. Weil wir selbst unverfügbar sein wollen, müssen wir das gleiche Recht Anderen zugestehen. Das heißt: Erst in der Koinzidenz von Bindung und Selbstbehauptung kann Anerkennung gelingen. Dieses idealtypische Geschehen misslingt aber häufig, weil es unhintergehbar in gesellschaftliche Strukturen eingebettet ist, die die Normen für Anerkennung bereitstellen, sie aber auch bestimmen. Für eine kritische Bildungstheorie bedeutet das, dass über den Begriff der *Anerkennbarkeit* nachzudenken ist, und zwar im Hinblick auf die Mannigfaltigkeit der Individuen, die nicht auf einer wie auch immer gearteten Dualität beruht, sondern Vielfalt konstituiert. Anerkennbarkeit impliziert dabei die Frage nach einem moralischen Selbstverständnis, das nicht immer und unbedingt den gesellschaftlich erwünschten Normen unterworfen ist. Vielmehr vermag ein solches Selbstverständnis eine Kritik freizusetzen, die an Freiheit und Humanität orientiert ist und die Bedingung der Möglichkeit darstellt, in diesem Sinne handlungsfähig zu werden. Dementsprechend müssen wir davon ausgehen, dass sich Handlungsfähigkeit einem Prozess verdankt, in dessen Verlauf sich das Subjekt zwar in Abhängigkeit von Vorschriften und Codes selbst formt, zugleich aber eine kritische Haltung gegenüber solchen normativen Bestimmungsmerkmalen einnimmt. Handlungsfähigkeit bedeutet dann, innerhalb der Zwänge über ein bestimmtes Maß an Reflexionsvermögen zu verfügen, das diese erkennbar werden lässt. „Weder bringt die Norm das Subjekt als ihre notwendige Wirkung hervor, noch steht es dem Subjekt völlig frei, die Norm zu missachten, die seine Reflexivität in Gang setzt;" notiert Judith Butler im Anschluss an Adorno, „jede Handlungsfähigkeit, auch die der Freiheit, steht in Bezug zu einem ermöglichenden und begrenzenden Feld von Zwängen."[15] Diese gesellschaftlichen Zwänge stellen gewissermaßen das Konfliktfeld dar, innerhalb dessen es gilt, Anerkennung zu begründen. Anerkennung wird in diesem Moment zu einer Praxis der Kritik,[16] weil sie aus dem Blickwinkel der Unfreiheit heraus auf einen Konflikt reflektiert, der es vermag, Freiheit perspektivisch zu entwerfen. Freiheit muss dabei als relationaler Begriff verstanden werden, der sich weniger einem konkreten Vorentwurf verdankt, als der Einsicht, dass es Freiheit unter den Bedingungen der heutigen Gesellschaft nicht gibt, Freiheit also stets nur *ex negativo* vorzustellen ist.

Verweilen wir aber noch ein wenig bei den Begriffen Freiheit und Unfreiheit. Handlungsfähigkeit, eingerückt in den Horizont moralischer Dilemmata im Spannungsfeld von Moralcodes und Moralverhalten, wird dort möglich, wo Unfreiheit als Bedrängung im Zusammenhang mit der eigenen Le-

[15] Butler 2003, S. 28.
[16] Vgl. Borst 2004.

bensführung erlebt wird. Die Triebfeder des Handelns wäre demnach persönlich erfahrene Unfreiheit als Produkt von Zwängen, die sogleich auch schon wieder die Grenze des Handelns markieren. Innerhalb dieser Konstellation nun verläuft die Konfliktlinie zwischen einem individuellen Bedürfnis nach der im Begriff der Unfreiheit stets aufgehobenen Aussicht auf Befreiung vom Leid und einer Norm, die den Rahmen der Subjektwerdung vorgibt. Die Praxis der Kritik nimmt dabei eine dialektische Form an, weil sie sich nicht nur gegen die Norm selbst richtet, sondern stets auch gegen das Subjekt, das durch diese Normen erst zu dem wird, was es ist. Innerhalb dieses Gefüges setzt sich das Subjekt permanent selbst aufs Spiel, insofern es nicht nur die gesellschaftlichen Normen im Lichte der Freiheit bezweifelt, sondern auch sich selbst kritisch hinterfragt und um intersubjektive sowie gesellschaftliche Anerkennung ringt. Moralcodes und Moralverhalten werden dabei einer ständigen Prüfung unterzogen. Sobald es nicht mehr zu einer Anpassung an die vorgegebenen Normen kommt, ist Widerstand möglich. Bildung aber erst befähigt zu einer Reflexion über die Normen und Werte der Gesellschaft sowie über die eigene Position im Kontext der Normen. Sie ermöglicht, hegemoniale Normen in Frage zu stellen und sie zu verändern, indem ihr Zwangscharakter zu Bewusstsein kommt. Gleichwohl können wir ihnen nicht entrinnen. Wir konstituieren uns im Feld der Zwänge als Subjekte, können dabei aber die Zwänge selbst wieder zum Gegenstand der Reflexion machen, ohne allerdings jemals ganz aus ihnen entlassen zu werden.

9.4 Anerkennung und Geschlecht

Anerkennung erstreckt sich auf vielfältige Lebensweisen und kreuzt sich mit anderen Ungleichheitsrelationen, wie etwa Ethnizität und Klasse. Da Geschlecht aber eine grundlegende Kategorie der Differenz darstellt, die unser ganzes Leben strukturiert, wird im Folgenden das Verhältnis von Anerkennung und Geschlecht in Ansätzen entfaltet.

Die Anerkennungsstruktur zwischen den Geschlechtern geht in den westlichen Industriegesellschaften in der Regel in einem Subjekt-Objekt-Verhältnis auf. Das hat historische und systematische Gründe, die hier nur in aller Kürze entfaltet werden können. Die *historischen Gründe* liegen in den in der Aufklärung erfundenen polaren Geschlechtscharakteren, die für das weibliche Geschlecht Emotionalität, Empathie, Naturnähe und Heteronomie, für das männliche Geschlecht dagegen Rationalität, Kultur, Vernunft und Autonomie bedeuteten. Daraus ergibt sich eine Anerkennungsstruktur, die dem Männlichen einen autonomen Subjektstatus, dem Weiblichen indes den eines abhängigen Objektes zuweist. Die *systematischen Gründe* sind dieser historischen Konstellation geschuldet, denn die Herausbildung der polaren Geschlechtscharaktere führte zu einer Gesellschaft, die zweigeschlechtlich konstruiert ist. Das Denken in den dichotomen Gegensätzen von Männlichkeit und Weiblichkeit ist auch heute, wenn auch nicht mehr so offensichtlich wie noch zu Beginn der Moderne, stark in der Gesellschaft verankert und zeigt sich besonders dort, wo es um Erziehung und Sozialisation geht.

1. Historische Gründe

Erziehung und Geschlecht stehen in einem höchst problematischen Verhältnis zueinander, weil Erziehung – wie ja auch Bildung – historisch geschlechtsspezifisch gedeutet wurde. Insofern Mädchen und Jungen, Männer und Frauen jeweils unterschiedliche Positionen im Erziehungsgeschehen zugewiesen bekommen, erhält Geschlecht eine Platzanweiserfunktion, die in einer bipolaren Geschlechterordnung zum Ausdruck kommt und sich heute in den heteronormativen Strukturen der Gesellschaft zeigt. Die Geschlechterdifferenz ist dabei weder als eindeutig noch als unveränderbar oder natürlich vorzustellen. Sie ist Produkt eines geschichtlichen Prozesses, in dessen Verlauf die Zuweisung der Geschlechter zu unterschiedlichen Sphären als funktional erschien. Weil sich im Zuge der Herausbildung einer kapitalistischen Wirtschaftsordnung die Gesellschaft zunehmend rationalisierte, wurde die Familie zum Hort der Glückseligkeit und der Menschlichkeit erklärt. Da Frauen nach der bürgerlichen Ideologie der Weiblichkeit als diejenigen galten, denen Empathie und Emotionalität zugeschrieben wurde, waren sie es auch, die dafür sorgen mussten, dass in der „Familie die gesellschaftlich wirksamen Markt- und Konkurrenzbedingungen“[17] zurückzutreten hatten, ohne dass diese Sorge in irgendeiner Weise honoriert bzw. anerkannt wurde: „Ehe und Familie und die Frau als Personifizierung der speziellen familialen Qualitäten wurden in dem Augenblick anhand einer Reihe von erstrebenswerten Eigenschaften definiert, als in den sich herausbildenden außerfamilialen Gesellschaftsstrukturen und für den unter diesen Strukturen zum Reüssieren verpflichteten Mann eben diese Ei-

[17] Hausen 1976, S. 380.

genschaften jeglichen Wert verloren und als Störfaktoren eliminiert wurden."[18]

Die Mütterlichkeit von Frauen und die Hingabe als Ehefrau wurden auf diese Weise zur verschwiegenen Basis der bürgerlichen Gesellschaft und stillschweigend vorausgesetzt. Die Tatsache, dass man für Mädchen und Frauen im 18. und 19. Jahrhundert ausschließlich die Familie als angemessenen Tätigkeitsbereich vorsah, führte nicht nur dazu, dass sie für lange Zeit aus dem staatlichen Schulsystem ausgeschlossen bleiben sollten. In letzter Konsequenz hielt dieses System die Frauen davon ab, für ihre eigenen Rechte einzutreten, weil die Geschlechterdifferenz auch in Gesetzen verankert und damit formal festgeschrieben wurde. Unter diesen Voraussetzungen etablierte sich ein Macht- und Herrschaftsverhältnis, das sich unter der Hand in der familiären Sozialisation tradiert und häufig unreflektiert bleibt.

Auch wenn heute nach dem Deutschen Grundgesetz Frauen und Männer gleichzustellen sind und Frauen sehr viel bessere Bedingungen für ein selbstbestimmtes Leben vorfinden, hat sich an der alltagswissenschaftlichen Vorstellung, Frauen seien anders als Männer, wenig geändert. Im Gegenteil: In den Medien und in den Naturwissenschaften scheint sich im Augenblick die Auffassung durchzusetzen, dass Geschlecht und damit auch die Geschlechterdifferenz eine natürliche Kategorie aufgrund biologischer Unterschiede sei. Wäre dies so, dann ließe sich an der Benachteiligung von Frauen kaum etwas ändern. Dass viele Frauen in einem hausarbeitsnahen Bereich arbeiten und ihr Anteil in den Natur- und Ingenieurwissenschaften gering ist, ließe sich dann mit ihrer Biologie begründen, ebenso wie die Tatsache, dass sich immer noch 95% aller Mütter um die Erziehung der Kinder kümmern. Darüber hinaus würden andere Geschlechtsidentitäten, die von der Norm abweichen, aus dem Wahrnehmungshorizont verschwinden und ihrer Existenzrechte beraubt. Das asymmetrische Geschlechterverhältnis ist aber Ergebnis einer historisch-gesellschaftlichen Konstruktion, die sich bis heute systematisch in allen Lebensbereichen nachweisen lässt.

2. Systematische Gründe

Geschlechterstereotypen entspringen einer gesellschaftlichen Konstruktion von Zweigeschlechtlichkeit aufgrund gesetzter Normen, die sich in der Sozialisation voll ausprägen und sich in das weibliche und männliche Individuum

[18] Ebenda, S. 381

verlängern. Die Zuordnung von Menschen zu einem der zwei Geschlechter erweist sich demnach als historisch-gesellschaftlicher Prozess, dem zwar die alltagstheoretische Behauptung zugrunde liegt, Geschlecht sei eindeutig, natürlich und unveränderbar, dabei heterosexuell orientiert. Dieser Behauptung stehen jedoch wissenschaftliche Befunde gegenüber, die zu dem Ergebnis kommen, dass das körperliche sowie das soziale Geschlecht keineswegs so klar zu bestimmen sind, wie es auf den ersten Blick erscheinen mag. Humanmedizinische Studien kommen zu dem Schluss, dass sich die Geschlechtszugehörigkeit auf verschiedenen Ebenen zeigt, von denen die Morphologie nur eine darstellt. Ebenso kann das Chromosomengeschlecht, das Keimdrüsengeschlecht oder das Hormongeschlecht ausschlaggebend sein. Ethnologische Untersuchungen belegen, dass die duale Zuordnung von zwei Geschlechtern nach körperlichen Merkmalen einer explizit abendländischen Sichtweise geschuldet ist und andere Kulturen durchaus über mehr als nur zwei Geschlechter verfügen, weil sie die Geschlechtszuordnung auch nach sozialen Kriterien vornehmen.[19] Und die operativen Geschlechtsumwandlungen von Transsexuellen sowie die Existenz von Intersexen (Hermaphroditen) machen die eindeutige Geschlechtszuweisung aufgrund körperlicher Ausprägungen ohnehin fragwürdig. Demnach ist nicht die biologische Verfasstheit der Menschen wesentlich für ihre geschlechtliche Selbst- und Fremdbestimmung. Sie wird vielmehr in der sozialen Praxis interaktiv hergestellt.[20]

Wie es zu diesen interaktiven Prozessen kommt, beschreiben Angelika Wetterer und Regine Gildemeister in ihrem programmatischen Aufsatz *Wie Geschlechter gemacht werden.*[21] Dort konstatieren sie, dass bei der Geburt das Geschlecht allein aufgrund seiner morphologischen Ausstattung festgestellt und das Kind schließlich sozial entweder dem männlichen oder dem weiblichen Geschlecht zugeordnet wird. Die Zweigeschlechtlichkeit ist also von Anfang an ein ganz wesentlicher Faktor im Aufwachsen von Jungen und Mädchen, die schließlich etwa ab dem sechsten Lebensalter ihr jeweiliges Geschlecht gelernt haben und in der Interaktion mit anderen demonstrativ in Szene setzen. Dabei greifen sie häufig auf die in der Umwelt beobachteten Geschlechterdarstellungen zurück. Heranwachsende können sich dieser Dynamik nicht entziehen. Die Identifikation mit dem männlichen oder dem weiblichen Geschlecht ist Bestandteil ihrer Sozialisation, die sie allenfalls dann in Frage zu stellen vermögen, wenn sie in der Lage sind, über ihre eigenen Konstituti-

---

[19] Vgl. Lang 1990.
[20] Vgl. Hagemann-White 1988, und Heintz 1993.
[21] Vgl. Gildemeister/Wetterer 1992.

onsbedingungen zu reflektieren und sie als machtvolle Inszenierungen entlarven können. Die Entwicklung einer bestimmten Geschlechtsidentität im System der Zweigeschlechtlichkeit ist daher kein freiwilliger Akt. Er kann aber in einem Bildungsprozess als Zwangsmechanismus erkannt und die Geschlechtsidentität als Produkt einer Sozialisation identifiziert werden, die die eigene Identitätswahrnehmung verfehlt. Selbstkonzept und Fremdbestimmung treten in einem solchen Fall auseinander und begründen einen Widerspruch, der gegebenenfalls zum Agens der Veränderung wird. Dies betrifft nicht nur Schwule, Lesben und transgender identifizierte Menschen. Dies betrifft auch alle diejenigen, die sich dem Regime der Geschlechterstereotypen nicht unterwerfen, die sich also den gesellschaftlich vorgegebenen Geschlechterrollen verweigern: etwa Frauen, die hohe verantwortungsvolle Positionen anstreben und keinen Kinderwunsch haben, oder Männer, die sich lieber der Familienarbeit und der Erziehung widmen als nach Ansehen und Status zu trachten. Obwohl der gesellschaftliche Anpassungsdruck groß ist, vermögen auch Heranwachsende eigenwillige Vorstellungen zu entwickeln, die ihrem subjektiven Empfindungsvermögen entspringen und den Erwartungen an ihre Geschlechtsidentität geradezu widersprechen.

Die historisch-systematischen Voraussetzungen kennzeichnen die Geschlechterordnung als ein Macht- und Herrschaftsverhältnis, in dem Abweichungen von der Norm negativ sanktioniert werden und Unfreiheit provozieren. Weil die Grenze zwischen Autonomie und Heteronomie die Grenze der Geschlechter markiert, ist Anerkennung im Modus dieses Widerspruchs nicht möglich. Das „Paradoxon der Anerkennung" ist ja gerade eines, das jedes Individuum im Konflikt mit einem oder einer Anderen unter der Voraussetzung gesellschaftlicher Festlegungen selbst ausloten muss. Besonders im Hinblick auf das Geschlechterverhältnis, das sich nicht nur auf die binäre Formel Frau/Mann reduzieren lässt, sondern auch unterschiedliche Begehrensstrukturen und damit die sexuelle Orientierung im Auge behalten muss,[22] ist Anerkennung eines der wichtigsten Kriterien, um Diskriminierung und Ungerechtigkeit zu verhindern. Das heißt, die Anerkennung anderer Geschlechtsidentitäten und die Schaffung von Bedingungen, diesen zum Ausdruck zu verhelfen, ist Voraussetzung für ein humanes Zusammenleben.

Eine kritische Bildungstheorie allerdings reflektiert nicht nur auf die Möglichkeiten der Identitätsbildung und deren Konstitutionsbedingungen. Zwar ist es richtig, dass sich Bildungstheorie mit den Widersprüchen von Ge-

---

22 Vgl. Butler 1991, Becker-Schmidt/Knapp 2000, Degele 2008.

schlechtszuschreibungen beschäftigt. Auch steht zweifelsfrei fest, dass die im Erziehungs- und Sozialisationsprozess verinnerlichten Geschlechtsidentitäten im Bildungsprozess zu überprüfen sind. Der Begriff einer kritischen Bildung freilich umfasst mehr, denn Bildung soll die Individuen mit Hilfe eines historisch-gesellschaftlichen Wissens zur Urteilsfähigkeit führen und mit Handlungsfähigkeit ausstatten. Der Begriff der Bildung ist daher nicht zu trennen von Bildungsinhalten. Einer kritischen Theorie der Bildung fällt in diesem Rahmen die Aufgabe zu, die Inhalte daraufhin zu untersuchen, ob und wenn ja, welche Machtkonstellationen ihnen immanent sind. Hinsichtlich des problematischen Geschlechterverhältnisses heißt das, dass in Schulen und Hochschulen, aber auch in der außerschulischen Jugendbildung auf diese und andere Ungleichheiten im Lichte des Anerkennungsparadigmas zu reflektieren ist.

10. Literaturverzeichnis

Adorno, Theodor W. (1971): Erziehung zur Mündigkeit, Frankfurt am Main.

Adorno, Theodor W. (1995): Studien zum autoritären Charakter, Frankfurt am Main.

Adorno, Theodor W. (1998): Gesammelte Schriften, hrsg. von Rolf Tiedemann, 20. Bände, Darmstadt.

Arendt, Hannah (1994): Zwischen Vergangenheit und Zukunft. Übungen im politischen Denken I, München.

Battisti, Siegfried (1987): Freiheit und Bildung. Wilhelm von Humboldts „Ideen zu einem Versuch, die Grenzen der Wirksamkeit des Staats zu bestimmen" und das Subsidiaritätsprinzip, Berlin.

Baumert, Jürgen; Fried, Johannes u.a. (2002): Manifest, in: Nelson Killius, Jürgen Kluge, Linda Reisch (Hg.): Die Zukunft der Bildung, Frankfurt am Main, S. 171-225.

Baumgärtner, F. (1980): Grundeinsichten als Strukturprinzip der Allgemeinbildung, in: Demokratische Erziehung, S. 420-427.

Baumgart, Franzjörg (2001): Erziehungs- und Bildungstheorien, Bad Heilbrunn/Obb.

Becker-Schmidt, Regina (2004): Adorno kritisieren – und dabei von ihm lernen, in: Andreas Gruschka, Ulrich Oevermann (Hg.): Die Lebendigkeit der kritischen Gesellschaftstheorie, Wetzlar, S. 65-95.

Becker-Schmidt, Regina; Knapp, Gudrun-Axeli (2000): Feministische Theorien zur Einführung, Hamburg.

Benjamin, Jessica (1993): Die Fesseln der Liebe. Psychoanalyse, Feminismus und das Problem der Macht, Frankfurt am Main.

Benjamin, Walter (1996): Das Kunstwerk im Zeitalter seiner technischen Reproduzierbarkeit. Drei Studien zur Kunstsoziologie, Frankfurt am Main.

Benner, Dietrich (1990): Wilhelm von Humboldts Bildungstheorie. Eine problemgeschichtliche Studie zum Begründungszusammenhang neuzeitlicher Bildungsreform, Weinheim/München.

Benner, Dietrich; Oelkers, Jürgen (Hg.) (2003): Historisches Wörterbuch der Pädagogik, Weinheim/Basel.

Bernhard, Armin (1996): Bildung in einer Epoche der Ambivalenz, Frankfurt am Main.

Bernhard, Armin (1997): Bildung, in: ders., Lutz Rothermel (Hg.): Handbuch Kritische Pädagogik, Weinheim, S. 62-73.

Bernhard, Armin (2001a): Kritische Theorie der Bildung bei Heinz-Joachim Heydorn: Grundlagen-Entwicklungslinien-Bildungsperspektiven, in: ders.: Bildung und Erziehung: Grundlagen emanzipativer Subjektwerdung. Beiträge zur kritischen Bildungstheorie und Pädagogik, Kiel/Köln, S. 104-121.

Bernhard, Armin (2001b): Askese, Lust und Glück: Die systematische Bedeutung der zukunftsstiftenden Kategorie Glück in der Bildungstheorie Heinz-Joachim Heydorns, in: ders.: Bildung und Erziehung: Grundlagen emanzipativer Subjektwerdung. Beiträge zur kritischen Bildungstheorie und Pädagogik, Kiel/Köln, S. 122-139.

Bernhard, Armin (2003): Kritische Pädagogik zwischen Antiquiertheit und Zukunftsbedeutung, in: ders.; Armin Kremer; Falk Rieß (Hg.): Kritische Erziehungswissenschaft und Bildungsreform, Bd. 1, Baltmannsweiler, S. 8-36.

Bernhard, Armin (2006): Pädagogisches Denken. Einführung in allgemeine Grundlagen der Erziehungs- und Bildungswissenschaft, Baltmannsweiler.

Bernhard, Armin (erscheint 2009): Allgemeine Pädagogik. Ein praxisphilosophisches Konzept für eine kritische Wissenschaft.

Bilden, Helga; Dausien, Bettina (Hg.) (2006): Sozialisation und Geschlecht. Theoretische und methodologische Aspekte, Opladen & Farmington Hills.

Blankertz, Herwig (1963): Berufsbildung und Utilitarismus, Düsseldorf.

Blankertz, Herwig (1982): Die Geschichte der Pädagogik. Von der Aufklärung bis zur Gegenwart, Wetzlar.

Blankertz, Herwig; Matthiessen, Kjeld (1995): Neuhumanismus, in: Dieter Lenzen (Hg.): Enzyklopädie Erziehungswissenschaft, Bd. 9/2, Stuttgart/Dresden, S. 417-425.

Blochmann, Elisabeth (1966): Das „Frauenzimmer“ und die „Gelehrsamkeit“. Eine Studie über die Anfänge des Mädchenschulwesens in Deutschland, Heidelberg.

Bollenbeck, Georg (1996): Bildung und Kultur. Glanz und Elend eines deutschen Deutungsmusters, Frankfurt am Main.

Borst, Eva (1997): Reformpädagogik, in: Armin Bernhard, Lutz Rothermel (Hg.): Handbuch Kritische Pädagogik, Weinheim, S. 291-301.

Borst, Eva (1999): „Als sei das Weib nur des Mannes wegen da...“. Betty Gleims emanzipatorisches Erziehungsprogramm für Mädchen und junge Frauen am Beginn des 19. Jahrhunderts, in: beiträge zur feministischen theorie und praxis 53, S. 55-67.

Borst, Eva (2003): Anerkennung der Anderen und das Problem des Unterschieds. Perspektiven einer kritischen Theorie der Bildung, Baltmannsweiler.

Borst, Eva (2004): Anerkennung als Praxis der Kritik. Thesen zu einer kritischen Theorie der Bildung, in: Vierteljahresschrift für wissenschaftliche Pädagogik, Heft 2/3, S. 248-266.

Borst, Eva (2006a): Bildung im Prozess des Lebenslangen Lernens, in: Birgit Griese (Hg.): Theoretische und empirische Perspektiven auf Lern- und Bildungsprozesse, Mainz, S. 9-25.

Borst, Eva (2006b): Die vermessene Bildung, in: Tarek Badawia, Helga Luckas, Heinz Müller (Hg.): Das Soziale gestalten. Über Mögliches und Unmögliches der Sozialpädagogik, Wiesbaden, S. 41-54.

Borst, Eva (2007a): Ideologien und andere Scheintote: McKinsey bildet, in: Ludwig A. Pongratz, Michael Wimmer, Roland Reichenbach (Hg.): Bildung-Wissen-Kompetenz. Bildungsphilosophie in der Wissensgesellschaft, Bielefeld, S. 82-98.

Borst, Eva (2007b): Gefährdungen des Denkens, in: dies.; Rita Casale (Hg.): Jahrbuch Frauen- und Geschlechterforschung in der Erziehungswissenschaft: Bildung-Macht-Ökonomie, Opladen.

Bovenschen, Silvia (1979): Die imaginierte Weiblichkeit. Exemplarische Untersuchungen zu kulturgeschichtlichen und literarischen Präsentationsformen des Weiblichen, Frankfurt am Main.

Brinker-Gabler, Gisela (1979): Frauenarbeit und Beruf, Frankfurt am Main.

Brödel, Rainer (1998): Lebenslanges Lernen - lebensbegleitende Bildung, in: ders. (Hg.): Lebenslanges Lernen - lebensbegleitende Bildung, Neuwied/Kriftel, S. 1-32.

Buck, Günther (1969): Lernen und Erfahrung. Zum Begriff der didaktischen Induktion, 2., verb. Aufl., Stuttgart.

Buck, Günther (1984): Rückwege aus der Entfremdung. Studien zur Entwicklung der deutschen humanistischen Bildungsphilosophie, Paderborn/München.

Butler, Judith (1991): Das Unbehagen der Geschlechter, Frankfurt am Main.

Butler, Judith (2003): Kritik der ethischen Gewalt, Frankfurt am Main.

Butterwegge, Christoph; Lösch, Bettina; Ptak, Ralf (2008): Kritik des Neoliberalismus, 2., verb. Aufl., Wiesbaden.

Campe, Joachim Heinrich (1786): Theophron, oder der erfahrene Rathgeber für die unerfahrene Jugend, zweite rechtmäßige Ausgabe, Wolfenbüttel.

Campe, Johann Heinrich (1969): Über einige verkannte, wenigstens ungenutzte Mittel zur Beförderung der Industrie, der Bevölkerung und des öffentlichen Wohlstandes. In zwei Fragmente (1786). Neudruck hrsg. von Heinz-Joachim Heydorn und Gernot Koneffke, Bd. 1, Frankfurt am Main.

Campe, Joachim Heinrich (Hg.) (1979): Allgemeine Revision des gesammten Schul- und Erziehungswesens von einer Gesellschaft praktischer Erzieher, 16 Bde., Reprint, hrsg. von Ulrich Herrmann, Vaduz.

Campe, Joachim Heinrich (1988): Väterlicher Rath für meine Tochter. Ein Gegenstück zum Theophron. Neudruck der Ausgabe Braunschweig 1796, mit Einleitung von Ruth Bleckwenn, Paderborn.

Crouch, Colin (2008): Postdemokratie, Frankfurt am Main.

Degele, Nina (2008): Gender-Queer-Studies. Eine Einführung, Paderborn.

Dietsche, Barbara; Meyer, Heinz H. (2004): Literaturauswertung Lebenslanges Lernen und Literaturnachweis zur Literaturauswertung Lebenslanges Lernen, hrsg. vom Deutschen Institut für Erwachsenenbildung, Bonn, S. 31-35.

Dilthey, Wilhelm (1986): Pädagogik. Geschichte und Grundlinien des Systems, Gesammelte Schriften, IX. Band, Göttingen/Zürich.

Dörpinghaus, Andreas; Poenitsch, Andreas; Wigger, Lothar (2006): Einführung in die Theorie der Bildung, Darmstadt.

Ebert, Joachim (1986): Kategoriale Bildung. Zur Interpretation der Bildungstheorie Wolfgang Klafkis, Frankfurt am Main.

Elias, Norbert (1997): Der Prozess der Zivilisation: soziogenetische und psychogenetische Untersuchungen, 2 Bde., Frankfurt am Main.

Euler, Peter (1989): Pädagogik und Universalienstreit. Zur Bedeutung von F.I. Niethammers pädagogischer „Streitschrift", Weinheim.

Euler, Peter (2000): Veraltet die Bildung? Oder: Kritische Bildungstheorie im vermeintlich „nachkritischen" Zeitalter, in: Pädagogische Korrespondenz, Heft 26, S. 5-27.

Feidel-Mertz, Hildegard (Hg.) (1968): Zur Geschichte der Arbeiterbildung, Bad Heilbrunn/Obb.

Fetscher, Iring (1979): Entfremdung, in: ders. (Hg.): Grundbegriffe des Marxismus. Eine lexikalische Einführung, 2. Aufl., Hamburg.

Fraser, Nancy (2003): Soziale Gerechtigkeit im Zeitalter der Identitätspolitik. Umverteilung, Anerkennung und Beteiligung, in: dies.; Axel Honneth: Umverteilung oder Anerkennung? Eine politisch-philosophische Kontroverse, Frankfurt am Main, S. 13-128.

Freud, Sigmund (1999): Massenpsychologie und Ich-Analyse, in: ders.: Gesammelte Werke, Bd. XIII, Frankfurt am Main, S. 71-161.

Friedrichs, Julia (2008): Gestatten: Elite. Auf den Spuren der Mächtigen von morgen, 2. Aufl., Hamburg.

Gamm, Hans-Jochen (Hg.) (1997): Jahrbuch für Pädagogik: Mündigkeit. Zur Neufassung materialistischer Pädagogik, Frankfurt am Main.

Gerhard, Ute (1978): Verhältnisse und Verhinderungen. Frauenarbeit, Familie und Rechte der Frauen im 19. Jahrhundert, Frankfurt am Main.

Gerhard, Ute (1990): Unerhört. Die Geschichte der deutschen Frauenbewegung, Reinbek bei Hamburg.

Gildemeister, Regine; Wetterer, Angelika (1992): Wie Geschlechter gemacht werden. Die soziale Konstruktion der Zweigeschlechtlichkeit und ihre Reifizierung in der Frauenforschung, in: Gudrun-Axeli Knapp, Angelika Wetterer (Hg.): Traditionen-Brüche. Entwicklung feministischer Theorie, Freiburg/Br., S. 201-255.

Glantschnig, Helga (1987): Liebe als Dressur. Kindererziehung in der Aufklärung, Frankfurt am Main/New York.

Glaser, Edith; Klika, Dorle; Prengel, Annedore (Hg.) (2004): Handbuch Gender und Erziehungswissenschaft, Bad Heilbrunn/Obb.

Gleick, Axel (1996): Bildung als Hinausführung. Eine ideengeschichtliche Analyse des Werkes von Heinz-Joachim Heydorn, Weinheim.

Gröll, Johannes (1975): Erziehung im gesellschaftlichen Reproduktionsprozeß. Vorüberlegungen zur Erziehungstheorie in praktischer Absicht, Frankfurt am Main.

Hackl, Bernd (1989): Erziehen heißt unterstützen. Die menschliche Ontogenese als Prozeß selbsttätiger Aneignung, in: ders.: Entwicklung im Widerspruch. Grundlagen emanzipatorischer Erziehung und Bildung II, Wien, S. 29-45.

Hafeneger, Benno; Henkenborg, Peter; Scherr, Albert (Hg.) (2002): Pädagogik der Anerkennung. Grundlagen, Konzepte, Praxisfelder, Schwalbach/Ts.

Hagemann-White, Carol (1988): Wir werden nicht zweigeschlechtlich geboren..., in: dies.; Maria S. Rerrich (Hg.): FrauenMännerBilder, Männer und Männlichkeit in der feministischen Diskussion, Bielefeld, S. 224-235.

Hausen, Karin (1976): Die Polarisierung der „Geschlechtscharaktere" - Eine Spiegelung der Dissoziation von Erwerbs- und Familienleben, in: Werner Conze (Hg.): Sozialgeschichte der Familie in der Neuzeit, Stuttgart, S. 363-393.

Heintz, Bettina (1993): Die Auflösung der Geschlechterdifferenz. Entwicklungstendenzen in der Theorie der Geschlechter, in: Elisabeth Bühler u.a. (Hg.): Ortssuche. Zur Geographie der Geschlechterdifferenz, Zürich/Dortmund, S. 17-48.

Henke, Christina (2005): Zur Berechnung des Humankapitalbestands in Deutschland, in: Vierteljahresschrift zur empirischen Wirtschaftsforschung, 32. Jg., Heft 1.

Herrmann, Ulrich (1993): Aufklärung und Erziehung. Studien zur Funktion der Erziehung im Konstitutionsprozeß der bürgerlichen Gesellschaft im 18. und frühen 19. Jahrhundert in Deutschland, Weinheim.

Heydorn, Heinz-Joachim (1995): Werke in 9 Bänden, hrsg. von Irmgard Heydorn, Hartmut Kappner, Gernot Koneffke, Edgar Weick, Vaduz.

Hilberg, Raul (1999): Die Vernichtung der europäischen Juden, 3 Bde., 9. Aufl., Frankfurt am Main.

Himmelstein, Klaus (1994): Zur Konstruktion des Geschlechterverhältnisses in der pädagogischen Theorie Eduard Sprangers (1882-1963), in: Jahrbuch für Pädagogik 1994: Geschlechterverhältnisse und Pädagogik, Frankfurt am Main, S. 225-246.

Himmelstein, Klaus (1996): Eduard Sprangers Bildungsideal der „Deutschheit“. Ein Beitrag zur Kontingenzbewältigung in der modernen Gesellschaft?, in: Jahrbuch für Pädagogik 1996: Pädagogik in multikulturellen Gesellschaften, Frankfurt am Main, S. 179-196.

Honegger, Claudia (1989): Die französische Anthropologie der Revolutionszeit und die Neubestimmung der Geschlechter, in: Viktoria Schmid-Linsenhoff (Hg.): Sklavin oder Bürgerin? Französische Revolution und neue Weiblichkeit 1760-1830, Frankfurt am Main.

Honegger, Claudia (1991): Die Ordnung der Geschlechter. Die Wissenschaft vom Menschen und das Weib 1750-1850, Frankfurt am Main/New York.

Honneth, Axel (1994): Kampf um Anerkennung. Zur moralischen Grammatik sozialer Konflikte, Frankfurt am Main.

Hopfner, Johanna (2008): Der wissenschaftliche Auftrag im „Versuch einer Pädagogik“ von Ernst Christian Trapp (1745-1818), in: dies.: Gelegentliche Gedanken über Erziehung, Frankfurt am Main, S. 34-37.

Hopfner, Johanna; Leonhard, Hans-Walter (1996): Geschlechterdebatte. Eine Kritik, Bad Heilbrunn.

Horkheimer, Max (1972a): Begriff der Bildung, in: ders.: Sozialphilosophische Studien, Frankfurt am Main, S. 163-172.

Horkheimer, Max (1972b): Zur Kritik der gegenwärtigen Gesellschaft, in: ders.: Gesellschaft im Übergang, Frankfurt am Main.

Horkheimer, Max (2005): Autorität und Familie, in: ders.: Traditionelle und kritische Theorie. Fünf Aufsätze, 6. Aufl., Frankfurt am Main, S. 123-204.

Horkheimer, Max (2007): Zur Kritik der instrumentellen Vernunft, Frankfurt am Main.

Horkheimer, Max; Adorno, Theodor W. (3/1998): Dialektik der Aufklärung, in: Theodor W. Adorno: Gesammelte Schriften, Bd. 3, Darmstadt.

Humboldt, Wilhelm von (1904): Cantabrica 1800, in: ders.: Gesammelte Schriften, hrsg. von der Königlich Preussischen Akademie der Wissenschaft, Bd. III, Berlin.

Humboldt, Wilhelm von (2002): Werke in fünf Bänden, hrsg. von Andreas Flitner, Klaus Giel, 4., korrigierte und mit einem Nachwort versehene Aufl., Darmstadt.

Hurrelmann, Klaus (2001): Einführung in die Sozialisationstheorie. Über den Zusammenhang von Sozialstruktur und Persönlichkeit, 7. Aufl., Weinheim/Basel.

Kant, Immanuel (1998): Werke in sechs Bänden, hrsg. von Wilhelm Weischedel, Darmstadt.

Kersting, Christa (1989): Prospekt fürs Eheleben. Joachim Heinrich Campe: Väterlicher Rath für meine Tochter, in: Viktoria Schmidt-Linsenhoff (Hg.): Sklavin oder Bürgerin? Französische Revolution und neue Weiblichkeit 1760-1830, S. 373-390.

Kersting, Christa (1992): Die Genese der Pädagogik im 18. Jahrhundert. Campes „Allgemeine Revision" im Kontext der neuzeitlichen Wissenschaft, Weinheim.

Kersting, Christa (1996): J. H. Campes „Allgemeine Revision" – das Standardwerk der Pädagogik der Aufklärung, in: Visionäre Lebensklugheit, Wiesbaden, S. 179-194.

Klafki, Wolfgang (1964a) [1959]: Das pädagogische Problem des Elementaren und die Theorie der kategorialen Bildung, Weinheim.

Klafki, Wolfgang (1964b): Kategoriale Bildung, in: ders.: Studien zur Bildungstheorie und Didaktik, 3./4. durchgesehene Aufl., Weinheim, S. 25-45.

Klafki, Wolfgang (1971): Studien zur Bildungstheorie und Didaktik, Weinheim/Berlin/Basel.

Klafki, Wolfgang (1976): Aspekte kritisch-konstruktiver Erziehungswissenschaft, Weinheim/Basel.

Klafki, Wolfgang (1985): Neue Studien zur Bildungstheorie und Didaktik. Beiträge zur kritisch-konstruktiven Didaktik, Weinheim/Basel.

Klafki, Wolfgang (1986): Die Bedeutung der klassischen Bildungstheorien für ein zeitgemäßes Konzept allgemeiner Bildung, in: Zeitschrift für Pädagogik, 32. Jg., S. 455-476.

Klafki, Wolfgang (1990): Abschied von der Aufklärung? Grundzüge eines bildungstheoretischen Gegenentwurfs, in: Heinz-Hermann Krüger (Hg.): Abschied von der Aufklärung? Perspektiven der Erziehungswissenschaft, Opladen, S. 91-104.

Klafki, Wolfgang (1993): Allgemeinbildung heute – Grundzüge internationaler Erziehung, in: Pädagogisches Forum 1, S. 21-28.

Kleinau, Elke; Opitz, Claudia (Hg.) (1996): Geschichte der Mädchen- und Frauenbildung, 2 Bde., Frankfurt am Main/New York.

Klinger, Cornelia (1990): Unzeitgemäßes Plädoyer für die Aufklärung, in: Barbara Schaeffer-Hegel (Hg.): Vater Staat und seine Frauen, Bd. 1, Pfaffenweiler, S. 98-119.

Klinger, Cornelia; Knapp, Gudrun-Axeli (2007): Achsen der Ungleichheit – Achsen der Differenz: Verhältnisbestimmungen von Klasse, Geschlecht, „Rasse"/Ethnizität, in: dies., Birgit Sauer (Hg.): Achsen der Ungleichheit. Zum Verhältnis von Klasse, Geschlecht und Ethnizität, Frankfurt am Main, S. 19-41.

Kluge, Jürgen (2003): Schluss mit der Bildungsmisere. Ein Sanierungskonzept, Frankfurt am Main/New York.

Kluge, Sven (2008): Vermisste Heimat? Zum emanzipativ-repressiven Doppelcharakter der Gemeinschaftsthematik innerhalb der modernen Pädagogik, Berlin.

Koch, Lutz (1999): Bemerkungen über Sache und Begriff der Pädagogik, in: Thomas Fuhr, Klaudia Schultheis (Hg.): Zur Sache der Pädagogik. Untersuchungen zum Gegenstand der allgemeinen Erziehungswissenschaft, Bad Heilbrunn, S. 212-215.

Kofler, Leo (1992): Zur Geschichte der bürgerlichen Gesellschaft. Versuch einer verstehenden Deutung der Neuzeit, Bd. 2, Berlin.

Kolesch, Doris (1998): Sich schwach zeigen dürfen, ohne Stärke zu provozieren. Liebe und die Beziehung der Geschlechter, in: Dirk Auer, Thorsten Bonacker, Stefan Müller-Doohm (Hg.): Die Gesellschaftstheorie Adornos, Darmstadt, S. 187- 205.

Koller, Hans-Christoph (1999): Bildung und Widerstreit, München.

Koneffke, Gerhard (1987): Widersprüche im frühbürgerlichen Bildungsbegriff, in: Reiner Drechsler, Peter Gerds, Klaus Körber, Joachim Twisselmann (Hg.): Ende der Aufklärung? Zur Aktualität einer Theorie der Bildung, Bremen, S. 131-148.

Koneffke, Gernot (1973): J. H. Campes Schrift "Über einige verkannte, wenigstens ungenutzte Mittel zur Beförderung der Industrie, der Bevölkerung und des öffentlichen Wohlstandes" (Wolfenbüttel 1786) und die pädagogische Erzeugung ökonomischer Qualifikation im strategischen Konzept bürgerlicher Durchsetzung, in: Heinz-Joachim Heydorn, ders. (Hg.): Studien zur Sozialgeschichte und Philosophie der Bildung, Bd. I: Zur Pädagogik der Aufklärung, München, S. 83-130.

Koselleck, Reinhart (1990): Einleitung – Zur anthropologischen und semantischen Struktur der Bildung, in: ders. (Hg.): Bildungsbürgertum im 19. Jahrhundert, Teil 2: Bildungsgüter und Bildungswissen, Stuttgart.

Koselleck, Reinhart (1995): Vergangene Zukunft. Zur Semantik geschichtlicher Zeiten, 3. Aufl., Frankfurt am Main.

Kunert, Hubertus (1974): Erziehung, in: Heinz-Jürgen Ipfling (Hg.): Grundbegriffe der pädagogischen Fachsprache, München, S. 86-92.

Lang, Sabine (1990): Männer als Frauen – Frauen als Männer. Geschlechtsrollenwechsel bei den Indianern Nordamerikas, Hamburg.

Leitzmann, Albert (1940): Wilhelm von Humboldts Briefe an Christian Gottfried Körner. Historische Studien, Heft 367, Berlin.

Lenzen, Dieter (1997): Lösen die Begriffe Selbstorganisation, Autopoiesis und Emergenz den Bildungsbegriff ab?, in: Zeitschrift für Pädagogik 43, S. 949-968.

Lepenies, Wolf (2002): Bildungspathos und Erziehungswirklichkeit, in: Nelson Killius, Jürgen Kluge, Linda Reisch (Hg.): Die Bildung der Zukunft, Frankfurt am Main, S. 13-31.

Leu, Hans Rudolf (1999): Wechselseitige Anerkennung – eine Grundlage von Bildungsprozessen in einer pluralen Gesellschaft, in: KiTa aktuell MO 9, S. 172-176.

Lichtenstein, Ernst (1966): Zur Entwicklung des Bildungsbegriffs von Meister Eckhart bis Hegel, Heidelberg.

Lichtenstein, Ernst (1970): Paideia. Die Grundlagen des europäischen Bildungsdenkens im griechisch-römischen Altertum, Bd. I: Der Ursprung der Pädagogik im griechischen Denken, Hannover u.a.

Liessmann, Konrad Paul (2006): Theorie der Unbildung. Die Irrtümer der Wissensgesellschaft, Wien.

Loser, Fr. (1968): Die Notwendigkeit einer pädagogischen Theorie des Lernens, in: H. Heiland (Hg.): Didaktik, Bad Heilbrunn, S. 100-113.
Marx, Karl (1976): Zur Kritik der Hegelschen Rechtsphilosophie, in: Karl Marx, Friedrich Engels: Marx-Engels-Werke, Bd. 1, Berlin.
Menze, Clemens (1965): Wilhelm von Humboldts Lehre und Bild vom Menschen, Ratingen bei Düsseldorf.
Menze, Clemens (1969): Die Rolle der Ästhetik in Wilhelm von Humboldts Theorie der Bildung, in: Cornelio Fabro (Hg.): Gegenwart und Tradition, Freiburg, S. 125-150.
Menze, Clemens (1975): Die Bildungsreform Wilhelm von Humboldts, Hannover u.a.
Menze, Clemens (1980a): Bildung und Bildungswesen. Aufsätze zu ihrer Theorie und ihrer Geschichte, Hildesheim/New York.
Menze, Clemens (1980b): Leibniz und die neuhumanistische Theorie der Bildung des Menschen, Opladen.
Menze, Clemens (2001): Humanität, in: Werner Schneiders: Lexikon der Aufklärung. Deutschland und Europa, München, S. 183/184.
Meyer-Drawe, Käte (1984): Leiblichkeit und Sozialität. Phänomenologische Beiträge zu einer pädagogischen Theorie der Inter-Subjektivität, München.
Meyer-Drawe, Käte (1986): Das Risiko des Lernens, in: Lernen, Ereignis und Routine. Friedrich Jahreshefte IV, S. 138-140.
Meyer-Drawe, Käte (1990): Illusionen von Autonomie. Diesseits von Ohnmacht und Allmacht des Ich, München.
Meyer-Drawe, Käte (1997): Maschine, in: Christoph Wulf (Hg.): Vom Menschen. Handbuch Historische Anthropologie, Weinheim/Basel, S. 726-737.
Niethammer, Friedrich Immanuel (1968): Philanthropinismus – Humanismus, in: Werner Hillebrecht (Hg.): Kleine pädagogische Texte, Bd. 29: Texte zur Schulreform, Weinheim/Berlin/Basel.
Nohl, Herman (1926): Zur deutschen Bildung. Vier Vorträge, Göttingen.
Nohl, Herman (1947): Charakter und Schicksal. Eine pädagogische Menschenkunde, 3., vermehrte Aufl., Frankfurt am Main.
Nohl, Herman (1988): Die pädagogische Bewegung in Deutschland und ihre Theorie, Frankfurt am Main.
Opitz, Claudia (2005): Die Um-Ordnung der Geschlechter. Einführung in die Geschlechtergeschichte, Tübingen.
Ostermann, Rainer (1993): Die Freiheit des Individuums. Eine Rekonstruktion der Gesellschaftstheorie Wilhelm von Humboldts, Frankfurt am Main/New York.

Paffrath, Hartmut F. (1994): Die Wendung aufs Subjekt. Pädagogische Perspektiven im Werk Theodor Adornos, 2. Aufl., Weinheim.

Petersen, Thieß (1997): Anthropologie und Ökonomie. Das Menschenbild bei Marx und dessen Bedeutung für seine Kritik an der politischen Ökonomie, Frankfurt am Main.

Pfeiffer, Ursula (1999): Bildung als Widerstand. Pädagogik und Politik bei Heinz-Joachim Heydorn, Hamburg.

Plessner, Helmuth (1972): Grenzen der Gemeinschaft. Eine Kritik des sozialen Radikalismus, Bonn.

Plessner, Helmuth (1983): Trieb und Leidenschaft, in: Gesammelte Schriften, Bd. VIII, Frankfurt am Main.

Pongratz, Ludwig A. (1986): Bildung und Subjektivität. Historisch-systematische Studien zur Theorie der Bildung, Weinheim/Basel.

Pongratz, Ludwig A. (1995): Aufklärung und Widerstand. Kritische Bildungstheorie bei Heinz-Joachim Heydorn, in: Peter Euler, ders. (Hg.): Kritische Bildungstheorie. Zur Aktualität Heinz-Joachim Heydorns, Weinheim, S. 11-38.

Pongratz, Ludwig A.; Reichenbach, Roland; Wimmer, Michael (Hg.) (2007): Bildung-Wissen-Kompetenz, Bielefeld.

Prengel, Annedore (1990): Gleichheit versus Differenz – eine falsche Alternative im feministischen Diskurs, in: Ute Gerhard, Mechthild Jansen, Andrea Maihofer u.a. (Hg.): Differenz und Gleichheit. Menschenrechte haben (k)ein Geschlecht, Frankfurt am Main, S. 120-127.

Prengel, Annedore (1995): Pädagogik der Vielfalt. Verschiedenheit und Gleichberechtigung in Interkultureller, Feministischer und Integrativer Pädagogik, 2. Aufl., Opladen.

Ptak, Ralf (2004): Vom Ordoliberalismus zur sozialen Marktwirtschaft. Stationen des Neoliberalismus in Deutschland, Opladen.

Ptak, Ralf (2008): Die Ursprünge des Neoliberalismus, in: Christoph Butterwegge, Bettina Lösch, Ralf Ptak: Kritik des Neoliberalismus, 2., verb. Aufl., Wiesbaden, S. 15-26.

Reble, Albert (1999): Geschichte der Pädagogik. Dokumentationsband, 4. Aufl., Stuttgart.

Rendtorff, Barbara (2006): Erziehung und Geschlecht. Eine Einführung, Stuttgart.

Rießland, Matthias (2003): Nacherziehung und Subjektbildung in „Besonderen Bildungsgängen“. Pädagogisch-theoretische Überlegungen zu einer Bildungspraxis mit benachteiligten jungen Menschen, Baltmannsweiler.

Ritter, Joachim (1972): Historisches Wörterbuch der Philosophie, Bd. 2, Stichwort: Empfindsamkeit, Sp. 455/456, Stuttgart.

Ritter, Joachim (1974): Historisches Wörterbuch der Philosophie, Bd. 3, Stichwort: Humanismus, Humanität, Sp. 1217-1219, Stuttgart.

Roth, Heinrich (1962): Die realistische Wendung in der pädagogischen Forschung, in: Neue Sammlung, S. 481-490.

Rousseau, Jean-Jacques (1993a): Erste Preisschrift: Ob die Neubelebung der Wissenschaften und Künste dazu beigetragen habe, die Sitten zu läutern, in: ders.: Preisschriften und Erziehungsplan, hrsg. von Hermann Röhrs, 4. Aufl, Bad Heilbrunn/Obb., S. 23-46.

Rousseau, Jean-Jacques (1993b): Emil oder Über die Erziehung, 11. unveränd. Aufl., Paderborn.

Rumpf, Mechthild (1989): Ein Erbe der Aufklärung. Imaginationen des „Mütterlichen" in Max Horkheimers Schriften, in: Feministische Studie 2, S. 55-68.

Sauter, Christina M. (1989): Humboldts Kritik am Philanthropismus, in: dies.: Wilhelm von Humboldt und die deutsche Aufklärung, Berlin, S. 257-269.

Schaarschmidt, Ilse (1965): Der Bedeutungswandel der Begriffe „Bildung" und „bilden" in der Literaturepoche von Gottsched bis Herder, in: Carl-Ludwig Furck, Georg Geißler, Wolfgang Klafki, Elisabeth Siegel (Hg.): Kleine pädagogische Texte, Bd. 33: Beiträge zur Geschichte des Bildungsbegriffs, Weinheim, S. 25-87.

Schäfer, Alfred (1996): Das Bildungsproblem nach der humanistischen Illusion, Weinheim.

Schäfer, Alfred (2004a): Bildende Erfahrung und sozialisierte Selbstbehauptung. Zu Adornos Theorie der Halbbildung, in: Vierteljahresschrift für wissenschaftliche Pädagogik, Heft 1/2004.

Schäfer, Alfred (2004b): Theodor W. Adorno. Ein pädagogisches Porträt, Weinheim u.a.

Schleiermacher, Friedrich Daniel Ernst (1983): Ausgewählte pädagogische Schriften, Paderborn.

Schleiermacher, Friedrich (2000): Texte zur Pädagogik. Kommentierte Studienausgabe, hrsg. von Michael Winkler, Jens Brachmann, 2 Bde, Frankfurt am Main.

Schmid, Pia (1996): Ein Klassiker der Mädchenerziehungstheorie: Joachim Heinrich Campes Väterlicher Rath für meine Tochter (1789), in: Visionäre Lebensklugheit. Joachim Heinrich Campe in seiner Zeit (1746-1818), Wiesbaden, S. 205-213.

Schmied-Korwarzik, Wolfdietrich (1988): Kritische Theorie und revolutionäre Praxis, Bochum.
Schmitt, Hanno (2007): Vernunft und Menschlichkeit. Studien zur philanthropischen Erziehungsbewegung, Bad Heilbrunn/Obb.
Smith, Adam (2003): Der Wohlstand der Nationen, München [engl. Erstausgabe 1776].
Sontheimer, Kurt (1992): Die vulgäre Lebensphilosophie, in: ders.: Antidemokratisches Denken in der Weimarer Republik, 3. Aufl., München.
Spranger, Eduard (1965): Grundlegende Bildung, Berufsbildung, Allgemeinbildung, Heidelberg.
Sprenger, H./Klafki, Wolfgang (1971): Lernen, Lehren, in: H.H. Groothoff/M. Stallmann (Hg.): Neues Pädagogisches Lexikon, Berlin, S. 695-699.
Steinhaus, Hubertus (1998): Der Gemeinschaftsmythos als Gegenideologie zur modernen Welt: Ferdinand Tönnies und die deutsche Reformpädagogik, in: Tobias Rülcker, Jürgen Oelkers (Hg.): Politische Reformpädagogik, Bern, S. 151-183.
Sünker, Heinz (1984): Bildungstheorie und Erziehungspraxis. Prolegomena zur Restrukturierung des Subjektbezugs in der Erziehungswissenschaft, Bielefeld.
Sünker, Heinz (2001): Bildung, in: Hans-Uwe Otto; Hans Thiersch (Hg.): Handbuch der Sozialarbeit/Sozialpädagogik, 2., völlig neu überarb. und aktualisierte Aufl., Neuwied, S. 162-168.
Tönnies, Ferdinand (1991): Gemeinschaft und Gesellschaft. Grundbegriffe der reinen Soziologie, Darmstadt.
Tribe, Keith (2001): Merkantilismus, in: Werner Schneiders (Hg.): Lexikon der Aufklärung. Deutschland und Europa, München.
Vereinigung der Bayrischen Wirtschaft (Hg.) (2003): Bildung neu denken! Das Zukunftsprojekt, (Gesamtredaktion: Dieter Lenzen) Opladen.
Villaume, Peter (2001): Individuelle Vervollkommnung und gesellschaftliche Brauchbarkeit, in: Franzjörg Baumgart (Hg.): Erziehungs- und Bildungstheorien, 2., durchgesehene Aufl., Bad Heilbrunnn /Obb., S. 64-69.
Wegmann, Nikolaus (1988): Diskurse der Empfindlichkeit. Zur Geschichte eines Gefühls in der Literatur des 18. Jahrhunderts, Stuttgart.
Wicke, Erhard; Neuser, Wolfgang; Schmied-Kowarzik, Wolfdietrich (Hg.) (1997): Menschheit und Individualität. Zur Bildungstheorie und Philosophie Wilhelm von Humboldts, Weinheim.
Willmann, Otto (1957): Didaktik als Bildungslehre, Freiburg/Wien.

Winkler, Michael (1998): Anerkennung des Lebens – Denken des Anderen. Pädagogische Anregungen im Jenaer Werk Hegels, in: Winfried Böhm, Angelika Wenger-Hadwig (Hg.): Erziehungswissenschaft oder Pädagogik? Würzburg, S. 145-164.

Wulf, Christoph (1983): Theorien und Konzepte der Erziehungswissenschaft, 3. Aufl., München.

Zimmer, Hasko (1995): Die Hypothek der Nationalpädagogik. Herman Nohl, der Nationalsozialismus und die Pädagogik nach Auschwitz, in: Jahrbuch für Pädagogik 1995: Auschwitz und die Pädagogik, Frankfurt am Main, S. 87-114.

Informationen zur Buchreihe „Pädagogik und Politik"
Hrsg. von Armin Bernhard, Eva Borst, Matthias Rießland

Bisher erschienen:

- Armin Bernhard (2008): Pädagogisches Denken. Eine Einführung in allgemeine Grundlagen der Erziehungs- und Bildungswissenschaft, 3. Aufl.
- Eva Borst (2009): Theorie der Bildung. Eine Einführung.

In Vorbereitung:

- Ulrich Klemm: Libertäre Pädagogik. Eine Einführung.

Themen in Planung:

- Heinz-Joachim Heydorn: Kritische Theorie der Bildung
- Der Bund der Entschiedenen Schulreformer
- Janusz Korczak

Kontakt:

Prof. Dr. Armin Bernhard
Universität Duisburg-Essen, Campus Essen,
FB Bildungswissenschaften/AG Allgemeine Pädagogik
Universitätsstr. 12, 45117 Essen
Mail: armin.bernhard©uni-due.de

HD Dr. Eva Borst
Johannes Gutenberg-Universität Mainz,
FB 02/Institut für Erziehungswissenschaft, 55099 Mainz
Mail: borst©uni-mainz.de

Dr. Matthias Rießland
Karlstr. 74, 64285 Darmstadt
Tel.: 06151 – 42 13 55
Mail: kontakt.riessland©mac.com